KB079451

국제기구와
경제협력 · 개발

UNDP · OECD · World Bank Group · WTO · IMF

유네스코 아태교육원 국제기구 총서 7

국제기구와
경제협력·개발

UNDP · OECD · World Bank Group · WTO · IMF

인　쇄: 2015년　8월 20일
발　행: 2015년　8월 25일

기　획: 유네스코 아시아태평양 국제이해교육원
공저자: 김준석·김치욱·조동준·문　돈·이왕휘

발행인: 부성옥
발행처: 도서출판 오름(www.oruem.co.kr)
등록번호: 제2-1548호(1993. 5. 11)
주　소: 서울특별시 중구 퇴계로 180-8 서일빌딩 4층
전　화: (02) 585-9122, 9123 / 팩　스: (02) 584-7952

ISBN　978-89-7778-446-8　　93340

* 잘못된 책은 교환해 드립니다.
* 값은 뒤표지에 있습니다.

copyright ⓒ 2015 by APCEIU

이 저서는 2012년 정부(교육과학기술부)의 재원으로 한국연구재단의 지원을 받아 수행된 연구임(NRF-2012S1A5B4A01035996)

유네스코 아태교육원 국제기구 총서 7

국제기구와
경제협력·개발

UNDP·OECD·World Bank Group·WTO·IMF

김준석·김치욱·조동준·문 돈·이왕휘 공저

International Organizations and Economic Cooperation · Development

UNDP · OECD · World Bank Group · WTO · IMF

KIM Joonsuk · KIM Chiwook · JO DongJoon
MOON Don · LEE Wanghwi

APCEIU · ORUEM Publishing House
Seoul, Korea
2015

머리말

제2차 세계대전 직후 형성된 세계질서는 21세기에도 골격을 유지하고 있다. 제2차 세계대전 승전국이 만든 세계질서는 냉전의 시작과 종식, 일본과 독일의 부흥, 신흥경제국의 부상, 제2차 세계대전 승전국의 상대적 쇠퇴, 식민지 해방 등 정치경제적 변화를 겪으면서 변모를 거듭했지만, 제2차 세계대전의 산물인 국제기구들은 대부분 21세기 현재까지 건재하며, 세계정치의 중요한 행위자로서 활동한다. 국제연합은 제2차 세계대전 승전국 모임이 상설국제기구로 변환된 것으로, 21세기에도 초국경 쟁점을 다루는 중요한 행위자이다. 이는 제2차 세계대전의 유산이 여전히 남아 있음을 의미한다. 제2차 세계대전과 비견될 정도의 격변이 없는 한, 제2차 세계대전의 유산은 쉽게 사라지지 않을 것으로 예상된다.

제2차 세계대전의 산물로서 국제통화기금과 세계은행

전간기 "근린궁핍화"정책의 경험은 전후 세계경제질서 구상에서 가장 중요한 요소였다. 1929년 대공황 이후 각국은 경쟁적으로 자국 통화가치를 평가절하하고 수입 관세를 올림으로써 무역수지 적자를 해결하려고 하였다. 일국 차원에서 대공황을 극복하려는 이기적 선택을 모든 국가들이 모방하면서, 전간기 세계경제질서가 무너졌고 대공황이 장기간 지속되었다. 또한, 친

소관계에 따라 차별적 무역장벽을 만들어 균형경제를 회복하려는 노력은 궁극적으로 제2차 세계대전의 균열선을 고착화시키는 결과를 초래했다. "근린 궁핍화"정책의 시작과 끝을 경험한 승전국은 경제 문제를 잘못 다루어 제2차 세계대전이 일어났다고 반성하게 되었다.

제2차 세계대전을 수행하던 연합국들은 이미 1942년부터 구체적으로 전후 세계경제질서를 구상하기 시작하였다. 이 과정에서 금융쟁점의 핵심은 경쟁적 통화가치 저평가를 방지하는 방안이었다. 국제수지불균형을 해결하기 위한 방안으로 (1) 통화가치 평가절하는 국내적 구조조정을 거치지 않기 때문에 적자국과 채무국이 선호하는 방안이지만, 세계경제질서를 불안하게 만들 위험이 있었다. (2) 국제은행으로부터의 대부도 국내적 구조조정을 피할 수 있기 때문에 적자국과 채무국이 선호하는 방안이지만, 국제수지불균형과 채무 문제를 장기화시킬 수 있는 위험이 있었다. (3) 국내적 구조조정은 구조적 불균형은 물론 장기적 불균형까지 해결하는 방안이지만 국민에게 고통을 주기 때문에, 집권세력에게 가장 부담스러운 방안이었다. 연합국 내 상이한 입장을 조율하는 과정에서 국제은행의 설립과 구조조정을 결합하는 방식이 채택되었고, 이런 과정을 통하여 국제통화기금이 만들어졌다.

연합국은 지역 간 격차와 전후복구라는 두 과제도 해결해야만 했다. 일부 지역이 산업혁명으로 인해 경제적 풍요를 누리게 되었지만, 산업혁명의 성과를 누리지 못한 지역의 발전은 더디게 진행되었다. 20세기 중엽 발전 지역과 저발전 지역 간 격차는 세계경제의 중요 현안이 되었다. 또한, 제2차 세계대전이 남긴 상처를 극복하는 과제도 험난했다. 민족주의 영향으로 인류가 총력전을 치르게 되면서, 전쟁은 군복을 착용하는지 여부 또는 군사적 시설인지 여부에 상관없이 깊은 상처를 남겼다. 전후복구와 발전 문제를 해결하기 위한 연합국 간 협상과정에서 세계은행이 만들어졌다.

냉전의 산물로서의 경제협력개발기구와 국제연합개발계획

전후 세계질서는 냉전으로 인하여 변모하였다. 제2차 세계대전 승전국 간 협력이 최소 50년간 지속되리라는 예상은 이념 갈등으로 인하여 깨졌다. 미국과 소련은 각자 세력권을 형성하고, 자국의 세력권 안에 있는 국가를 묶는 작업을 시작하였다. 미국이 서유럽과 일본의 전후복구를 담당하고, 구(舊)소련이 동유럽을 자국의 세력권으로 편입시켰다. 양국 간 갈등으로 세력권을 가로지르는 협력이 사라졌고, 두 진영은 총성은 없지만 총력전을 전개하였다. 제2차 세계대전이 남긴 세계질서는 외형상 골격으로 남고, 세력권 내 역내질서가 공고히 자리를 잡았다.

경제협력개발기구는 냉전의 산물이다. 미국은 서유럽의 복구를 돕기 위하여 대규모 경제원조를 제공하였고, 1950년대 후반 서유럽과 일본의 전후복구가 끝나고 미국에 대한 의존이 줄어들면서, 서유럽과 일본은 미국 세력권 안에서 새로운 질서를 요구했다. 미국 세력권 안에서 서유럽, 일본, 미국 간 상호작용으로 경제협력개발기구가 만들어졌다. 경제협력개발기구는 미국 세력권 안에서 상호연결된 세계경제의 쟁점을 조정하는 역할을 맡았다.

국제연합개발계획도 냉전의 산물이다. 냉전기 발전은 경제적 쟁점이 아니라 정치적 쟁점이 되었다. 저발전 지역에서 등장한 신생독립국가들은 발전의 문제를 세계정치의 쟁점으로 제기하였다. 미국과 구(舊)소련이 각각 세력권을 형성하고 저발전 지역의 지지를 얻기 위하여 경쟁을 하면서 저발전 지역의 발전은 세계정치의 현안이 되었다. 발전을 전담하는 국제기구로서 세계은행이 이미 있었지만, 세계은행의 융자만으로는 저발전 지역의 경제 문제를 담당할 수 없다는 인식이 확산되었다. 발전 쟁점을 전담할 새로운 국제기구의 필요성을 주장하는 신생독립국, 저발전 지역의 경제 문제를 윤리적 관점으로 접근하는 사회세력, 저발전 지역의 정치적 지지가 중요했던 냉전 상황이 종합적으로 결합되면서 국제연합개발계획이 만들어졌다.

반세기 후에 부활한 세계무역기구

"근린궁핍화"정책의 두 축인 무역장벽 설치와 경제블록을 제어하기 위한 기제로 연합국은 국제무역기구International Trade Organization를 구상하였다. 국제무역기구를 만드는 과정에서 연합국 내부에는 심각한 균열선이 존재했다. 먼저 경제블록에 관하여 미국은 다른 서유럽 국가와 입장을 달리했다. 미국은 경제블록의 해체를 원하며 무차별 원칙을 선호하는 반면, 식민지를 가졌던 서유럽 국가는 경제블록을 유지하려고 했다. 더 심각한 균열선은 무역쟁점에 있어 국가 주권의 의미에 대한 상이한 입장과 연관이 되었다. 즉, 국제무역기구가 개별국의 무역정책을 규제할 수 있는 정도를 두고 입장이 갈렸다. 국제무역기구의 헌장이 마련되었지만 미국이 경제주권의 침해를 이유로 비준을 하지 않으면서, 국제무역기구 설립은 무산되었다.

미국의 세력권 안에서 무역관계는 '무역과 관세에 관한 일반 협정GATT'에 근거하여 규율되었다. GATT는 원래 국제무역기구가 출범할 때까지 연합국 간 무역 쟁점을 규율하는 임시 합의였지만, 국제무역기구가 출범하지 않으면서 무역 쟁점을 규율하는 상시 규범이 되었다. 냉전기 GATT는 관세 인하는 물론 비관세 장벽의 인하를 통하여 미국의 세력권 안에서 무역자유화에 기여를 하였다. 하지만 GATT에 참여하는 국가의 숫자가 늘면서, 다자협상을 통한 무역장벽 약화는 점차 어려워졌다.

냉전의 종식은 세계무역질서에서 도전과 기회였다. 냉전 종식 후 GATT에 가입하는 국가의 숫자가 더욱 늘어나면서 다자협상을 통한 의견조율이 어려워졌다. 또한, 제조품은 물론 농산품, 서비스, 지적재산권과 같은 새로운 쟁점을 관할하게 되면서, 참여국을 모두 만족시키는 합의를 찾기 어려워졌다. 반면, 냉전의 종식은 세계무역질서를 제도화시킬 수 있는 기회였다. 냉전 종식으로 사회주의권이 몰락하면서 대안적 세계무역질서가 시야에서 사라졌기 때문이다. 냉전 종식이 초래한 기회와 위기 상황에서 국제사회는 세계경제질서를 규율하기 위한 제도를 만들기로 하였고, 이는 세계무역기구의 출범으로 이어졌다.

이 책은 세계경제질서에서 핵심적 역할을 담당하는 국제통화기금, 세계은행, 국제연합개발계획, 경제협력개발기구, 세계무역기구가 형성되는 과정, 활동과 역할 변화, 내부 의사결정과정, 내부 정치적 갈등 등을 국제정치학의 시각에서 검토한다. 이 책의 공동저자들은 초국경적 쟁점의 해결 과정을 연구하는 중견 학자로서 비슷한 문제의식을 공유한다. 공동저자들이 5개 국제기구를 각각 다루었지만, 몇 차례 공식적 자리에서 발표와 토론을 통하여 또한 여러 비공식적 자리에서 의견교환을 통하여 비슷한 목차를 가질 만큼 사전 조율과정을 거쳤다. 이 책은 공동연구에 근접하는 집단저작의 성격을 가진다.

이 책이 만들어지는 과정에서 많은 분들의 도움을 받았다. 유네스코 아시아태평양 국제이해교육원APCEIU이 주무기관으로 행정적 지원을 맡았고, 정우탁 원장과 김도희 박사는 연구진의 집필 속도를 높이는 자극을 주셨다. 이미지 연구보조원과 박아영 연구보조원은 편집을 도와 책의 완성도를 높였다. 또한, 국제기구 총서에 참여한 연구진은 선배로서 또한 동료로서 연구진의 활동이 총서의 목적에 맞도록 막후 조율자의 역할을 담당하셨다. 발표 자리에서 동료 학자들은 애정 어린 조언으로 부끄러운 초고들이 모양을 잡아가도록 도움을 주셨다.

이 책을 통하여 많은 사람들이 세계경제질서를 이해하고 또한 세계경제질서를 규율하는 국제기구를 이해하길 기대한다. 또한, 세계경제 문제의 해결에 긍정적 방향으로 참여할 수 있는 기회를 얻는 데 도움이 되길 기대한다. 당위를 주장하기보다는, 현재 상태를 이해하고 좋은 대안을 찾아가는 작업이 이 책으로 인하여 일어나기 기대한다.

공동저자 대표
조동준

차례

제1장

유엔개발계획(UNDP):
국제개발협력의 '사령탑'

김준석

I. 서론

국제개발협력은 유엔의 중요한 목적이자 국제기구로서의 존재 이유 중 하나이다.[1] 제2차 세계대전이 종식된 이후 승전국들은 유엔헌장 서문과 제55조에서 "더 큰 자유 속에서 사회적 진보와 더 나은 삶의 질을 증진하고", "전 세계 모든 이의 경제적·사회적 지위의 향상을 위해 국제적인 제도를 활용"한다고 밝히고 있다. 이에 따라 수많은 국제개발협력 관련 기구들이 유엔 내 혹은 유엔의 이름으로 설립되었고, 이후 일부는 해체되거나 다른 기구들과 통합되기도 했지만 대다수는 오늘날까지 활동을 이어오고 있다. 현재 유엔의 모든 기구들 중에서 국제개발협력 관련 기구들이 가장 많은 수를 차지하고 있다.[2]

이와 같은 다수의 국제개발협력 관련 유엔기구들 중에서도 '유엔개발계

---

1 이와 같은 UN의 역할에 관한 개관을 위해서는 Paul Kennedy, *The Parliament of Man: The Past, Present, and Future of the United Nations* (New York: Vintage Books, 2006), pp.113-142.

2 Jacques Fomerand and Dennis Dijkzeul, "Coordinating Economic and Social Affairs," Thomas G. Weiss and Sam Daws (eds.), *The Oxford Handbook on the United Nations* (Oxford: Oxford University Press, 2007).

획'United Nations Development Programme'은 독보적인 위치를 차지하고 있다. UNDP가 이들 기구들의 '사령탑'과도 같은 역할을 담당하고 있기 때문이다. 물론 유엔의 국제개발협력 관련 기구들이 수직적인 관계로 조직되어 있고, UNDP가 이들을 위계적으로 통괄하는 위치에 있는 것은 아니다. 다른 대부분의 유엔기구들과 마찬가지로 국제개발협력 관련 유엔기구들은 상호간에 수평적인 관계를 맺고 있으며, UNDP는 일종의 '좌장,' 이들 사이의 관계를 조율하는 '조율자'로서의 역할을 담당하고 있다고 보는 것이 보다 정확할 것이다. 그렇다면 이러한 '좌장' 혹은 '조율자'로서의 역할 이외에 UNDP의 고유한 역할은 무엇인가?

역설적이지만 UNDP의 독보적인 위치에도 불구하고 이 질문에 답하기란 그리 쉽지 않다. UNDP 홈페이지에서는 스스로의 정체성을 "변화를 지지하고 사람들로 하여금 더 나은 삶을 영위할 수 있도록 지식, 경험, 자원을 이를 필요로 하는 국가들에 제공하는 전지구적 개발 네트워크UN's global development network, advocating for change and connecting countries to knowledge, experience and resources to help people build a better life"로 밝히고 있는데, 이러한 정의만으로는 UNDP의 고유한 역할에 관해 명확하게 알기 어렵다.

'좌장' 혹은 '조율자'로서의 역할 이외에 UNDP는 두 가지 역할을 담당한다. 먼저 UNDP는 '인간개발보고서Human Development Report'로 상징되는 국제개발협력의 아젠다를 설정하는 기획자로서의 역할을 수행한다. 또한 UNDP는 개발협력프로그램을 (종종 협력관계에 있는 다른 기구들과 함께) 직접 실행에 옮기는 집행자로서의 역할 역시 담당한다. 그런데 이 세 번째 역할과 관련하여 UNDP는 한마디로 규정되기 어려운 매우 다양한 임무를 수행한다. 예컨대 UNDP는 빈곤 문제에서부터 환경 문제, 에너지, 교육, 과학기술, 전후재건, 위기관리, HIV/AID, 전자정부, 공무원의 직무교육, 민주적 정치체제를 새롭게 채택한 국가에서 선거업무지원, 신생독립국에서 소수민족 보호 등의 영역에서 활동하고 있다. UNDP는 우크라이나의 크림 반도에 거주하는 소수민족인 타타르인들의 권익을 보호하는 데 앞장서기도 했고, 대학살의 참화를 겪은 르완다에서는 재건과 복구를 지원하기도 했으며,

중국에서는 값은 조금 비싸지만 전기료 절감 효과가 큰 전구의 사용을 권유하기도 했다. 결과적으로 UNDP 내부에서도 '모든 일을 조금씩 다 할 줄 알지만 그중 어느 것에도 정통하지 않은 상황'에 대한 불만과 비판의 목소리가 종종 터져 나오곤 한다. UNICEF와 같은 UN 내 다른 개발협력기구들에 비해 대중적 인지도가 현저하게 떨어지는 현상에 대한 위기감도 이러한 목소리에 힘을 보탰다.

하지만 이러한 한계에도 불구하고 UNDP는 시시각각 변화하는 국제개발협력 분야에서 자신의 고유한 지위를 가장 성공적으로 유지해온 국제기구로 꼽히고 있다. 특히 IMF, WTO, World Bank 등 이른바 브레턴우즈기구로 불리는 국제기구들이 내세우는 시장자본주의의 경제적 논리에 충실한 개발협력의 비전에 대항하여 개도국과 개도국 국민들의 입장을 대변하여 인간 삶의 다양한 측면에 대한 이해에 바탕을 둔 개발협력의 대안을 제시하는 데 있어서 중심적인 역할을 담당해 왔다.[3] 또한 일부 국제기구의 사례에서 발견되는 관료주의적 타성을 극복하고 제도를 개혁하고 혁신하는 데 성공한, '학습능력'을 갖춘 몇 안 되는 국제기구 중 하나로 평가받고 있기도 하다. 다음에서는 이와 같이 다양한 모습을 지닌 UNDP를 그 역사와 기능, 조직과 재정 등의 측면에서 개관하고자 한다.

---

[3] UNDP가 제시하는 국제개발협력의 대안적 논리는 '워싱턴 컨센서스(Washington Consensus)'에 대항하는 '뉴욕 디센트(New York Dissent)'로 불리기도 한다. Richard Jolly, "Human Development," Thomas G. Weiss and Sam Daws (eds.), *The Oxford Handbook on the United Nations* (Oxford: Oxford University Press, 2007), p.645.

II. 기원과 역사

1. 기원: 2차 대전의 종식에서 UNDP의 창설에 이르기까지

UNDP는 1966년 1월 '확대기술원조계획UN Expanded Program of Technical Assistance: UN EPTA'과 '유엔특별기금UN Special Fund: UNSF' 두 기구의 합병과 함께 정식으로 설립되었다. EPTA와 UNSF는 각각 1949년과 1958년에 설립되었다.

EPTA의 탄생 과정에서 산파 역할을 담당한 이는 웨일즈 출신의 영국 외교관으로서 유엔이 처음 설립될 당시 첫 번째로 고용된 인물들 중 한 사람인 데이비드 오웬David Owen이다. 국제개발협력에 관한 그의 비전을 높이 산 유엔 회원국들이 개도국에 필요한 기술과 정보를 제공하고 지원하기 위한 UN 산하 독립기구의 설립을 적극 지지했고, 마침 이러한 노력이 당시 미국 트루먼 행정부의 입장과도 맞아 떨어져 EPTA가 출범하게 되었다. 미국은 EPTA 예산의 절반을 지원하기로 약속했다. 제2차 세계대전 당시 중동 지역의 경제개발을 위해 영국 정부가 만든 '중동공급센터Middle East Supply Center'에서 근무했던 오웬은 이때의 경험을 살려 기술지원을 필요로 하는 국가에 '상주대표부Resident Representative'를 설치하는 방안을 제안했고, 이는 이후 EPTA와 UNDP를 대표하는 제도가 되었다. EPTA의 상주대표부는 이란과 파키스탄을 시작으로 1952년까지 총 15개 국가에 설치되었고, 1966년에는 총 72개국에 설치되었다.[4]

UNSF는 국제개발협력을 위한 실질적인 재원 확보를 위해 설립되었다. 이 기구의 설립을 주도한 이는 마셜플랜의 책임자이기도 했던 미국의 폴 호프먼Paul G. Hoffman이었다. 호프먼은 UNSF를 설립할 당시부터 EPTA와의

---

4 Craig N. Murphy, *The United Nations Development Programme: A Better Way?* (Cambridge: Cambridge UP, 2006), pp.51-57.

국제기구와 경제협력·개발

통합을 염두에 두고 있었다. 그는 이러한 의도를 공공연하게 이야기했을 뿐만 아니라 UNSF의 출범 당시 오웬에게 보낸 서한에서 "이 기구의 책임자가 되기로 한 결심에서 귀하와 함께 개도국의 발전을 지원하는 기회를 가질 수 있다는 점이 중요한 고려 사항"이었음을 분명하게 밝히기도 했다.[5] 결국 1962년 유엔 경제사회이사회와 유엔총회에서 통합에 관한 논의가 본격화되었고, 1965년 11월 총회의 의결을 거쳐 다음 해 1월 1일부터 UNDP가 활동에 들어가기 시작했다.

새로 출범한 UNDP의 사무총장직은 오랜 기간 유엔개발협력의 초석을 닦아온 오웬이 아니라 호프먼에게 돌아갔다. 오웬 대신 호프먼이 사무총장에 임명된 것은 그가 새로운 국제기구를 위한 충분한 재원 확보라는 절체절명의 과제를 수행하기에 보다 더 적합한 위치에 있었기 때문이다. 다른 무엇보다도 호프먼은 UNDP 재정의 절반 이상을 책임진 미국 정부, 특히 미국 의회와의 대화 채널을 계속 가동할 수 있는 정치력을 갖춘 인물이었다. 이러한 현실적인 고려는 이후 계속 적용되어 1999년에 영국 출신의 마크 브라운Mark M. Brown이 사무총장에 임명될 때까지 미국 출신 인사가 사무총장직을 독점하게 된다.

2. 초기 활동: 기술·교육 지원, 국가건설 지원

설립 이후 EPTA와 UNSF, UNDP는 개도국에 대한 기술 및 교육지원을 주로 담당했다. 한마디로 개도국의 경제발전을 위한 지식과 노하우 전수의 임무를 담당했다. 하지만 여기서 중요한 것은 UNDP 등이 이러한 분야의 전문가 풀을 자체적으로 보유하여 이들을 개도국으로 파견한 것이 아니라, UNICEF, FAO와 같은 유엔 내의 전문기구들이 그러한 역할을 담당하도록 '중개'하는 역할을 수행했다는 점이다. 다만 UNDP 등은 가능한 한 많은 수

---

5 Murphy(2006), p.65.

의 전문가들이 '현장'에 주재하면서 기술 및 교육 지원을 제공하도록 유도함으로써 개발협력의 효율성을 제고하도록 유도했다. 이와 같이 UNDP 등을 활용하는 경우 여러 전문기구들이 개별적으로 그들의 도움을 필요로 하는 국가의 정부와 직접 접촉하는 경우보다 훨씬 더 많은 수의 다양한 전문가들로 구성된 인력풀을 이용할 수 있다는 이점이 있었다. 초기에는 파견되는 전문가의 숫자만큼이나 많은 수의 개도국 인력을 선진국으로 초빙하여 대학, 공공기관 등에서 필요한 교육과 훈련을 받게 했는데, 점차 자원이 한정된 상황에서 더 많은 수의 선진국 전문가를 개도국에 파견하는 것이 보다 효율적임이 판명되면서 전체 기술 및 교육 지원 사업에서 개도국 '장학생'이 차지하는 비중은 현저하게 줄어들기 시작했다.

UNDP 등의 기술 및 교육 지원 사업이 실제로 거둔 성과 중 대표적인 두 가지를 살펴보면, 먼저 식량생산의 혁명적인 변화를 가져왔던 1950년대와 1960년대의 '녹색혁명Green Revolution'에 대한 기여를 들 수 있다. 1950년대 초부터 EPTA를 비롯한 여러 국제기구들은 멕시코, 인도, 필리핀 등지에 농업 신기술 개발을 위한 연구소를 설립하기 시작했는데, EPTA와 UNDP는 특히 여러 국가의 연구소들을 한데 묶는 연구 네트워크의 생성을 지원하고, 상주대표부로 하여금 이들 사이에 정보의 공유가 신속하게 이루어지도록 촉진하는 역할을 담당하게 했다. EPTA와 UNDP는 UNESCO 등과 손잡고 인도, 몽골, 태국, 터키 등지에 공과대학의 설립을 주도하기도 했다. 이 중 미국의 MIT를 모델로 하여 설립된, 지금은 세계 굴지의 공과대학으로 자리 잡은 '인도공과대학Indian Institute of Technology: IIT'의 7개 캠퍼스 중 뭄바이의 제2캠퍼스 설립이 EPTA와 UNDP의 여러 교육지원 사업 중 가장 대표적인 성공사례로 꼽힌다. EPTA 등은 IIT의 제2캠퍼스 설립과정에서 교과목을 설계하고, 실험실 장비를 지원하며, 경우에 따라서는 교수들의 보수를 지급하는 등의 노력을 펼쳤다.[6]

1950년대와 1960년대 EPTA와 UNDP는 기술 및 교육 지원 이외에도 신

---

6 Murphy(2006), pp.87-88.

생독립국의 정부가 제 기능을 발휘할 수 있도록 하는 데 크게 기여하기도 했다. 벨기에에 의한 오랜 식민통치 끝에 1960년 독립을 쟁취한 콩고공화국에서 이들 기구가 벌인 활동이 대표적이다. '콩고 민간 활동 프로그램Congo Civilian Operation Programme'으로 명명된 대규모 기술지원 사업의 결과 한때 콩고에서는 1,200명이 넘는 유엔 파견인력이 정부를 운영하고, 공무원들을 교육하고 훈련시키는 노력을 진행했다. 이외에도 1950년에 독립정부가 수립된 리비아에서도 EPTA의 상주대표부가 일찌감치 설치되어 정부의 운영을 지원했고, 파키스탄, 에티오피아, 가나, 인도네시아 등에서도 유사한 활동이 이루어졌다. 1965년 말레이시아로부터 분리 독립한 싱가포르 역시 독립 이후 상당 기간 동안 UNDP의 지원을 받았다. UNDP는 이 작은 나라가 후에 눈부신 경제발전을 이룩하는 데 있어서 단초를 제공했는데, 후에 싱가포르의 정치지도자가 된 이들 중 상당수가 EPTA와 UNDP의 지원을 받아 선진국에서 교육받을 기회를 가질 수 있었다. UNDP는 싱가포르에 정부운영과 관련해서뿐만 아니라 해외투자 확대를 통한 경제발전전략을 수립하는 데 있어서도 큰 도움을 주었다.[7]

물론 EPTA, UNSF, UNDP 등의 조율하에 유엔의 전문기구들이 제공한 기술 및 교육지원 사업과 정부수립지원 사업에는 상당한 부작용이 따랐다. 우선 대부분의 관료조직에서 공통적으로 발견되는 조직의 '자기확대' 경향이 이들 기구들에서도 나타났다. 특히 전문가 파견 비용의 일부를 전문기구들이 간접비용으로 흡수하는 관행이 일반화되면서 되도록 많은 수의 전문가를 파견하려는 경향이 눈에 띄게 두드러졌다. 이에 따라 기구들 사이의 경쟁이 격화되면서 정작 지원을 받는 국가들이 필요로 하는 전문가는 파견될 기회를 가지지 못하는 현상도 발생했다. 또한 부분적으로 이 시기에 UNDP와 전문기구들 내에서 구성원들 간에 그리고 개도국에 파견된 전문가들의 해당국 국민들에 대한 태도에서 가부장적 권위주의, 인종주의 등의 문제가 불거지기도 했는데, 이는 이 당시의 개발협력 인력의 상당 부분이 과거 서구

---

7 Murphy(2006), pp.100-103.

열강의 식민지 담당부서나 현지 식민기구에서 근무했던 경력을 가지고 있던 인원으로 구성되었기 때문이다.

3. '남북갈등' 속에서 UNDP의 개혁 시도: 1970년대

1960년대 말 UNDP는 UN이 주도해온 개발협력 활동을 자체 평가하는 보고서를 발간했다. *A Study of the Capacity of the United Nations Development System* 이라는 제목으로 이 보고서의 작성자인 로버트 잭슨 Robert Jackson은 '더 많은 책임과 권한의 현장으로의 이행'을 강력하게 주장했다.[8] 특히 UNDP의 상주대표부와 개도국 정부 사이의 긴밀한 협력을 통해 각 국가와 지역에 알맞은 개발 계획을 장기적인 관점에서 수립할 필요성이 제기되었다. 당시 전 세계적으로 개도국과 선진국 사이의 '남북갈등'이 점차 그 강도를 더해가고 있는 상황에서 개도국들과 개도국 출신 직원들은 이러한 방향으로의 전환을 적극 지지하고 나섰다. 반면 다수의 전문기구들은 이러한 급격한 정책전환에 유보적인 입장을 취했다. 아마도 그로 인해 권한과 재원이 축소되는 것을 경계했던 것으로 보인다. 결국 1970년 UNDP 관리이사회는 전문기구들의 권한을 잭슨이 애초에 제안한 정도로 축소하지는 않되 상주대표부의 권한을 상당히 강화하는 방향으로의 절충안을 통과시켰다.[9]

1971년 UNDP의 초대 사무총장 호프먼의 뒤를 이어 은행가 출신의 루돌프 피터슨 Rudolf Peterson이 사무총장에 임명되었고, 그에 의해 부 사무총장으로 임명된 인도 출신의 경제학자 I. G. 파텔 Patel은 1970년의 이 절충안이 여러 측면에서 불충분하다고 보고, 새로운 개혁안을 작성하여 제시했다. 이 개혁안에서는 개도국 정부가 자신들의 개발 프로젝트를 실행에 옮길 수 있

---

8 Robert Jackson, *A Study of the Capacity of the United Nations Development System* (New York: United Nations, 1969).

9 Murphy(2006), pp.148-149.

두만강개발계획

최근 한국과 UNDP의 관계에서 가장 의미심장한 사건은 지난 1991년 UNDP에 의한 '두만강개발계획' 제안이다. 두만강개발계획은 1991년 10월 평양에서 열린 UNDP 동북아 조정실무관회의에서 발족이 결정되었다. 이 계획은 나진(북한)~훈춘(중국)~포시에트(러시아)를 연결하는 '소삼각지역(1,000km²)'을 총 300억 달러의 자금을 투자하여 국제적 투자지역으로 개발할 것을 제안했다. 이를 위해 북한과 러시아의 인근 지역에 10여 개의 현대적 부두시설과 50만 명이 거주할 수 있는 신산업도시, 산업시설·배후시설 등을 조성한다는 것이다. 이러한 UNDP의 제안에 남한, 북한, 중국, 러시아, 일본, 몽골 등 6개국이 이 공동개발사업에 참여하겠다는 의사를 밝혔다. 두만강 유역에 인접한 북한, 중국, 러시아 3개국이 개발 취지에 원칙적으로 동의했음에도 불구하고 구체적인 개발 방향에 합의하지 못함에 따라 개발계획은 별다른 진전을 이루지 못했다. 그러던 중 2005년 사업대상 지역범위를 확대하고 공동기금을 설립하는 등 추진체계를 강화하여 두만강개발계획은 '광역두만강개발계획(GTI)' 으로 확대 개편되었다. 현재 한국의 기획재정부와 중국 상무부, 러시아 경제개발부, 몽골 재무부 등 4개국 정부 경제부처가 광역 두만강개발계획에 참여하고 있다. 북한은 2009년 염두에 두었던 라진-선봉무역지대의 개발이 쉽지 않다는 판단에 따라 GTI로부터 탈퇴하였다.

비록 현재 지지부진한 상태를 면치 못하고 있지만 두만강개발계획은 UNDP의 기획력과 아젠다 발굴능력을 잘 보여주는 사례라 할 수 있다. 1991년은 냉전체제가 허물어져 가고 한국 정부의 북방외교가 성과를 올리던 시기이기는 했지만 여전히 동북아 국가들 사이의 교류가 활성화되지 못한 상태였다. 그러한 상황에서 UNDP는 북한과 일본을 포함하여 6개국의 자발적인 참여를 이끌어낼 수 있는 사업을 발굴하는 데 성공했던 것이다.

는 능력을 제고하고, 해당국 전문가를 적극 활용하며, 가능한 한 해당국 기업 제품을 구매하고, 자본투자는 해당국의 기술력의 향상을 동반하도록 한다는 등의 사항이 제안되었다. 개혁안은 미국의 반대와 대다수 선진국들의 미지근한 반응에도 불구하고, 개도국들의 적극적인 지지에 힘입어 1975년에 통과되었다. 파텔의 개혁안에서 가장 두드러진 성과는 '프로젝트 실행 사무소Office of Project Execution: OPE'라는 기구를 설치하여 필요한 경우 전문기구의 관료조직을 통하는 대신 이 기구가 개발 프로젝트를 신속하게 실행하도록 한 것이다. OPE의 등장으로 UNDP는 개발협력과제를 전문기구에 일임하는 대신 부분적으로나마 프로젝트의 직접 실행에 참여하게 되었다. OPE의 설치로 유엔 내 국제개발협력 관련 전문기구들의 권한과 위상은 일정 부분 약화되었지만 UNDP는 개도국의 필요에 가장 신속하게 반응하는 개발협력 국제기구라는 평가를 받게 되었다.[10]

다른 한편, 선진국과 개도국 사이의 갈등이 격화되는 가운데 파텔이 주도한 개혁안은 UNDP 재정의 가장 큰 부분을 담당한 미국과 UNDP 사이의 관계에 부정적인 영향을 미쳤다. 1950년대 UNDP 재정의 절반 이상을 책임졌고, 1960년대에 들어서도 40% 이상을 책임지던 미국은 1972년 자국의 UNDP에 대한 재정 기여를 25% 수준으로 하향조정하겠다는 의향을 밝혔다. 이러한 결정의 배후에는 자국의 해외원조기관USAID을 통한 양자 간 개발협력이 국제기구를 통한 다자주의 개발협력보다 더 효율적이고 미국의 '국익'을 위해서도 더 바람직하다는 인식의 확산이라는 요인이 자리 잡고 있었다. 여기에는 USAID의 적극적인 로비와 닉슨과 포드 행정부에서 미국의 외교정책을 주도하던 헨리 키신저Henry Kissinger의 현실주의적인 외교정책이 주요하게 작용했다. 키신저에 따르면 해외원조 및 개발협력은 어디까지나 국가 이익의 측면에서 결정되어야 할 문제였다.[11]

미국 정부의 시각에서 개도국에 더 많은 권한과 책임을 부여하려는 UNDP의 정책이 더욱 달갑지 않게 느껴졌던 이유는 UNDP가 냉전 당시 미국에 적대적인 진영에 속한 국가들과 베트남, 팔레스타인, 이란과 같이 미국과 직접 전쟁을 치렀거나 오랜 기간 심각한 정치적 갈등을 겪은 국가들로 개발협력의 범위를 확대하려 한 데 있다. UNDP는 1971년 바르샤바조약

---

10 Murphy(2006), pp.151-154.
11 Murphy(2006), pp.155-156.

기구의 회원국인 루마니아에 상주대표부 사무소를 설치한 데 이어 1977년에는 에티오피아의 아디스아바바에 연락사무소를 설치했다. 후자의 결정은 '아프리카 단결기구Organization of African Unity: OAU'가 승인한 '민족해방운동National Liberation Movement' 세력이 정권을 장악한 국가를 개발협력 파트너로 인정하라는 관리이사회의 지침에 따른 것이었다. 아디스아바바 사무소를 통해 UNDP는 잠비아, 짐바브웨, 탄자니아, 나미비아 등 주로 남아프리카의 좌파 정부들과 개발협력관계를 맺었다. 이 중 가장 인상적인 사례는 나미비아에서 정권을 잡은 좌파 정권을 지원하여 이들이 보다 효과적으로 정부업무를 수행하도록 도운 'United Nations Institute for Namibia UNIN'의 활동이다. 1976년부터 1990년까지 활동한 UNIN 덕분에 오늘날 나미비아는 아프리카에서 가장 효율적인 정부와 가장 민주적인 헌법을 가진 국가가 되었다.12

마지막으로 1970년대에 일어난 또 하나의 중요한 변화로 꼽을 수 있는 것은 UNDP가 여러 협력기구들을 거느리게 되었다는 사실이다. 이 시기에 UNDP는 '유엔인구기금Uited Nations Fund for Population Activities: UNFPA', '유엔자원봉사단Uited Nations Volunteers: UNV', '유엔자본개발기금United Nations Capital Development Fund: UNCDF', 'United Nations Resolving Fund for Natural Resources Exploration', 'Special Unit on Technical Cooperation among Developed Countries' 등의 기구 및 기관의 지속적인 활동에 대한 위탁 관리를 맡게 되었다.

---

12 Murphy(2006), pp.172-198.

4. 여성과 민주주의 그리고 인간개발:
1980년대와 1990년대 개발협력 아젠다의 변화 모색

1985년에는 '유엔여성개발기금United Nations Development Fund for Women: UNIFEM'이 UNDP의 협력기구 리스트에 추가되었다. 1970년대 중반 이래 UN은 여성의 인권과 지위 향상에 관해 본격적으로 관심을 쏟기 시작했다. 유엔총회는 1975년을 '국제여성의 해International Women's Year'로 선포했고, 멕시코시티에서 개최된 제1회 '세계여성회의World Conference on Women'에서 는 1976년부터 1985년까지를 'UN 여성을 위한 십 년Decade for Women'으로 지정하기도 했다. 유엔총회는 1979년 '여성차별철폐협약Convention on the Elimination of All Forms of Discrimination against Women: CEDAW'의 통과를 결의하기 도 했다.[13]

UNIFEM이 UNDP의 협력기관이 된 1985년을 전후하여 여성과 개발의 관련성에 관한 기존 시각에 변화가 일어나기 시작했다. 그 이전까지는 개발 이 여성의 삶에 미치는 영향이 주된 관심 대상이었다면 이제는 개도국의 경제적·사회적 발전에서 여성의 기여가 차지하는 몫이 중심적인 주제로 부 상했다. 이는 곧 여성의 정치적·사회적·경제적 지위의 향상이 국가 전체의 발전에 필수적이라는 주장과 사회 전 분야에 걸쳐 남녀 간의 차별을 없애고 여성들에게 공평한 기회를 부여하는 일의 중요성에 대한 옹호로 이어졌다. 이러한 관점은 개발의 문제를 전 국가적인 차원 혹은 전 사회적인 차원의 문제로 이해하는 기존의 관점과는 달리 인간 개개인, 시민 개개인의 개발과 계발, 교육, 사회적 자기실현 기회의 부여 등을 강조한다는 특징을 지녔다. 이러한 관점의 변화는 이후 1990년대 초반부터 UNDP의 대표적인 브랜드 로 자리 잡게 될 '인간개발human development' 개념의 단초를 제공했다는 의 의를 갖는다.[14]

---

13 United Nations, *UN Home Page*, http://www.un.org/en/globalissues/women/(검 색일: 2015.3.22).

14 Murphy(2006), pp.200-211.

앞서 지적했듯이 신생국 정부의 활동을 지원하는 것은 설립 초기부터 UNDP의 주요 활동 목록 중 하나였다. 이러한 작업은 1980년대 들어서도 끊이지 않고 계속되었는데, 이 시기에 UNDP의 역할이 두드러졌던 부분은 오랜 군부독재 끝에 민주화에 성공한 국가들의 민정이양을 지원하는 활동이었다. 특히 아르헨티나, 브라질, 칠레 등 라틴 아메리카 국가들의 민간정부 수립 과정에서 UNDP는 의미 있는 기여를 했다. 이 국가들의 경우 신생독립국들과는 달리 정부를 운영할 기본적인 역량은 갖추고 있었지만 민정을 주도할 세력들이 정치적·사회적·법적 장벽에 가로막혀 활동에 지장을 받는 문제가 심각한 상황이었다. UNDP는 이들이 이러한 장애물을 극복하고 활동을 시작하는 데 편의와 도움을 제공했다. 예컨대 아르헨티나의 경우 독재정권을 피해 해외로 망명한 아르헨티나 출신의 여러 전문가들을 UNDP가 직접 초빙하여 이들이 안전하게 또 적절한 보수를 받고 일할 수 있는 경로를 제공하는 식의 활동이 이루어졌다.

다른 한편, 민주정부 수립에 대한 UNDP의 지원은 신생독립국의 정부수립에 대한 지원과는 다른 의의를 가졌다. 그간 UNDP는 지원을 필요로 하는 국가가 민주적인 정치체제를 운용하는지 그렇지 않은지의 여부에 관계없이 도움이 긴급하게 필요한지의 여부와 성공 가능성의 크고 작음에 따라 지원 여부와 규모를 결정해 왔다. UNDP가 (민주적인 정치체제의 수립에 결코 호의적이지 않은) 민족해방운동 세력이 정권을 장악한 경우에도 필요하다고 판단되면 지원을 제공했고, 이것이 미국 등과의 관계에서 갈등 요인으로 작용했음은 이미 지적한 바와 같다. 한마디로 UNDP는 정치적으로 '중립적'인 입장을 유지했다. 그러나 1980년대 라틴아메리카의 민주화 이행 지원을 계기로 '민주주의 통치체제'에 대한 지원이 UNDP의 중요한 아젠다로 자리 잡게 되었다. 이러한 움직임은 1990년대 들어서 동유럽과 구소련의 공화국들의 민주주의체제로의 이행을 지원하는 UNDP의 활동을 통해서 더욱 심화되었다.

사실 민주화로의 이행에 대한 지원은 이 시기 유엔 전체의 가장 중요한 관심 사안 중 하나이기도 했다. 1996년 부트로스 부트로스-갈리Boutros Boutros-

Ghali 유엔사무총장은 '민주화를 위한 아젠다Agenda for Democratization'라는 제목의 문건에서 "비민주적인 국가는 개발에 적대적인 여건을 조성하는 경향이 있다. … 개발과 개혁에 대한 시민들의 압력을 효과적으로 수용할 수 있게 해주는 민주적인 정치제도를 가지지 못한다면 혼란과 불안정이 초래될 것이다. 현실은 만약 시민들이 정치과정에 적극적이고 실질적으로 참여할 기회를 갖지 못할 경우 어떤 국가도 정의롭거나 자유롭지 못할 것이고, 성공적이고 지속가능한 개발전략을 추구하는 것도 불가능해질 것이라는 사실이다"라고 주장하기도 했다.[15]

여성과 민주주의에 대한 강조는 '인간개발' 개념에 대한 UNDP의 옹호로 이어졌다. 오늘날 많은 이들이 UNDP를 이야기할 때 가장 먼저 떠올리는 아이템이기도 한 인간개발은 이 국제기구가 현재와 같은 위상을 누리는 것을 가능하게 만든 가장 중요한 요인이라 할 수 있다. 지금까지의 설명에서 짐작할 수 있듯이 1990년 첫 번째 '인간개발보고서Human Development Report'가 출간되기 전까지 UNDP의 정체성과 역할을 한마디로 정의하기란 결코 쉬운 일이 아니었다. 특히 일반대중에게 UNDP는 매우 모호한 존재로 남아 있었다. UNDP가 국제개발협력의 '조율자'이자 '기획자' 그리고 때로는 '집행자'라는 중요한 역할을 담당했지만 대중들이 이를 정확하게 인지하기 어려웠기 때문이다. 인간개발보고서의 성공은 이러한 고민을 일거에 해결해주었다.

인간개발보고서는 파키스탄 출신 경제학자인 마붑 울 하크Mahbub ul Haq의 '작품'이다. 그를 UNDP에 채용하고 독립적인 권한을 부여하여 보고서를 집필하도록 한 이는 제3대 사무총장인 브래드 모스Brad Morse의 뒤를 이어 1986년 UNDP의 네 번째 사무총장으로 임명되어 1993년까지 그 직위를 유지한 빌 드레이퍼Bill Draper였다. 사실 미국의 레이건 대통령에 의해 천거된 드레이퍼는 사무총장에 임명되기까지 국제개발협력에 대해 문외한에 가까웠다. 하지만 그는 UNDP 역사상 가장 높은 수준의 지원금을 확보하여 고

---

15 Boutros Boutros-Ghali, *An Agenda for Democratization* (New York: United Nations, 1996).

인간개발지수(HDI)와 GNP의 차이

마붑 울 하크는 인간개발지수(HDI)와 GNP의 차이를 다음과 같이 설명한다. 첫째, 인간개발지수는 소득 이외에도 교육과 건강을 지표로 포함한다. 교육은 성인의 문자해독률과 학교재학기간을 지표로 하여 측정하고, 건강은 평균수명을 지표로 하여 측정한다. 둘째, 인간개발지수는 정책결정자들로 하여금 개발의 수단이 아니라 이의 궁극적인 목적에 관심을 기울이도록 한다. 셋째, 인간개발지수는 GNP에 비해 시민의 평균적인 삶의 모습을 더 정확하게 포착한다. 넷째, GNP 대신 인간개발지수를 통해서 보면 국가들 간 불평등 문제의 심각성이 덜 두드러지게 나타난다. 예컨대 전 세계 개도국 GNP의 총합은 선진국 GNP 총합의 10% 미만에 불과하지만 평균수명은 선진국의 80%, 성인의 문자해독률은 선진국의 66% 수준이다. 다섯째, 인간개발지수는 성별, 인종별, 지역별 분류가 가능하기 때문에 각각의 문제 상황에 보다 적합한 해결책을 제시하는데 도움을 줄 수 있다.

출처: Mabub ul Haq, "The Birth of the Human Development Index" in *Readings in Human Development*, edited by Saiko Fukuda-Parr and A. K. Shiva Kuma. Oxford: Oxford University Press

질적인 재정난에 한숨 돌릴 여유를 제공했을 뿐만 아니라 울 하크를 채용하여 그로 하여금 혁신적인 보고서를 작성하도록 함으로써 기구의 위상을 높이는 데 크게 기여했다.[16]

　UNDP 인간개발보고서의 핵심은 경제발전이 그 자체로서 인간 개개인의 역량 증대를 가져오지 않는다는 것이었다. 예컨대 1980년대 말 당시 1인당 국민소득이 400달러 수준이던 스리랑카의 평균수명과 문맹률은 각각 71세, 87%였던 데 반해, 1인당 국민소득 2,020달러의 브라질은 65세, 78%, 1인당 국민소득 6,200달러의 사우디아라비아는 64세, 55%였다(UNDP 1990, 2-3).

---

16 Murphy(2006), pp.234-242.

사우디아라비아의 1인당 GNP는 스리랑카의 15배에 달했지만, 후자의 문맹률은 전자의 문맹률보다 훨씬 낮은 수준이었던 것이다. 울 하크에 따르면 우리는 경제의 절대적인 성장뿐만 아니라 재원의 사회적 분배가 공정하게 이루어지는지의 여부에도 관심을 기울여야 할 필요가 있다. 또한 경제 지표만으로는 측정되지 않는 인간역량에도 관심을 기울여야 한다. 결국 중요한 것은 개개 인간이 각자의 선택 범위를 확대하도록, 즉 더 많은 '자유'를 누리도록 하는 것이다. 이제 과제는 이러한 인간이 얼마만큼의 선택의 자유를 누리는지를 측정할 수 있는 새로운 지표를 개발하는 것이다. 그리고 개발협력의 과제는 전체 국가 수준, 전체 사회 수준에서의 개발협력에서 개인 역량의 개발로 그 초점을 옮겨야 한다(UNDP 1990, 9-11). UNDP는 1990년 이래 몇 해를 제외하고는 매년 조금씩 강조점을 바꿔가면서 보고서를 발간해오고 있다. 여성과 민주주의는 보고서에서 여러 차례에 걸쳐 강조된 주제이다. 이제 매년 보고서를 발간하는 일은 UNDP의 가장 핵심적인 업무 중 하나가 되었다.

5. 인간개발보고서 이후: 환경, MDGs, 그리고 내부개혁

1993년 드레이퍼의 뒤를 이어 클린턴 대통령의 천거로 UNDP의 사무총장에 임명된 제임스 스페스James G. Speth는 환경 문제에 대한 관심을 특히 강조했다. 그의 리더십하에서 '지속가능한 인간개발Sustainable Human Development'이 UNDP의 역점 추진 목표가 되었다. 스페스는 또한 상주대표부에 더 많은 자율성을 부여하여 이들과 개도국 정부가 개발계획의 입안에서부터 집행에 이르기까지의 과정을 책임지는 방향으로의 개혁을 추진하기도 했다. 1999년에 UNDP는 세계은행, IMF, UN 그리고 주요 원조 공여국들과 함께 '밀레니엄개발목표Millennium Development Goals'의 작성과정에서 주도적인 역할을 수행하기도 했다. UNDP에만 국한된 현상은 아니지만 현재 MDGs의 달성은 UNDP의 가장 중요한 목표 중 하나로 설정되어 있다.17

1999년에는 영국 출신의 마크 M. 브라운Mark M. Brown이 최초의 비(非)미국인 사무총장으로 임명되었다. 이는 스페스의 재임기간 동안 미국의 UNDP에 대한 재정기여도는 계속 줄어들었고, 이러한 상황에서 유럽 국가들과 개도국들이 미국 출신이 아닌 사무총장의 임명을 요구했기 때문이다. 브라운 사무총장이 직면한 현실은 결코 녹록치 않았다. 미국의 재정기여뿐만 아니라 거의 모든 국가로부터의 재정 기여가 급격하게 감소하는 추세에 있었고, 이로 인한 재정압박이 심각한 수준에 이르렀기 때문이다. 여기에는 미국과 소련 간 냉전의 종식이 주요한 요인으로 작용했다. 냉전 기간 동안 미국의 제3세계로의 원조공여는 공산주의의 확산 방지를 주요한 목표로 삼았다. 이제 이러한 목표에 비추어 '쓸모가 없어진' 제3세계 국가들, 특히 아프리카 국가들은 자국에 대한 해외원조가 질적·양적 측면에서 절대적으로 하락하는 현실과 마주해야 했다.

이에 브라운은 UNDP의 대대적인 내부 개혁을 시도했다. 그는 지나치게 방대해진 조직을 개편하고 중복되는 업무를 단순화하여 뉴욕 본부 인력의 25%, 현지 사무소 인력의 15%를 감축하려는 목표를 세웠다. 그 결과 1,000명 이상의 직원이 명예퇴직을 했고, 단순 업무의 상당 부분이 사기업으로 아웃소싱되었다. 직원의 출장을 최소화하는 등의 비용절감 조치도 단행되었다. 유명 스포츠 스타들을 '친선대사Goodwill Ambassador'로 위촉하여 기구의 대외 이미지를 개선하려는 시도도 병행되었다. 이러한 노력의 결과 2005년 경부터 UNDP에 대한 재정기여는 다시 증가세로 돌아서기 시작했다. 완벽하게 만족스러운 정도는 아니지만 UNDP의 자체 개혁은 여러 국제기구의 개혁 시도 중 가장 성공적인 사례로 꼽히고 있다(Murphy 2006, 307). 이외에도 브라운 재임 기간 중에 이루어진 UNDP의 아프가니스탄 재건 사업은 상당한 성공을 거둔 것으로 평가받았으며, 민주적 통치체제의 증진을 위한 정보통신기술의 보급, HIV/AIDS 확산 방지를 위한 노력 등도 높은 평가를 받았다.18

---

17 Murphy(2006), pp.263-295.

III. 기능과 역할

1994년 UNDP의 집행이사회Executive Board는 UNDP의 가장 중요한 역할을 다음의 세 가지로 정리했다.[19]

첫째, 사무총장과 상주대표부가 각각 전 세계적인 차원과 국가와 지역 차원에서 유엔개발협력기구들을 총괄하고 업무영역을 조율하는 역할.

둘째, 인간개발보고서의 정기적인 발간.

셋째, 환경보호, '선한 통치체제good governance'의 수립, 여성의 지위향상, 빈곤과의 싸움을 위해 기구의 자원과 재원을 동원하는 역할.

앞서 지적했듯이 우리는 이 각각의 역할을 기획자 혹은 아젠다 설정자로서의 역할, 조율자로서의 역할, 집행자로서의 역할로 구분해 볼 수 있다. 다음에서는 이러한 UNDP의 역할을 하나씩 살펴보도록 한다.

1. 조율자로서의 UNDP

UNDP의 국제개발협력의 '조율자'로서의 역할은 두 가지 차원에서 수행되고 있다. 먼저 UNDP는 최상급 개발협력기구로서 유엔 내 개발협력기구와 기관들의 활동을 조율한다. 1997년 개발 관련 사업의 중복을 막고 효율성을 높이기 위해 UNDP를 비롯하여 WHO, UNICEF 등 32개 기구 및 기관들로 이루어진 '유엔개발그룹UN Development Group'이 조직되었는데, 현재 이 그룹의 의장직을 UNDP의 사무총장이 맡고 있다. 2008년 이후에는 UNDG는 '고위 프로그램 위원회High-Level Committee on Programme: HLCP', '고위 경영 위원회High-Level Committee on Management: HLCM'와 함께 '유엔 최고조정이사진

---

18 Murphy(2006), pp.312-330.
19 Murphy(2006), pp.267-268.

국제기구와 경제협력·개발

UN Chief Executive Board for Coordination: CEB'을 구성하는 3대 '축pillars' 중 하나로 인정받게 되었다.[20]

---

20 CEB는 유엔 1946년 국제연합총회 결의에 따라 1948년 설립된 기구로, 본부는 미국 뉴욕에 있다. 1948년 특별기관 활동의 조정을 맡는 기관인 조정위원회(ACC)로 출범하였다가, 2001년 개칭되었다. 국제연합과 국제연합 산하기구 간의 협의사항이 효율적이고 효과적으로 시행되도록 하는 것을 목표로, 국제연합 사무총장의 지도하에 국제연합기구 간의 협력과 조정이 이루어지도록 한다. 28명의 국제연합기구의 책임자가 최고조정 이사진의 회원이며, 그중 국제연합사무총장이 의장을 맡아 2년에 한 번 회의를 연다.

IFAD	국제농업개발기금(International Fund for Agricultural Development)
UNCTAD	유엔무역개발회의(United Nations Conference on Trade and Development)
UNESCO	유네스코(United Nations Educational, Scientific and Cultural Organization)
FAO	유엔식량농업기구(Food and Agriculture Organization of the United Nations)
UNIDO	유엔산업개발기구(United Nations Industrial Development Organization)
ILO	국제노동기구(International Labour Organization)
UNDPI	유엔공보국(United Nations Department of Public Information)
지역위원회(Regional Commissions): ECA, ECE, ECLAC, ESCAP, ESCWA	
OHRLLS	최빈·내륙국·소도서국 고위대표실(Office of the High Representative for the Least Developed Countries, Landlocked Developing Countries & Small Island Developing Countries)
SRSG/CAC	어린이와 무력분쟁에 관한 사무총장 특별대표(Special Representative of the Secretary-General for Children and Armed Conflict)
UNEP	유엔환경계획(United Nations Environment Programme)
UNHCR	유엔난민고등판무관(United Nations High Commissioner for Refugees)
OSAA	유엔아프리카자문관실(Office of USG - Special Advisor on Africa)
UNWTO	유엔세계관광기구(United Nations World Tourism Organization)
WMO	세계기상기구(World Meteorological Organization)
ITU	국제전기통신연합(International Telecommunications Union)
World Bank	세계은행(World Bank) - 옵서버

출처: UN Development Group 홈페이지 재구성

경제사회이사회^{ECOSOC}와 국제연합총회의 감독을 받는 유엔개발그룹은 1년에 3~4차례 전체 회의를 열어 중요한 정책을 입안하고 결정한다. 주요 결정은 회원기관들 사이의 '합의'에 의해 내리는 것이 원칙이지만 회원들은 상황에 따라서는 결정에 구속되기를 원하지 않는다는 의향을 미리 밝힐 수

있다. 그 밖에도 유엔개발그룹에는 집행위원회, 자문단과 개발업무조정사무소가 있는데, 집행위원회는 UNDP, 국제연합인구기금UNFPA, 국제연합아동기금UNICEF, 세계식량계획WFP, 국제연합인권위원회OHCHR 등 5개의 기구로 이루어져 있다. 자문단은 운영 측면에서 UNDG에 자문을 제공해주는 조직으로 고정 회원은 식량농업기구FAO, 국제노동기구ILO, UNDP를 비롯한 10개의 단체이다. 개발업무조정사무소는 각국의 국제연합 산하 개발 관련 기관에게 프로젝트의 효율적인 운영에 대해 조언한다.

유엔개발그룹에 참여하고 있는 기구 및 기관은 〈표 1〉에서 확인할 수 있다.

다음으로 UNDP는 각 국가별 수준에서 개발협력 관련 국제기구와 기관들의 활동을 조율한다. 일반적으로 UNDP 국가사무소의 상주대표Resident Representative가 '상주조율자Resident Coordinator'의 역할을 겸임하여 각국에 파견된 여러 국제기구/기관들의 주재원들 사이의 업무협조를 촉진하고 이들 사이에 갈등이나 경쟁이 발생하는 경우 이를 해결하는 역할을 담당한다.

2. 인간개발보고서: 기획자로서의 UNDP

앞서 언급했듯이 1990년 '인간개발보고서Human Development Report'의 발간은 UNDP의 역사에서 획기적인 전환점을 이루었다. 한편으로는 관료주의적인 타성으로 인해 점점 비효율적으로 되고, 다른 한편으로는 너무나 다양한 업무를 떠맡은 결과 자신의 정체성을 잃어가던 UNDP는 이 보고서의 발간과 함께 국제개발협력의 구심점으로서의 역할을 회복했다. 2007년과 2008년을 통합하여 하나의 보고서가 발간되고 2012년 보고서가 발간되지 않은 경우를 제외하면 지금까지 거의 매년 보고서가 조금씩 주제를 달리하면서 발간되었는데, 그중 가장 빈번히 언급된 주제를 꼽아 보면 인권, 젠더, 환경, 세계화 등이다. 1990년 이래 연도별 중심 주제를 정리하면 다음과 같다.

연도	'인간개발보고서' 연도별 중심주제
1990년	인간개발의 개념 및 측정방법
1991년	인간개발의 재정 마련방안
1992년	전지구적 차원의 인간개발
1993년	인민의 참여
1994년	인간안보의 새로운 차원
1995년	젠더와 인간개발
1996년	경제성장과 인간개발
1997년	빈곤의 근절을 위한 인간개발
1998년	인간개발을 위한 소비
1999년	인간의 얼굴을 한 세계화
2000년	인권과 인간개발
2001년	인간개발을 위한 새로운 기술의 활동
2002년	파편화된 세계에서 민주주의의 심화 발전
2003년	밀레니엄개발목표(MDGs): 빈곤을 근절하기 위한 국가들 사이의 계약
2004년	오늘날의 다양한 세계에서 문화적 자유
2005년	기로에 선 국제협력: 불평등한 세계에서 원조, 무역, 안보
2006년	결핍을 넘어서: 권력, 빈곤 그리고 전 세계적인 물의 위기
2009년	장벽 넘어가기: 인간의 이동성과 개발
2010년	국가의 진정한 부: 인간개발로의 경로
2007/2008년	기후변화와의 싸움: 분열된 세계에서 인간들 사이의 연대성
2011년	지속가능성과 형평성: 모두를 위한 더 나은 미래
2013년	개도국의 부상: 다양화된 세계에서 인간의 진보
2014년	지속가능한 인간의 진보: 취약성을 줄이고 탄력성을 강화하기

출처: UNDP 홈페이지 자료 재구성

3. 개발협력프로그램의 입안과 집행

앞서 지적했듯이 UNDP가 다루는 개발협력 활동은 너무나 다양한 나머지 쉽게 분류되기 어렵다. 현재 UNDP는 자신의 활동 영역을 ① 빈곤의 감소와 밀레니엄개발목표의 달성, ② 민주적 거버넌스 구축, ③ 위기 예방과 복구, ④ 지속가능한 성장을 위한 환경 보존과 에너지 개발을 네 가지 분야로 구분하고 있다. UNDP는 이 중 첫 번째와 두 번째 항목에 가장 큰 관심을 쏟고 있다. 2015년 예산안에 따르면 현재 UNDP는 개발협력프로그램 운영 예산의 77% 이상을 이 두 분야에 지출하고 있다.

너무나 다양한 활동과 프로그램들이 진행되고 있기 때문에 이들을 일일이 거론하는 것은 가능하지 않다. 다음에서는 UNDP가 2013/2014년 연례 활동보고서에서 밝힌 활동 사례 중 몇 가지를 선별하여 소개하고자 한다.[21]

① 2013년과 2014년에 UNDP는 아프리카의 말리, 마다가스카르, 토고에서 선거지원활동을 벌였고, 세 나라 모두 큰 마찰 없이 선거를 성공적으로 마칠 수 있었다. 내전의 상처가 아직 아물지 않은 말리의 경우에는 680만 명이 넘는 인원이 유권자로 등록했고, 마다가스카르에서는 발발 가능성이 높은 것으로 예측되는 사건, 사고를 미리 진단하고 예방하는 시스템이 성공적으로 작동되었다.

② 콩고민주공화국에서 UNDP는 의회가 법안을 심의하고 채택하는 데 걸리는 기간을 평균 8주에서 1주로 단축하는 작업을 지원했다. UNDP는 또한 판사의 수를 두 배로 늘리고, 수형 시스템을 효과적으로 운영하여 감옥에 불필요하게 수감되어 있는 인원을 대폭 줄이는 과정을 지원했다. 중심부에서 멀리 떨어진 지역의 경우에는 지역분쟁해결위원회를 조직하여 해당지역에서 발생하는 분쟁과 갈등의 60%를 처리하도록 했다.

---

21 UNDP, *2013/2014 Annual Report*, pp.9-23.

UNDP 헌법 지원 프로젝트

지난 2014년 1월 27일 튀니지 헌정의회(National Constituent Assembly)는 압도적 다수로 새로운 민주적 헌법을 제정하는 데 성공했다. 헌법이 제정되는 과정은 비교적 평화롭고 포괄적인 방식으로 진행되었는데, 이러한 성과를 거두는데 있어서 UNDP가 핵심적인 역할을 담당했다. 헬렌 클라크 UNDP 사무총장은 헌법제정이 "튀니지와 그 시민들에게 진정으로 역사적인 순간"이며, 이를 계기로 "튀니지의 민주적 이행과정에서 새로운 장이 열렸다"고 평가하기도 했다. 2010년과 2011년의 '아랍의 봄' 혁명을 가장 먼저 주도한 국가인 튀니지는 2011년 10월에 헌정의회를 선거를 통해 구성했다. 이 선거는 1956년 독립을 쟁취한 이래 최초의 자유선거였다는 의미를 지닌다. UNDP는 '헌법 지원 프로젝트(Constitutional Support Project)'를 통해 튀니지 헌정의회의 활동을 세 가지 측면에서 지원했는데, 먼저 헌법제정에 관한 의회 내에서의 논의 과정이 개방적이고 민주적으로 이루어지도록 지원했고, 둘째, 시민과 시민사회의 목소리가 헌법제정과정에 적절히 반영되도록 했으며, 셋째, 헌정의회의 제도적 역량의 강화를 지원했다. 이 프로젝트를 위해 일본, 벨기에, 유럽연합, 스웨덴, 덴마크, 노르웨이, 스위스와 UNDP가 1,800만 달러를 제공했으며, 그 결과 6천명 이상의 튀니지 시민들, 300개의 시민단체들, 320명의 대학대표들이 헌법제정을 위한 전국적 차원의 의견수렴과정에 참여하여 자신들의 견해를 밝힐 수 있었다. UNDP는 또한 타 유엔기관들과 협력하여 튀니지의 새로운 헌법이 국제적 인권기준에 부합하게 하기 위한 조언을 제공하기도 했다.

③ UNDP는 'Global Fund to Fight AIDS, Tuberculosis and Malaria'라는 국제 NGO단체와 함께 전자 환자관리 시스템을 짐바브웨에 도입했다. 현재 70만여 명의 짐바브웨 국민이 HIV/AIDS에 감염되어 치료를 받고 있으며, 이러한 시스템의 도입은 환자관리에 필요한 업무량을 획기적으로 감소시킬 것으로 기대된다.

④ 세계에서 가장 가난한 나라 중 하나인 니제르에서 UNDP는 총체적인

경제회생프로그램을 가동하고 있다. 거듭되는 가뭄으로 생존에 위협을 받고 있는 이들에게는 긴급식량지원을 제공하는 한편, 29,000헥타르에 달하는 황폐화된 토지를 복구시키는 작업에 참여했다. 2010년에는 쿠데타가 발생하여 정부가 전복되었지만 UNDP는 다른 국제기구들과 같이 철수하는 대신 사무소를 계속 유지했고, 다음 해에 선거를 통해 정부가 성공적으로 구성되는 데 기여했다. 2013년에는 니제르의 모든 정당과 의회가 보다 투명하고 공정한 선거 시스템의 도입에 합의하도록 유도했다. UNDP는 니제르 정부와 함께 2012~2015년 경제발전계획을 수립했고, 이 계획의 실행을 위해 부족한 50억 달러의 재원을 지원받기 위해 여러 원조 공여국들의 협력을 이끌어 내기도 했다.

⑤ 2014년 1월에는 이른바 '아랍의 봄' 혁명 이후 민주적인 정치체제로 이행 중인 튀니지아의 헌정의회가 민주적인 헌법을 입안하고 채택하는 과정에서 UNDP는 'UN 정무국UN Department of Political Affairs'과 협력하여 여러 정파의 지도자들이 서로 대화하고 타협하는 장을 갖도록 설득했고, 이를 통해 이들이 새로운 헌법안을 자발적으로 지지하도록 유도하는 데 크게 기여했다. 이제 튀니지아의 정치적 상황이 점차 안정을 되찾아감에 따라 UNDP는 혁명을 일으킨 가장 중요한 요인 중 하나인 청년층의 실업 문제를 해결하는 작업에 착수했다.

⑥ 남아시아에서 투표율(40%)이 가장 낮은 국가인 파키스탄에서 UNDP는 파키스탄 선거관리위원회가 사상 처음으로 유권자 교육을 실시하도록 지원하고, 은행과 호텔, 관공서와 학교, 백화점 등에 선거참여를 독려하는 포스터와 배너를 설치하는 캠페인을 벌였다. 그 결과 파키스탄의 투표율은 55%로 증가했다.

⑦ 8개 태평양 도서 국가들에서 UNDP는 이들 국가들이 기후변화에 대한 대응책을 찾는 작업을 지원했다. 그 결과 약 5,000명의 시민들이 보다

안전한 용수를 공급받게 되었고, 사모아에서는 농업에서 기후변화에 보다 강한 품종을 재배하려는 노력이 진행 중이다.

⑧ 중국에서 UNDP는 현지 파트너와 함께 2013년에 결실을 본 획기적인 법률 개혁을 위한 정책대화를 이끌었다. 이 개혁에서 가장 중요한 사안은 자백의 강요와 변호사 선임권의 보장이었지만, 대화 과정에서 성적소수자에 대한 차별 금지도 진지하게 논의되었다. 이외에도 UNDP는 원조 공여국으로서 중국의 원조공여전략에 대한 자문을 제공했다.

⑨ 2013년 태풍으로 엄청난 피해를 입은 필리핀에서 UNDP는 긴급구호 및 복구작업에 대한 지원을 제공했다. 65,000명의 필리핀 국민이 태풍으로 인한 잔해 제거를 지원한 UNDP 덕분에 정상적인 생활을 영위할 수 있게 되었다. UNDP는 10개의 제재소를 건설하여 태풍으로 쓰러진 나무들을 목자재로 만들어 복구작업에 사용하는 한편, 수천 명의 필리핀 국민들에게 일자리를 제공했다. UNDP는 또한 2004년의 쓰나미 재해복구의 경험을 되살려 외부로부터의 구호물자가 보다 효과적으로 사용되도록 하는 정부 시스템의 개발을 지원하기도 했다.

⑩ 멕시코에서 UNDP는 식품과 의약품에 대한 부가가치세를 부과하려는 중앙정부에 대해 그러한 계획이 14,000만 명의 국민을 빈곤에 빠뜨릴 수 있다는 점을 환기시키는 캠페인을 벌였다. 그 결과 2013년에 통과된 조세개혁은 빈곤층에 대한 부담을 최소화하는 방향으로 이루어졌다.

⑪ 라틴아메리카와 카리브 연안국들에서 UNDP는 직장에서 남녀평등을 촉진하기 위한 '증명서프로그램'을 실시했다. 이 사업의 결과 12개국 1,700 기업이 고용과 근무여건에서 남녀평등의 기준을 충족했다는 증명서를 획득했다. 2013년에 UNDP는 지역 내 17개국 아프리카계 여성들의 네트워크를 지원했다. 이들은 여성이라는 이유로, 또 아프리카 인종의 후손이라는 이유

로 특히 정치와 정책결정에서 이중적인 차별을 받고 있기 때문이다.

　UNDP 2013/2014년 연례활동보고서는 이와 같은 다방면에 걸친 활동의 결과 2013년 한 해 동안 650만 개의 일자리가 창출되었고, 14개국에서 자연재해에 대한 보다 효과적인 대응 시스템이 마련되었으며, 1,500만 명에 대한 사회적 보호가 강화되었고, 250만 헥타르의 경작지가 만들어졌으며, 4,300만 명이 새롭게 유권자로 등록했고, 117개 국가에서 시민들의 사법 시스템에 대한 접근이 이전보다 용이하게 되었다고 자평하고 있다.[22] 이는 분명 어느 정도는 '과장'된 '자화자찬'일 것이다. 그럼에도 불구하고 UNDP가 여러 다양한 분야에서 괄목할만한 성과를 거두고 있다는 점에는 의심의 여지가 없다. 특히 몇몇 사례에서 잘 드러나듯 UNDP는 새로운 개발협력 아젠다를 찾아내고 발전시키는 데 상당한 재능을 갖추고 있다. 이러한 점은 UNDP의 선거업무 지원, 정부 거버넌스 개혁 및 개선 지원 영역에서 가장 잘 입증되고 있다.

　현재 UNDP가 새로운 개발프로그램을 입안하고 집행하는 과정은 고도로 제도화되어 있다. 새로운 프로그램이 필요한 경우 먼저 현지의 실제 상황을 면밀하게 조사하는 과정을 거친 이후에 제안된 프로그램이 전체 유엔 차원의 개발 아젠다와 조화를 이루는지의 여부 역시 신중하게 판단하여 그 실행 여부를 결정하도록 되어 있다. 전자의 과정은 'UN Common Country Assessment'로 알려져 있고, 후자의 과정은 'UN Development Assistance Framework'로 알려져 있다. UNDP는 프로그램이 완료된 후 그 성과를 정교하게 평가하는 시스템 역시 갖추어 놓고 있다.

---

22 UNDP, *2013/2014 Annual Report*, p.24.

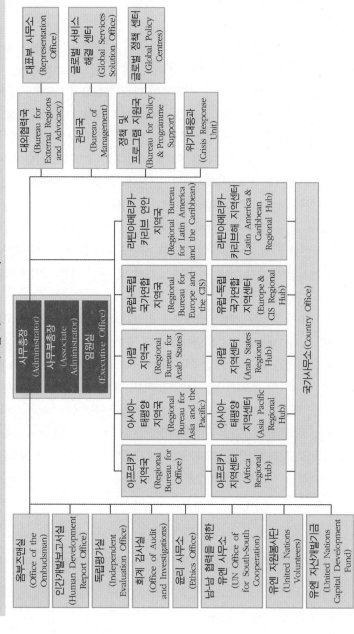

〈그림 1〉 UNDP 조직도

출처: UNDP 홈페이지

국제기구와 경제협력·개발

IV. 조직과 재정

1. 조직

유엔총회와 유엔경제사회이사회의 산하 기관으로 분류되는 UNDP의 조직은 크게 집행이사회Executive Board와 사무국Secretariat으로 구분된다. 먼저 집행이사회의 경우 여기에 참여하는 이사국은 5개 그룹에서 선출된 총 36개국으로 구성된다. 아프리카 8개국, 아시아 7개국, 라틴아메리카 5개국, 동유럽 4개국, 서유럽 및 기타 12개국이다. 이사국은 경제사회이사회에서 선출하며 임기는 3년이다. 매년 12개국의 이사국이 새로 선출된다. 집행이사회는 연 2회의 정기회의와 연 1회의 연례회의를 개최하는데, 장소는 뉴욕과 제네바에서 번갈아 열린다. 이사회는 한 명의 의장과 네 명의 부의장을 두는데, 부의장은 지역안배에 따라 선출된다. 2015년 현재 의장은 과테말라 대표가 맡고 있고, 부의장직은 아르메니아, 일본, 레소토, 네팔 대표가 맡고 있다. 집행이사회의 주 임무는 주요한 사업계획을 승인하고, UNDP의 활동이 참여국가의 필요에 따라 이루어지는지 확인하고 감독하는 데 있다(UN 2011).

사무국의 총책임자이자 프로그램의 총책임자인 '사무총장administrator'은 유엔 내에서 유엔사무총장, 부총장 다음으로 높은 직급이다. 마크 브라운이 2005년 퇴임한 후 터키 출신의 케말 데르비스Kemal Dervis가 사무총장에 임명되었고, 2009년에는 뉴질랜드의 전직 수상인 헬렌 클라크Helen Clark가 신임 사무총장으로 취임하여 오늘날에 이르고 있다. 사무국은 다시 사무국 본부와 국가사무소Country Office로 나뉜다. 사무국 본부는 뉴욕에 위치해 있으며, 5개 지역국Regional Bureau―아프리카 지역국, 아시아·태평양 지역국, 유럽·독립국가연합 지역국, 아랍지역국, 라틴아메리카 지역국―이 설치되어 있다.

이외에도 방콕, 브라티슬라바, 카이로, 콜롬보, 다카르, 요하네스버그, 파나마, 수바^{Suva}의 8개 도시에 지역센터^{Regional Hub}가 설치되어 본부와 국가사무소를 매개하고 지원하는 역할을 담당한다. 현재 전 세계 140여 개국에 국가사무소가 설치되어 있는데, UNDP는 1인당 국민소득이 4,700달러 미만인 국가를 개발협력 대상국으로 설정하고 있다. 한국에서의 UNDP 사무소는 지난 2009년 철수했다. 국가사무소에서 현지 채용인력과 해외 채용인력의 비율은 각각 80%와 20% 정도이다. 사무처의 조직구성은 〈그림 1〉에서 확인할 수 있다.

2. 재정

UNDP의 재정은 정규 기여금(자발적 기여금)과 기타 기여금으로 충당된다. 2012년과 2013년 두 해 동안의 UNDP 재정을 살펴보면, 이 두 해 동안 총 수입은 93억 달러에 이르렀는데, 이 중 정규 기여금이 19억 4,200만 달러로 20%를 약간 상회하고, 나머지는 기타 기여금이 차지한다. 기타 기여금은 용처가 지정되는 특정 기여금, 수원국 기여금, 다자기구 기여금 등으로 다시 구분된다. 2013년도 국가별 기여금 순위를 정리하면 〈표 3〉과 같다.

〈표 3〉에서 우리는 기여금 순위 20위까지의 국가들 중에서 일부 국가는 기타 기여금이 정규 기여금을 훨씬 상회하지만, 호주, 캐나다, 뉴질랜드, 프랑스와 노르웨이, 덴마크, 아일랜드 등 유럽의 소국들은 기타 기여금에 비해 훨씬 더 높은 액수의 정규 기여금을 UNDP에 제공하고 있음을 알 수 있다. UNDP의 입장에서는 대부분의 경우 용처가 지정되는 기타 기여금보다 자신의 우선순위에 따라 사용할 수 있는 예산인 정규 기여금이 훨씬 더 선호된다. 그 밖에도 상대적으로 소국에 속하는 노르웨이가 일본에 이어 두 번째로 많은 기여금을 납부한다는 점이 눈에 띈다. 또한 일본과 한국은 정규 기여금에 비해 훨씬 높은 액수의 기타 기여금을 납부한다는 점 역시 주목할 만한 사항이다.

지출의 경우 2012년과 2013년 두 해 동안 총 예산의 88%가 개발협력프로그램을 운영하기 위한 비용으로 사용되었고, 8.6%가 일반 관리비용으로, 2.2%가 여러 개발협력 주체의 활동 조율 및 관리비용으로 사용되었다. 2015년 예산안에서는 개발협력프로그램의 운영비용이 〈표 4〉와 같이 각 항목별 비율로 지출되도록 되어 있다. 〈표 4〉에서 잘 드러나듯이 UNDP는

		총 기여금 (US Dollar)	정규 기여금 (US Dollar)	기타 기여금 (US Dollar)
1	일본	386,872,796	80,472,261	306,400,535
2	노르웨이	244,268,803	133,235,992	111,032,811
3	유럽연합	238,839,986	*	238,839,986
4	영국	221,067,751	85,470,498	135,597,253
5	미국	216,747,116	79,083,000	137,664,116
6	스웨덴	190,518,028	84,637,894	105,880,134
7	네덜란드	149,285,458	74,385,511	74,899,947
8	독일	125,565,685	29,852,136	95,713,549
9	스위스	115,961,815	62,844,542	53,117,272
10	덴마크	104,330,983	56,535,892	47,795,091
11	호주	83,426,396	18,154,657	65,271,739
12	캐나다	78,594,219	44,378,699	34,215,520
13	한국	**75,254,343**	**5,500,000**	**69,754,343**
14	핀란드	49,520,813	28,679,213	20,841,601
15	벨기에	25,572,188	15,298,013	10,274,175
16	프랑스	23,912,393	17,682,476	6,229,917
17	아일랜드	17,219,056	11,366,539	5,852,517
18	룩셈부르크	14,088,175	4,002,714	10,085,461
19	이탈리아	9,637,864	5,235,602	4,402,262
20	뉴질랜드	7,009,636	6,837,607	172,029

〈표 3〉 2013년도 국가별 기여금 현황 및 순위

출처: UNDP 홈페이지 자료 재구성

〈표 4〉 2015년도 항목별 예산지출 계획

예산지출 항목	예산 비율(%)
포괄적이고 지속가능한 성장	34
정부의 효율성 제고	27
민주적 통치체제 수립 지원	16
위기의 예방과 복구	7
기후변화에 대한 대비와 재난 탄력성 제고	7
개발 효율성의 제고	5
남-남 협력(개도국 간 개발협력 지원)	3
성 평등	1

출처: UNDP 홈페이지

〈표 5〉 2015년도 지역별 예산지출 비율

지역	지역별 예산지출 비율(%)
아시아-태평양	28
아프리카	23
라틴아메리카-카리브 연안국가	21
아랍 국가	13
유럽과 CIS(독립국가연합)	8
기타	7

출처: UNDP 홈페이지

현재 '포괄적이고 지속가능한 성장' 즉 빈곤 문제의 해결과 'responsive institutions,' 국민과 사회의 필요에 보다 신속하고 효율적으로 반응하는 정부기구의 구성, 선거 노하우의 전수와 업무보조 등 민주적인 정치체제로 막 이행한 국가에 대한 지원의 세 항목에 개발협력 예산의 77%를 지출하고 있다. 지역별 예산지출을 보면 2013년 현재 아시아-태평양 지역에 개발협력 예산의 28%가 지출되었고, 그 뒤를 아프리카(23%), 라틴아메리카와 카리브 연안국(21%)이 따르고 있다(〈표 5〉 참조).

V. 결론: 평가와 미래의 전망

지금까지 살펴보았듯이 UNDP는 그 최초의 등장에서부터 오늘날까지 국제개발협력 관련 국제기구로서 상당한 성공을 거둔 것으로 평가될 수 있다. UNDP는 국제환경의 변화에 빠르게 적응하여 새로운 개발협력 아젠다를 발굴하고 개발했고, 또 국제협력개발 분야에서 나름의 원칙을 지켜나감으로써 개도국과 선진국 양측의 신뢰를 잃지 않았다. UNDP는 또한 다른 국제기구에서는 좀처럼 찾아보기 힘든 '창의성'을 입증해 보이기도 했다. '인간개발보고서'의 발간이 대표적인 사례이다. 제도 내적으로 보면 전혀 문제가 없었던 것은 아니지만 UNDP는 여러 국제기구들에서 공통적으로 나타난 '관료주의적 타성'을 가장 잘 극복한 국제기구로 꼽힐 수 있다. 또한 초창기부터 1990년대 말까지 늘 미국 정부가 지명한 인사가 UNDP의 수장으로 임명되었지만 이에 따른 부작용은 거의 없었던 것으로 보인다. 이들 미국 출신 UNDP 사무총장들은 한결같이 유능하고 국제개발협력의 대의에 헌신적인 인물들이었다.

예컨대 조지 H.W. 부시 부통령의 추천을 받아 레이건 대통령이 지명한 빌 드레이퍼와 같은 이는 임명 전까지 국제개발협력에 문외한에 가까웠지만 사무총장에 취임한 후 무명의 파키스탄 출신 경제학자 울 하크에 전권을 부여하여 인간개발보고서를 작성하게 하는 대담성을 발휘했고, 결국 UNDP

의 역사에 큰 족적을 남겼다.

다만 앞서 지적했듯이 UNDP는 너무나 다양한 업무들을 담당한 나머지 대중적인 인지도가 떨어지고, 또 어느 한 분야에서 확실한 전문성을 보이지 못하는 단점을 노정하기도 했다. 하지만 이러한 측면은 UNDP 구성원의 관점에서 보면 치명적인 약점으로 인식될 수도 있겠지만 국제개발협력 분야 전반의 시각에서 보면 상황을 꼭 그런 식으로 이해할 필요는 없는 것으로 보인다. UNDP의 본연의 임무는 어떤 한 분야, 활동영역에 대한 특화가 아니라 국제개발협력의 새로운 수요와 필요를 찾아내어 이에 대한 국제사회의 개입을 유도하고 독려하는 데 있기 때문이다. 내부자의 시각에서는 '남 좋은 일만 시킨다'는 불평이 나올 수도 있겠지만 UNDP의 '국제 공공재'에 대한 기여도는 다른 어떤 국제개발협력 국제기구보다도 크다고 할 수 있다.

UNDP의 새로운 개발협력 아젠다의 발굴과 모색은 지금도 계속되고 있다. '2014년~2017년 전략보고서'에서 UNDP는 '지속가능한 경제발전', '비효율적이고 비민주적인 정부 거버넌스의 개선', '자연재해와 전쟁 등 인위적 재해에 대한 대응능력 제고'를 기구의 3대 추진과제로 상정하고 있다.[23] 이외에도 이 전략보고서에는 개도국 사이의 협력 촉진 계획과 UNDP의 국제기구로서의 효율성 제고에 관한 계획도 포함되어 있다. 명시적으로 드러나 있지는 않지만 이 보고서에서 가장 주목할만한 한 가지는 UNDP의 3대 추진 과제 중 민주적이고 효율적인 정부 거버넌스의 수립이 특히 강조되고 있다는 사실이다.

보고서는 민주적이고 효율적인 거버넌스의 수립이 다른 두 추진 과제의 성공적 추진을 위한 핵심적인 전제조건임을 주장한다. 지속가능한 경제발전과 재해·재난에 대한 효과적인 대응은 민주적으로 선출된 정부가 한편으로는 국민들의 지지를 등에 업고, 다른 한편으로는 국민과 시민사회의 견제와 감시하에서 효과적으로 작동할 때만 성공할 수 있다는 것이다.[24] 이러한 점

---

23 UNDP, *Changing with the World: 2014-2017 UNDP Strategic Plan* (2014), p.20.
24 UNDP, *Changing with the World: 2014-2017 UNDP Strategic Plan* (2014), p.30.

국제기구와 경제협력·개발

은 지난 2010년 아이티 대지진 당시 수많은 구호물자들이 외국에서 쏟아져 들어왔지만 이것이 일반국민들의 어려움을 크게 덜지는 못했다는 사실이나 최근의 네팔 대지진에서도 정부의 무능력과 비효율이 국민들의 곤경을 확대하고 있다는 사실에서 다시 한번 확인되고 있다.

앞서 살펴본 UNDP의 최근 활동 상황이나 전략보고서에서의 주장을 살펴보면 바로 선거업무 지원, 법과 제도 개선 기원, 정부효율성 강화를 위한 자문 제공 등의 분야에서 UNDP의 지속적인 역할 확대가 기대된다. 또한, UNDP의 활동범위에서 이 영역들이 차지하는 비중이 계속 증가할 것으로 보인다. 이러한 시도가 계속 이어지고, 또 일정한 성과를 거둔다면, 아마도 이것이, 즉 민주적이고 효율적인 정부 거버넌스 수립 지원이 장차 UNDP의 가장 특화된 활동 분야가 되리라 예측해 볼 수 있다.

✛ 아마티아 센(Amartya Sen). 『자유로서의 발전(Development As Freedom)』. 김원기 옮김. 서울: 갈라파고스.

1998년 아시아인 최초로 노벨경제학상을 수상한 아마티아 센이 인간개발의 사상적, 철학적 기초를 규명하고자 시도한 저서.

✛ Murphy, Craig N. *The United Nations Development Programme: A Better Way?* Cambridge: Cambridge University Press, 2006.

기구의 설립에서 2006년까지의 진화의 역사를 다룬, 유일무이한 UNDP 공식 역사서. 그럼에도 불구하고 비판적인 시각을 잃지 않고 있음.

✛ Weiss, Thomas G., and Sam Daws, eds. *The Oxford Handbook on the United Nations*. Oxford: Oxford University Press, 2007. 중 국제개발협력 관련 기구에 관한 장들.

UNDP를 비롯한 유엔의 개발협력 관련 기구들에 관한 가장 체계적이고 효과적인 입문서.

제 2 장

OECD, 지구화, 그리고 글로벌정책 확산

김치욱

I. 서론

이 글은 지구화와 글로벌 정책확산과정에서 중추적인 역할을 해온 경제협력개발기구^{OECD}의 역사적 변천, 조직적 특징, 주요 역할, 그리고 한국과의 관계를 살펴본다. OECD는 흔히 부자클럽^{rich man's club}, 아이디어 발명가^{idea inventor}, 초국가적 경영계급^{transnational managerial class}, 초정부 규제네트워크^{transgovernmental regulatory networks} 등으로 불리면서 선진국의 상징이자 전후 글로벌 경제 거버넌스에서 중요한 행위자로 인식되었다.[1] 대표적으로 경쟁정책, 해외투자, 조세정책 등의 영역에서 일정한 표준을 설정하고 각국 정책의 수렴을 촉진함으로써 경제적 상호작용을 지구적으로 확산시키는 데 기여했다.

뿐만 아니라 OECD의 여러 표준과 데이터는 회원국은 물론 비회원국의 경제적 건전성을 비교하고 삶의 질을 가늠하는 척도 구실을 해왔다. 이는 많은 정부와 언론기관에서 자신의 정책평가 기준으로 'OECD 평균치'를 자

---

1 Morten Ougaard, "The OECD's Global Role: Agenda-setting and Policy Diffusion," Kerstin Martens and Anja P. Jakobi (ed.), *Mechanisms of OECD Governance: International Incentives for National Policy-Making?* (New York: Oxford University Press, 2010).

주 인용한데서 알 수 있다. 한 예로 OECD는 2005년과 2010년 두 차례에 걸쳐 자본이동과 해외투자, 무역·기술 부문을 중심으로 지구화 지표를 배포하여 각국 정책결정자와 전문가들에게 큰 영향을 끼쳤다.[2]

OECD는 회원국 대부분이 선진국에 속해 있어 2010년을 기준으로 볼 때 세계경제에서 차지하는 비중은 GDP 66%, 인구 18%, 총 수출 63.5%, 총 수입 65.6%에 달한다. OECD의 관심사는 국방, 문화, 스포츠 영역을 제외하면 거의 모든 공공정책 이슈를 포괄한다.

OECD는 제2차 세계대전 후 미국이 서유럽 국가들에게 경제원조를 제공하기 위해 만든 유럽경제협력기구OEEC를 개편하여 1961년에 출범한 국제경제협력체로서 개방적 시장경제와 다원적 민주주의, 인권존중을 기본가치로 삼아 회원국의 경제성장과 인류의 복지증진을 도모하는 정부간국제기구다. 이 기구는 상호 정책조정 및 정책협력을 통해 회원국의 경제사회 발전을 모색하고 나아가 세계경제 문제에 공동으로 대처하고자 했다. 구체적으로 회원국의 경제성장과 금융안정을 촉진하고, 개도국의 건전한 경제성장을 지원하며, 다자주의와 무차별주의에 입각한 세계무역의 확대를 촉진하는 것을 목표로 삼는다.[3]

또한 OECD는 개방된 시장경제, 다원적 민주주의 및 인권존중이라는 3대 가치를 공유하는 국가들에게만 문호를 개방하는 가치공동체이기도 하다. 기본적으로 자유주의 국제질서를 수립·유지하는 데 목적을 둔 국제정치 행위자라고 할 수 있다. 나아가 OECD는 가장 믿을 만한 세계 최대의 통계·경제·사회 데이터의 산실인데, 그 데이터베이스 목록은 국민계정, 경제지표, 무역, 고용, 이민, 교육, 에너지, 보건, 환경 등 매우 다양하다.

그러나 흥미롭게도 정치적·경제적 비중에 비하면 OECD에 대한 연구는 아직 미흡한 실정이다. OECD에 관련된 많은 연구들은 OECD 자체적으로

---

2 OECD, *Measuring Globalisation: OECD Economic Globalisation Indicators* (Paris: OECD, 2005; 2010).

3 OECD, *Better Policies for Better Lives: The OECD at 50 and Beyond* (Paris: OECD, 2011).

국제기구와 경제협력·개발

수행되었고, 주로 사실관계나 비학술적인 내용이 대종을 이룬다.[4] OECD를 학문적인 분석대상으로 다룬 연구도 간혹 있기는 하지만 연구주제가 특정 이슈에 국한되는 경향을 보였다.[5] 이러한 문제점을 보완하기 위한 노력의 일환으로 이 글은 II절에서 OECD의 역사적 발전과정을 서술하고, III절은 OECD의 조직과 기능에 대해 알아본다. 이어 IV절은 OECD의 활동 유형을 분류하고 주요 이슈영역을 검토한다. 끝으로 V절은 한국-OECD 관계가 어떻게 진화해왔는지 기술한다.

II. OECD의 변천과정

1. OECD의 형성과 확대

OECD는 1961년 9월 30일 공식 출범하여 현재 34개 국가와 유럽연합 EU이 구성원으로 참여하고 있다. 당초 유럽에서 마셜플랜 Marshall Plan을 실행하기 위한 조정기구로 1948년 4월에 만들어진 유럽경제협력기구 Organisation for European Economic Cooperation: OEEC를 계승한 것이다. OEEC는 프랑스 파리에 본부를 두고 16개 서유럽 국가들이 창립 회원국으로 참여하여 출범한 이후 독일과 스페인이 추가되었다. OEEC는 경제적 차원에서 집단안보 체제 기능을 수행했는데, 생산의 증가, 생산설비의 현대화, 무역의 자유화, 화폐의 태환성, 그리고 화폐가치의 안정을 공동 과제로 삼았다. 군사적 면에서 집단안보기구 역할을 맡은 북대서양조약기구 NATO와 상호 보완관계를 유지함으로써 대서양동맹 Atlantic Alliance의 두 기둥을 형성했다.

---

4 Sullivan(1997), Henderson(1993; 1996), Kogan(1979) 등이 그 대표적인 예에 속한다.
5 Woodward(2007), Ougaard(2006), Porter and Webb(2004), Aubrey(1967).

- 선진국그룹(25)

  오스트리아, 벨기에, 캐나다, 덴마크, 프랑스, 독일, 그리스, 아이슬란드, 아일랜드, 이탈리아, 룩셈부르크, 네덜란드, 노르웨이, 포르투갈, 스페인, 스웨덴, 스위스, 터키, 영국, 미국(이상 1961), 일본(1964), 핀란드(1969), 호주(1971), 뉴질랜드(1973), 유럽연합(EU)

- 신흥국그룹(10)

  멕시코(1994), 체코(1995), 헝가리, 폴란드, 한국(이상 1996), 슬로바키아(2000), 칠레(2010), 슬로베니아(2010), 에스토니아(2010), 이스라엘(2010)

그러나 OEEC 설립 이래 미국과 유럽 간의 협조 여건이 변화하게 되어 OEEC의 개편 필요성이 대두했다. 전후 경제 회복기를 거치면서 유럽의 달러화 부족 현상이 극복되고 1958년 대부분 유럽국가의 통화가 태환성을 회복했다. 이로써 유럽 내에서의 지역적인 무역자유화 촉진만을 규정한 OEEC 규정의 개정이 요구되었다. 또 전후 자본주의 세계에 대한 원조를 단독으로 수행하던 미국의 국제수지적자가 1950년대 후반부터 급증하게 되고, 서유럽 국가들도 후진국 원조에 참여할 필요성이 커짐으로써 피원조기구로 출발한 OEEC의 성격 변화가 불가피해졌다.

뿐만 아니라 유럽경제공동체EEC, 1958, 유럽자유무역지대EFTA, 1960 등이 발족함에 따라 이들을 포함하는 복합적인 경제협력체 수립 요구가 제기되었다. 아울러 서유럽과 북미에 속하지 않는 새로운 국가들의 가입을 허용하는 보다 개방적 형태로의 개편 목소리가 높아졌다. 이에 따라 1960년 12월 18개 OEEC 회원국 및 미국, 캐나다 등 총 20개국이 창설 회원국으로서 OECD 설립협정에 서명했다.

OECD는 1964~73년 사이 1단계 팽창기를 거치는데, 이때 일본(1964), 핀란드(1969), 호주(1971) 및 뉴질랜드(1973) 등이 추가로 가입하여 그때까지 모든 선진국들이 OECD 회원국에 포함되었다. 총 24개국 중 그리스와

국제기구와 경제협력·개발

터키만 선진국 수준에 이르지 못한 상태였다.

1989년 이후에는 비선진국권으로 협력관계가 확대되어 아시아·중남미의 중진국 및 구공산권 전환경제들과의 정책대화 등 각종 협력 사업을 실시했다. OECD는 1992년에 처음으로 비회원국의 참여 및 가입을 위한 원칙을 마련했다. 비회원국의 참여 필요성은 1997년 발간된 한 보고서에서 상호의존성의 증가로 인해 비회원국을 세계경제로 통합하는 문제가 주요 과제 중의 하나라고 지적한 것에서 드러났다.[6] 1997년 9월 비회원국협력위원회 Committee for Cooperation with Non-Members가 설치되었고, 여타 국제기구와의 관계에 관련된 임무를 추가하여 2006년 6월 대외관계위원회External Relations Committee로 개칭되었다. 이와 같이 OECD는 1994년부터 2000년까지 2단계 팽창기를 맞았고 멕시코(94.5), 체코(95.12), 헝가리(96.5), 폴란드(96.11), 한국(96.12), 슬로바키아(2000.12) 등 6개 비선진국이 가입, 회원국 수는 총 30개로 늘었다.

2010년대 들어 3단계 팽창기가 진행되었다. 2006년에 앙헬 구리아Angel Gurria 전 멕시코 외무장관이 OECD 사무총장에 취임하면서 비회원국에 대한 포섭 노력이 한층 강화되었다.[7] 즉 2007년 6월에 OECD 각료들은 브라질, 인도, 인도네시아, 중국, 남아공 등에 대한 포용계획에 합의했다.[8] 또 칠레, 에스토니아, 이스라엘, 러시아, 슬로베니아 등과의 가입협상을 개시하기로 했다. 2010년에 칠레, 슬로베니아, 에스토니아, 이스라엘 등 4개국이 가입함으로써 총 34개국으로 확대되었다. 러시아는 2007년 5월부터 가입협상을 진행해오다 우크라이나 사태를 계기로 2014년 3월 이후 협상이 중

---

6 OECD, *Towards a New Global Age: Challenges and Opportunities* (Paris: OECD, 1997).

7 Robert Wolfe, "From Reconstructing Europe to Constructing Globalization: The OECD in Historical Perspective," Rianne Mahon and Stephen McBride (ed.), *The OECD and Transnational Governance* (Vancouver: UBC Press, 2008), pp.25-42.

8 OECD, *OECD Council Resolution on Enlargement and Enhanced Engagement* (Paris: OECD, 2007).

단된 상태다.

OECD의 회원국으로 가입하는 것은 이사회의 초청과 모든 회원국의 만장일치를 요한다. 가입의 효력은 가입서를 프랑스 정부에 기탁함으로써 발생한다(OECD협약 16조). OECD에 가입할 때 요구되는 기본적인 자격요건은 다원적 민주주의 국가pluralistic democracy로서 시장경제체제market economy를 보유하고 인권을 존중하는respect for human rights 국가이다.

회원국으로서 갖는 의무는 세 종류가 있다. 첫째, 일반적 의무는 OECD의 설립 목적을 지지하고 OECD 규범을 원칙적으로 수락하며 또 예산을 분담하는 것이다. 둘째, 권고적 의무는 GATT 11조국 및 IMF 8조국으로의 이행을 수용하고, 개도국에 대해 일정 수준 이상의 원조를 제공하는 것이다. GATT 11조는 수출입에 대한 수량제한을 폐지하고, 국내산업 보호를 위해서만 관세를 인정한다는 원칙이다. IMF 8조는 경상외환 지급에 대한 제한을 폐지하고 복수환율제도의 적용 등 차별적 통화조치를 철폐하며, 외국 보유 자국통화의 교환 의무 등 외환거래와 관련되어 있다.[9] 또한 OECD 회원국은 GNP의 0.7% 이상을 개발원조로 제공할 의무가 있으나, 법적 강제성은 없고 권고적 효력만 지닌다. 셋째, 자유화 의무는 국가 간 서비스 및 자본거래의 자유화 의무를 규정하고 있는 '경상무역외거래자유화규약' 및 '자본이동자유화규약' 등 이른바 양대 자유화 규약을 준수하는 것이다. 다만, 가입국의 경제여건에 따라 일부 규약의 유보 또는 면제가 가능하다.

2. OECD의 아웃리치

OECD는 비회원국을 대상으로 글로벌 네트워크를 구축하는 데 적극적이다. OECD협약 12조는 비회원국에 대해 소통, 관계 구축, 그리고 참여 유도 등을 할 수 있다고 규정한다.[10] OECD이사회는 2007년 5월 포용정책의 일

---

9 한국은 1990년 1월 GATT 11조국으로, 1988년 12월에 IMF 8조국으로 이행한 바 있다.

환으로 러시아, 중국, 인도, 브라질, 인도네시아, 남아프리카공화국 등 6개국을 주요 파트너국가Key Partners로 지정했다.

파트너국가는 그 유형에 따라 상이한 권한을 행사하는데, 첫째, 초청국Invitees은 한 번에 한 차례의 회의에 초청되며 비공개 안건이 아닌 경우에 한하여 참석이 허용된다. 각 위원회는 이사회의 승인하에 특정국을 파트너로 초청할 수 있으며, 이때 초청국은 회비를 지불하지 않는다. 둘째, 참석국Participants은 모든 위원회의 공개회의에 초대될 자격을 갖고 있다. 매년 해당 위원회에 약 1만 유로 또는 작업반에 3,600유로를 회비로 지불해야 한다. 협력국Associates은 OECD 회원국과 동일한 권리와 의무를 갖고 위원회, 프로젝트, 또는 법 개정에 참여한다. 그러나 이들은 신규 회원국 가입에 관한 토의에는 참석할 수 없으며, 해당 위원회가 산정한 2만~5만 유로의 연회비를 부담한다.

이 협력프로그램의 핵심은 위원회 등 OECD의 분야별 협의체에 주요 파트너 국가들이 직접 참여하도록 함으로써 이들의 정책방향을 OECD 회원국의 정책에 수렴하도록 유도하는 데 있다. 그 외에 경제현황조사economic survey, OECD 규범에의 참여, OECD 통계 및 정보시스템으로의 통합, 분야별 동료검토peer review 참여, 여타 정책대화 등을 통해서 관계강화가 추진되고 있다. OECD의 비회원국에 대한 아웃리치는 OECD가 더 이상 선진국 클럽에 안주하지 않고 지식 탱크이자 공정한 국제경쟁의 장으로 역할을 강화하겠다는 의미로 해석될 수 있다.

OECD는 다른 정부간국제기구와의 파트너십도 활발하게 전개하고 있다. OECD가 공식 파트너십협정을 맺은 국제기구는 세계은행World Bank, 아시아개발은행ADB, 유럽투자은행European Investment Bank, 미주개발은행IDB, 국제노동기구ILO, UNCTAD, 세계보건기구WHO 등이 포함된다. 기타 비공식적

---

10 2006년 이사회 결의안(Revised Council Resolution on a New Governance Structure for the Organisation)에서도 신흥국을 비롯한 비회원국에 대한 아웃리치를 통해 모범사례를 공유하고 경제개발을 촉진할 것을 재확인했다. OECD는 비회원국에게 토론, 경험과 교훈을 교환하는 장을 제공한다는 것이다.

협력관계를 형성하고 있는 국제기구로는 아프리카개발은행[AfDB], 아태경제협력체[APEC], UN식량농업기구[FAO], 국제통화기금[IMF], UN개발계획[UNDP], UN아프리카경제위원회[UN Economic Commission for Africa], UN경제과학문화기구[UNESCO], 세계무역기구[WTO] 등이다.

뿐만 아니라 OECD 틀 안에서 비정부기구, 연구기관, 학술기관 등의 대표들의 활동도 증가해왔다.[11] 의회들과 긴밀한 관계를 유지하고 있는데, 글로벌의회네트워크[Global Parliamentary Network], 유럽이사회의회[Parliamentary Assembly of the Council of Europe: PACE], NATO의회[NATO Parliamentary Assembly] 등을 예로 꼽을 수 있다.

이처럼 다양한 행위자들이 OECD에 참여하고 있다는 점에서 OECD는 다중이해상관자외교[multi-stakeholder diplomacy]의 장으로 평가된다.[12] 이러한 형식의 외교가 이뤄지는 통로는 소통[communication], 대화[dialogue], 참여[participation] 등이다. 이를 위해서 1962년부터 『OECD 옵서버(*OECD Observer*)』라는 잡지를 발간하여 사회발전에 가장 직접적으로 연관되어 있는 정책결정자, 재계, 비정부기구, 연구기관, 언론 등에 배포해왔다. OECD 옵서버는 글로벌 이슈에 대한 전문가 견해, OECD 회원국의 경제지표, 주요 행사 일정, 서평 및 특별 보고서 등을 게재함으로써 새로운 토론과 아이디어의 확산을 촉진하고 있다.[13]

이외에도 매년 열리는 OECD 포럼은 참석자들이 아이디어를 교환하고, 지식을 공유하며 네트워크를 형성하는 지구적 기반이다. 이 포럼은 OECD에 대한 개방 요구에 대응하여 OECD-시민사회 간의 대화 증진을 위해

---

11 OECD, *Citizens as Partners: Information, Consultation, and Public Participation in Policy Making* (Paris: OECD, 2002a); OECD, *Policy Brief: Civil Society and the OECD—November 2002 Update* (Paris: OECD, 2002b).

12 John West, "Multistakeholder Diplomacy at the OECD," in Jovan Kurbalija and Valentin Katrandjiev (ed.), *Multistakeholder Diplomacy: Challenges and Opportunities* (Geneva: DiploFoundation, 2006), pp.149-163.

13 홈페이지는 http://www.oecdobserver.org 참조.

2000년부터 연례적으로 OECD 각료이사회와 연동하여 개최되고 있다. 정부, 재계, 학계, 언론계 인사 등이 연사 혹은 패널리스트로 초청되고 일반인에게 개방되는 공개 세미나 형식으로 진행된다. 매년 1천여 명 이상의 기업인, 학생 등이 참가한다. 이 포럼은 이슈별로 열리는 글로벌 포럼과는 별개의 것이다. 이와 달리, 글로벌 포럼은 13개 이슈, 즉 농업, 바이오기술, 경쟁, 개발, 교육, 환경, 금융, 국제투자, 지식경제, 공공 거버넌스, 기업책임, 조세협정, 무역 등의 영역에서 정부관료, 정책분석가, 재계지도자, 국제전문가, 연구자 등 다양한 이해관계자들이 참여하는 대화의 장이다.

OECD-시민사회 관계에서 OECD는 1990년대 후반 다자투자협정[MAI]을 둘러싼 논란이 있기까지 하향식 다자주의를 추구하며 시민사회에 대해 일정한 거리를 유지했다. 이를테면 OECD 산하의 기업산업자문위원회[BIAC]와 노동조합자문위원회[TUAC]는 그 특별지위에도 불구하고 좀처럼 결정적인 영향력을 발휘하지 못했다.[14] 1960년 OECD협약 12조는 비회원인 국가 또는 기구를 대상으로 소통하고 관계를 수립·유지하며 OECD 활동에 참여하도록 초청할 수 있다고 규정했다.

그러나 언뜻 시민사회에 대해 포용적인 입장은 1962년 국제비정부기구의 요건에 관한 OECD이사회 결정에 의해 퇴색되었다.[15] 아직 초국가적 비정부기구들이 초기 단계에 있었기 때문에 '국제적' 성격을 띤 비정부기구들은 거의 없었다. 설사 이미 존재했던 국제비정부기구조차도 이사회 결정의 조건을 충족할 만큼 성장하지 못했다. 그 결과 기업산업자문위원회, 노동조합자문위원회 등 단지 몇 개의 국제비정부기구만이 OECD의 정식 협의 파트

---

14 Henry G. Aubrey, *Atlantic Economic Cooperation: The Case of the OECD* (New York: Praeger, 1967).

15 이 결정에 따르면, 세 가지 조건이 충족되는 경우에 한하여 국제적 비정부기구와의 협의를 허용했다. 첫째, 비정부기구는 일반적인 경제 문제나 특정 경제부문에 대해 폭넓은 책임을 지니고 있어야 한다. 둘째, OECD 회원국 모두 혹은 대부분에 속하는 기관에 소속되어야 한다. 셋째, 해당 분야와 부문에서 비정부 이익을 대표해야 한다. OECD, *Decision of the Council on Relations with International Non-Governmental Organizations* (Paris: OECD, 1962).

너가 되었다.

그러다가 OECD와 시민사회 간의 관계에 근본적인 변화를 불러온 MAI 사건이 일어났다. 이렇게 다자투자협정 협상이 시민사회의 광범위한 반대에 부딪쳐 좌초된 이후, OECD는 소통, 대화, 그리고 참여 메커니즘을 통해서 시민사회를 적극적으로 포용하기 시작했다.[16]

III. OECD의 조직과 기능

1. OECD의 주요 기관

OECD는 최고의사결정기구로 이사회Council를 두고 있다. 이사회는 주요 정책 안건을 토의하고, 필요한 기구를 설치하고 예산을 승인하는 등 OECD 활동 전반에 걸쳐 최종적인 의사결정을 담당한다. 이 중에서 각료이사회 Ministerial Council Meeting는 전 회원국 각료, 즉 대체로 외교, 통상 및 경제장관 중 1~2명이 참석하며 연 1회 개최된다. 세계경제 및 회원국 경제의 주요 동향을 진단하고 정책적인 과제와 대응방안, 그리고 OECD의 향후 활동방향을 제시한다.

상주대표이사회Council at Permanent Representatives Level는 OECD 본부에 상주하는 회원국 대사들이 참석하는 정례이사회로서, OECD 사무총장을 의장으로 하여 월 1회 이상 개최된다. 차기 각료이사회가 개최될 때까지 1년간 각료이사회의 대리 기능을 수행하며, 각 회원국의 입장 및 각료이사회의 위임사항에 입각하여 산하 위원회의 활동 및 사무국의 운영을 감독하고 그 결과를 검토·승인한다. 또한 사업계획과 예산의 심사 등을 통해 OECD 운

---

16 West(2006).

영계획을 심의하고 채택하는 역할도 한다. 특별집행위원회^{ECSS}는 1972년 10월 이사회 결의에 의하여 설치되었으며, 회원국의 OECD 담당 고위급(차관 또는 차관보급) 또는 주OECD 상주대표가 참석하여 연 2회에 걸쳐 OECD 운영 전반에 대해 논의한다.

이사회 직속 상임위원회^{Standing Committee}로는 집행위원회, 예산위원회, 대외관계위원회 등이 있다. 집행위원회는 이사회를 보좌하여 이사회 결정의 집행과 이사회의 위임을 받은 사항에 대하여 결정하는 기구다. 예산위원회는 OECD 작업계획 및 예산을 작성하고, 예산 및 재정 사항 집행, OECD 사업 우선순위에 관한 사항, 재정규정 등에 대하여 이사회를 보좌한다. 대외관계위원회는 비회원국과의 협력전략 등을 수립하여 이사회를 지원한다. 이사회는 필요에 따라 위원회를 설치할 수 있는데, 현재 정책 분야별 26개의 전문위원회^{Committee}가 회원국 정책담당자 간 정기적 대화 채널을 제공한다. 위원회 산하에는 과제 중 하나 혹은 일부를 전문적으로 수행하는 약 200여 개의 작업반^{working group}이 조직되어 있다. 작업반은 일반적으로 연 2~3회 모여서 관할 부문의 세계 동향 및 회원국 동향을 분석하고 사업 추진현황을 검토하며 주요 주제에 관한 정책대화를 실시한다.

사무국은 이사회 및 위원회에 대한 집행 부서이자 하부기관이지만, 전문적인 분석 능력과 각종 문서의 작성 및 회원국 간 중재자 역할을 통해서 큰 영향력을 행사한다. 사무국은 데이터를 수집하고, 경제상황을 분석하고 예측하는 역할을 한다. 사회변화 이외에도 무역, 환경, 농업, 기술, 조세 등의 영역에서 나타난 새로운 양상을 연구한다.

준 독립기구로 원자력기구^{NEA}, 국제에너지기구^{IEA}, 개발센터^{DC}를 두고 있다. 이들 기구들은 OECD 부속기구이지만 독립적인 의사결정 체계를 갖추고 있다. 이들 기구에 대한 가입은 선택적으로 이뤄지며, 각 기구의 장은 OECD 사무총장의 제청에 의해 OECD 이사회가 지명한다. 협력기구로서 유럽이사회^{Council of Europe}, NATO의회 경제분과회의, 국제교통포럼^{ITF}, 자금세탁방지기구^{FATF} 등이다.

한편, 자문기구로는 기업산업자문위원회^{BIAC}, 노동조합자문위원회^{TUAC}

OECD이사회 및 위원회		(사무국)	OECD위원회	(사무국)

이사회		일반사무국
		• 이사회사무국
		• 법률국
		• 대외관계 및
		  홍보국
		• 학제적연구
		  자문반
		
		집행총국
			• 과학기술정책위원회
			• 정보컴퓨터통신위원회
			• 소비자정책위원회
			• 산업혁신위원회
			• 해운위원회
			• 철강위원회
			• 육송운송연구협력
			  프로그램
				과학기술
				산업국

이사회직속기구	상임위원회 • 집행위원회 • 예산위원회 • 대외관계위원회			

	자문기구
	
	• 감사위원회
	• 연금예산적립금
	  위원회
	• 홍보위원회
	• 개발센터자문
	  이사회
	• 지속가능개발임시
	  그룹
			재정위원회
			유해조세경쟁포럼
			조세행정포럼
				조세정책
				행정센터

특별집행위원회			고용노동사회문제위원회	고용노동 사회국
			교육위원회	교육국
경제정책위원회 경제동향검토위원회		경제국	무역위원회 농업위원회 수산위원회	무역 농업국
환경정책위원회 화학위원회		환경국	통계위원회	통계국
개발원조위원회		개발협력국	준 독립기구	
공공행정위원회 지역개발위원회 규제정책위원회		공공관리지역 개발국	• 원자력기구(NEA) • 국제에너지기구(IEA) • 개발센터(DC)	

국제기구와 경제협력·개발

• 투자위원회 • 보험 및 사적연금 위원회 • 금융시장위원회 • 경쟁위원회 • 뇌물방지작업반 • 기업지배구조위원회	금융·재정기업국	**자문기구**
		• 기업산업자문위원회(BIAC) • 노동조합자문위원회(TUAC)
		협력기구
		• 유럽이사회(Council of Europe) • 국제교통포럼(ITF) • 자금세탁방지기구(FATF)

가 있다. TUAC는 마셜플랜을 시행하는 동안 노동자의 목소리를 반영하기 위해 OEEC에 의해 고안되었다. 1962년에 협의지위를 획득하여 OECD에 대한 노동조합의 간여 통로가 되었다. 같은 해에 OECD이사회는 기업의 목소리를 대변할 BIAC에 대해서도 동일한 협의지위를 부여했다. 이로써 노·사·정 3자주의 구도를 갖추게 되었다.

TUAC와 BIAC는 비슷한 제도적 특징과 작업 관행을 지니고 있다. 두 자문위원회 모두 독립기관으로서 자금과 동력을 OECD 회원국 내 회원들에게 의존하고 있다. 이들의 대 OECD 관계는 일상적이며 기본적으로 기술적인 성격이 강하다. OECD에 근접해 있기 때문에 각국 대사관 직원이나 대표단과의 우연한 접촉 등 비공식 채널을 통해서 영향력을 행사한다. 공식 대화는 사무총장이 의장으로 있는 이사회 산하 국제비정부기구 섭외위원회^{Liaison} ^{Committee}를 통해서 이뤄진다. 뿐만 아니라 별도의 연례회의를 가지며, 연례 각료회의에 의견을 제출하고, 각종 위원회 의장이나 부의장과 의견을 나누기도 한다. 차이점이라면 TUAC는 자유시장의 과잉을 완화하기 위한 강력한 사회제도를 옹호하는 반면, BIAC는 경제성장을 해치지 않는 한도 내에서 그러한 제도를 용인할 수 있다고 주장한다.[17]

이러한 민간자문기구는 OECD이사회 및 여러 위원회에 대한 자문을 실시

---

17 Kevin Farnsworth, "International Class Conflict and Social Policy," *Social Policy and Society* 4-2(2005), pp.217-226.

하는 국제비정부기구들이다. 이들은 사무총장 주재하에 매년 1회 정기적인 업무 협의를 실시한다. OECD의 상임위원회가 열릴 때마다 의견 청취 차원에서 비공식적인 대화 시간을 갖는다. 이 두 자문기구는 OECD가 시민사회를 대상으로 여러 차원에서 벌이고 있는 아웃리치의 대표적인 예다. 따라서 자문기구는 OECD에서 다루어지는 거의 대부분의 영역에서 대화와 자문의 형식으로 참여한다.

2. OECD 예산

OECD의 예산은 2012년 현재 약 350만 유로 수준이다. 이 중 1부예산Part I은 모든 회원국들이 의무적으로 참여해야 하는 사업을 위한 예산이며, 2부예산Part II은 회원국들이 선택적으로 참여하는 사업에 쓰이는 예산을 말한다. 이외에 퇴직 사무국 직원들의 연금 재정을 위한 연금예산, 출판비용 충당에 필요한 출판예산, 그리고 투자예산이 있다. 이와 달리 비정규예산은 특정 개별사업을 위해 회원국들의 자발적인 기여금으로 조성되는 예산이다. 수입은 회원국 분담금과 출판수입 등 기타수입으로 분류된다.

회원국별 분담률은 최근 3년간 GDP 평균을 토대로 한 과세소득taxable income의 개념에 입각해 산정된다. 2008년 6월 각료이사회 결정으로 1부예산 분담금의 경우 2009년부터 전체 분담금의 30%는 전 회원국이 균등 부담하도록 했다. 또 1부예산 분담금의 경우 개별회원국 분담률에 24.975%의 상한선(미국)이 있고, 2부예산 및 기타 예산은 상한선 24.975%와 0.1%의 하한선(룩셈부르크, 아이슬란드, 슬로바키아 해당)을 설정해놓았다. 한국은 2012년 Part I 승인예산 기준으로 예산분담률이 2.36%(34개 회원국 중 11위)이다. 정규예산외 2011년도 한국의 자발적 기여금은 399만 유로, 전체 자발적 기여금 중 2.82%에 해당한다. 신규 회원국 가입 시에는 회원국 분담률을 비례적으로 인하하되 기존 상·하한선은 조정의 한계를 설정한다.

미국	21.20	한국	2.63	에스토니아	1.43	포르투갈	0.94
일본	12.86	멕시코	2.63	이스라엘	1.43	체코	0.89
독일	7.61	네덜란드	2.12	슬로베니아	1.43	아일랜드	0.87
프랑스	5.73	스위스	1.92	폴란드	1.38	뉴질랜드	0.82
영국	5.24	터키	1.64	오스트리아	1.31	헝가리	0.74
이탈리아	4.51	벨기에	1.52	덴마크	1.17	슬로바키아	0.51
캐나다	3.89	노르웨이	1.50	그리스	1.05	룩셈부르크	0.42
스페인	3.26	스웨덴	1.50	핀란드	1.02	아이슬란드	0.33
호주	3.07	칠레	1.43	합계		100(%)	

3. OECD 규범의 종류와 이행

OECD 규범은 크게 OECD 운영에 관한 규범과 OECD의 활동을 통해 만들어지는 규범 등 두 가지로 구분된다. OECD의 근간이 되는 규범은 1960년에 체결된 OECD협약과 부속 의정서다. OECD 규범의 두 번째 범주는 이사회에서 OECD의 목표를 달성하기 위해 채택된 규범들로서, 흔히 OECD법Acts이라고 칭하며 2015년 4월 현재 결정 30개, 권고 186개, 선언 27개, 기타 약정 및 지침 16개 등 총 259개의 규범이 있다. 이 중에서 OECD 3대 규범으로 꼽히는 것은 자본이동자유화규약Code of Liberalization of Capital Movements, 경상무역외거래자유화규약Code of Liberalization of Current Invisible Operations, 국제투자및다국적기업선언Declaration on International Investment and Multinational Enterprises 등이다.

결정Decision은 채택 시 기권하지 않는 모든 회원국을 법률적으로 구속하는 효력을 지닌다. 법률적 성격상 국제조약은 아니지만 회원국 간에는 그와

OECD 3대 규범

- **자본이동자유화규약**
  이 규약은 본문에서 일반적인 자유화 원칙을 제시하고 부속서에서 직접투자를 비롯한 단기 및 장기 자본거래 등 모든 형태의 국가 간 자본거래를 16개 분야, 91개 의무 항목으로 규정하고 있다. 경상거래와 관련된 대외지급의 제한 철폐를 의미하는 IMF협정 8조보다 자유화 범위가 포괄적이다. '원칙적 자유화, 예외적 제한'이라는 네거티브 방식을 채택하고 있다.

- **경상무역외거래자유화규약**
  동 규약은 일반적인 자유화 원칙을 명시하는 본문과, 11개 분야 57개 항목으로 이뤄진 부속서에 무역 거래 및 서비스 거래에 따른 자금의 대외지급·이전, 국가 간 서비스 거래에 관련된 계약 체결의 자유화 의무를 규정한다. 자본이동자유화규약과 마찬가지로, '원칙적 자유화, 예외적 제한'이라는 네거티브 방식을 채택하고 있다.

- **국제투자및다국적기업선언**
  이 선언은 대표적인 권고적 성격의 규범으로서 이미 설립된 외국기업의 영업활동 자유화 문제에만 적용되며, 신규투자 및 기업의 신규설립은 OECD 양대 자유화규약의 적용을 받는다. 주요 내용은 △다국적기업의 영업형태에 관한 가이드라인 △내국민 대우 부여 △다국적기업에 관한 회원국 간 상충되는 규정의 적용 자제 △각국 정책목표에 따른 투자유인제도 및 투자제한조치 인정 등이다.

동등한 효력을 가지기 때문에 회원국은 결정을 이행해야 하며 이행에 필요한 조치를 취해야 할 의무를 진다. 권고Recommendation는 법률적 구속력을 갖지는 않지만 회원국들의 정치적 의지를 대변하는 도덕적 힘을 가지며 회원국들이 권고를 최대한 이행할 것으로 기대되는 규범이다.

선언Declaration은 정책 수행에 대한 약속으로서 회원국에 의해 승인되지만 OECD의 정식 규범은 아니며 법적 구속력도 없다. 하지만 선언 역시 이사회에 의해서 채택되고, 그 이행 여부는 OECD 관련 기구들을 통해서 점검한다. 이 밖에 협정Arrangements, 양해Understanding, 약정Agreements 등은 선언과 비슷한 성격을 갖는 것으로 OECD의 정식 규범은 아니며 법적 구속력도 없다.

OECD 설립협약이나 OECD와 회원국 간의 특권면제조약은 일반적인 조약규범과 동일한 성격을 띤다. 각 회원국의 OECD 규범 수락은 가입 시 OECD 규범에 대한 수락 및 유보 입장을 가입문서에 표시하여 OECD 회원국 가입초청협정의 형태로 OECD 측과 서명함으로써 발생한다. 이것은 통상 'OECD acquis'로 지칭한다. 가입 후에 규범을 수락하는 행위는 정책방향에 관한 정치적 공약으로서 그 규범 자체가 조약처럼 직접적인 국내법적 효력을 갖는 것은 아니다.

그러나 여타 결정을 포함한 OECD 규범은 일반적인 국제조약보다는 강제성이 느슨하나, 선언적 규범보다는 강한 중간적 성격이다. 유일한 구속규범인 결정도 회원국이 국내 헌법상 절차를 구비한 경우에만 구속력이 발생한다. 신사도gentlemanship를 중시하는 자율적 준수원칙에 입각해 있으며, 강제적 이행수단은 부재한 상태다. 다만, 정기적인 국별 검토country review 및 주요 신규조치에 대한 통고 등 절차상의 의무를 통한 간접적인 이행수단이 활용된다. 요컨대, 이행의무가 있는 결정 규범에 대해서는 이행상황을 감시하며, 이행의무가 없는 규범(권고, 선언 등)에 대해서도 동료압력 등을 통하여 사실상의 구속성을 부여한다.

4. 의사결정방식

OECD는 원칙적으로 34개 회원국의 컨센서스consensus에 의해 의사를 결정한다. 최고의결기관인 이사회는 산하 위원회들로부터 제기되는 건의와 이에 대한 심사 결과에 입각하여 결정한다. OECD는 2006년 6월 지배구조 개혁을 통해 의사결정의 대상이 되는 이슈를 네 가지 범주로 구분하여 각각 다른 의사결정 방식을 적용하고 있다.

우선, 의사결정방식은 컨센서스 방식인 상호합의mutual agreement, 2004년

이슈의 범주	이사회	상임위원회	분과위원회
근본이슈	토론 후 상호합의로 결정	대체로 상호합의 방식에 따름	상호 합의로 결정
위임이슈		상호합의로 최종 결정	
특별사안	조건부 다수결로 최종 결정	조건부 다수결로 결정 후 이사회 상정	
일반사안	15% 이상의 회원국이 재논의를 요구하거나 특정국이 특별회의를 요구하지 않는 한 별도의 토론 없이 a포인트 방식으로 채택. 그러나 재논의 또는 특별회의 개최 시에는 상호합의 방식으로 결정	상당한 지지 확보 후 a포인트 방식으로 이사회 상정	

에 도입한 조건부 다수결qualified majority voting: QMV, 그리고 a포인트a point 등으로 분류된다. 첫째, 상호합의는 어떠한 국가의 반대도 없는 상황, 다시 말해서 모든 회원국이 의안에 대해 명시적으로 반대하지 않는 수준까지도 포함하는 컨센서스를 의미한다. 이때 침묵은 동의로 간주될 수 있다. 둘째, 조건부 다수결은 Part I 예산의 60%를 담당하는 회원국들의 찬성으로 결정을 채택할 수 있으나 적어도 Part I 예산의 25%를 대표하는 3개국 이상의 반대가 없는 경우를 말한다. 셋째, a포인트는 이사회 직속기관의 제안으로 상정된 안건이 이사회에서 토론 없이 채택될 수 있는 방식이다. 반면 b포인트는 이사회의 토론 절차를 요하는 방식이다.

위와 같은 의사결정방식이 다르게 적용되는 네 가지 이슈 범주 중에서 근본이슈fundamental issue는 정치적 성격을 띠거나 회원국에 의무를 부과하는 등 이사회에서 컨센서스로 결정해야 할 사항을 말한다. 상임위원회, 소그룹 또는 이사회 스스로 제안할 수 있으며, 대체로 이사회의 토론을 요하는 b포인트 방식에 따라 상정된다. 둘째, 위임·상호합의 이슈delegated and mutual agreement issue는 상임위원회가 이사회로부터 위임을 받아 컨센서스로 최종 결정하는 사안이다. 셋째, 특별사안special case은 이사회 및 관련 상임위원회에서 조건부 다수결을 통해 결정할 수 있는 사안, 상임위원회가 위임을 받아 조건부 다수결로 최종 결정할 수 있는 사안을 포함한다. 넷째, 일반사안 normal case은 앞서 설명한 세 범주에 포함되지 않은 모든 사안으로서, 상임위원회에서 상당한 지지를 확보한 후에 a포인트 방식으로 이사회에 상정된다. 다만, 회원국의 이익을 보호하기 위한 장치로는 전체 회원국의 15% 이상의 요구가 있을 때 이사회에서 다시 토론하는 메커니즘, 그리고 회원국의 중요한 이익을 침해할 때 특별이사회를 통해 논의하는 안전장치 메커니즘이 구비되어 있다.

IV. OECD의 활동영역

1. OECD의 역할

OECD는 고전적인 외교정책 이슈에 초점을 맞추지 않는다. 그보다는 무역과 투자의 자유화 및 세계자본주의 경제의 중심으로서 북대서양 지역의 공고화를 도모한다. 또한 국제통화기금IMF, 세계은행World Bank 등 다른 국제경제기구와 달리 예산 또는 제재 권한을 갖지 않는다. 국제노동기구ILO처럼 회원국 간 합의된 협정을 국내 의회에 제출할 의무가 있는 것도 아니다. 그럼에도 불구하고 OECD는 전후 세계경제 거버넌스에서 중요한 행위자로 자리 잡았다.

OECD의 대표적인 활동은 회원국의 경제상황을 개선하기 위해서 정책담당자들이 다른 국가의 경험을 인지하고 모범사례, 즉 특정 공공정책 목표를 달성할 수 있는 가장 효과적인 방법이 무엇인지에 관한 합의를 형성하는

것이다. 이러한 과정은 대부분 학습을 통한 정책확산에 해당한다.[18]

정책 확산 기제로서 OECD는 첫째, 정책대화policy dialogue의 장이다. 회원국 간 공통의 관심사항을 파악하고 모범사례와 대응방안을 도출하고 이행하는 데 이르기까지 단계별로 회원국 간 경험과 의견을 교환한다. 둘째, OECD는 정책공조policy collaboration 장치로서 회원국들의 공통된 가치관과 정책대화에서 도출된 기준에 입각하여 상호 정책 개선을 촉진하며 국제적인 정책조정을 유도한다. 셋째, 동료압력peer pressure을 통해 정책지침, 정책권고 혹은 국제협약을 형성하고, 개별 회원국의 제도와 정책을 상호 검토하고 그 과정에서 잘된 것은 칭찬하고 잘못된 것은 비판함으로써 정책개선 혹은 정책조정을 도모한다. 넷째, 비회원국에 대한 정책전수policy transfer 활동도 중요하다. OECD는 개발도상국 및 전환 경제와도 다양한 형태로 정책대화 사업을 전개한다. 이를 통해 OECD의 정책 경험과 OECD가 추구하는 가치관 및 각종 표준을 전수한다. 또 국제정치경제구조의 변화에 상응하여 신흥경제국 등 비회원국에 대한 적극적인 아웃리치를 통해 OECD의 정당성 및 정책 실효성을 제고하려고 한다. 다섯째, OECD는 시민사회로의 정책전파 policy diffusion 장치로 기능한다. 회원국의 기업, 노동조합 등을 대표하는 주요 국제비정부기구들과의 정책 토론을 통해 다양한 의견을 수렴하고 OECD보고서를 널리 보급함으로써 OECD의 표준과 정책을 전파한다.

이상과 같은 OECD의 정책 확산 기능은 후술하는 것처럼 아이디어 생산자, 정책평가자, 데이터 공급자로서의 역할로써 뒷받침된다. 첫째, OECD는 담론을 통해 새로운 아이디어를 생산한다. 공식 간행물, 내부 정책제안서, 준 학술적 성격의 보고서를 기초로 중요 이슈를 추려내고 아젠다를 설정한다.[19] OECD 산하의 많은 위원회에는 전문지식을 갖춘 전문가들이 포진해

18 정책 확산 메커니즘으로 학습과 모방을 다룬 연구로는 Beth A. Simmons, Frank Dobbin and Geoffrey Garrett, "Introduction: The International Diffusion of Liberalization," *International Organization* 60(2006), pp.781-810.

19 Martin Marcussen, "OECD Governance through Soft Law," Ulrika Morth (ed.), *Soft Law in Governance and Regulation: An Interdisciplinary Analysis* (Cheltenham:

있다. 이들은 실증적이고 전문적인 분석으로 정책대화의 근거와 방향을 제시한다. 한마디로 OECD는 주제의 선정 및 프레임 과정에서 사회적 사실에 대한 인과관계를 규정하고 회원국의 행동경로 및 이해당사자 집단을 결정하는 셈이다.[20] 어떤 정책이슈에 관한 국내적·국제적 논의에 영향을 끼칠 수 있는 것도 이 때문이다. 국내적 수준에서, OECD에 의해 만들어진 새로운 아이디어는 더 적절한 것처럼 보이는 대안이론을 제시한다는 점에서 정책변화를 유발할 수도 있다. 사회적 행위자들은 이전의 관점과 모델이 저조한 정책성과를 낳았다고 믿게 될 때 자신의 인식을 바꾸게 된다.[21] 이와 같이 OECD의 아이디어는 국가적인 문제들이 어떻게 다뤄질 수 있는지 또 어느 정책이 진지하게 고려되어야 하는지에 대해 심대한 영향을 미친다.

둘째, OECD는 동료검토 절차를 통하여 회원국의 정책을 평가한다. 동료검토 제도는 특정 국가정책의 성패에 관하여 회원국 간에 지식을 개발·확산시키는 메커니즘이다. OECD는 엄격한 규율이나 제재 수단이 없는 상태에서 상호협력을 유도하기 위한 다자감시체계의 일부로서 동료검토를 광범위하게 활용해왔다. 더구나 구성원이 동질적이고 회원국 간에 높은 수준의 신뢰가 형성되어 있기 때문에 동료검토는 대부분의 OECD 업무영역에서 적용되고 있다.[22] 이런 맥락에서 OECD는 관련 정책이슈를 정의할 뿐만 아니라 그 문제를 해결하기 위해 회원국이 취해야 할 조치를 권장한다.[23] 이 과정에서 자연스럽게 정책을 평가하고 상호 검토하는 기준이 개발된다. 이

Edward Elgar, 2004).

20 Deborah A. Stone, "Causal Stories and Formation of Policy Agendas," *Political Science Quarterly* 104-2(1989), pp.281-300.

21 Michelle Beyeler, "Introduction: A Comparative Study of the OECD and European Welfare States," Klaus Armingeon and Michelle Beyeler (eds.), *The OECD and European Welfare States* (Cheltenham: Edward Elgar, 2004).

22 Fabrizio Pagani, "Peer Review: A Tool for Co-operation and Change. An Analysis of an OECD Working Method," OECD Doc. SG/LEG(2002).

23 Tom Schuller, "Constructing International Policy Research: The Role of CERI/OECD," *European Educational Research Journal* 4-3(2005), pp.170-180.

때 OECD사무국의 역할이 두드러지는데 사실상 동료검토 전 과정을 관리하게 된다. 사무국은 문서작성과 분석의 제공, 회의 및 임무의 조직, 토론 활성화, 품질기준 유지, 기록 저장과 지속성 부여 등의 역할을 한다. OECD사무국은 어떤 국가에게 검토를 제안하고, 검토위원을 선정하며, 심사기간 동안 개인적인 방문활동을 벌이고, 소속 직원에게 간행물을 준비하도록 지시한다.24 그러한 정책권고안은 회원국의 국내정책에 영향을 미칠 수 있고 검토과정에서 상이한 정책을 비교하고 상대적 정당성을 가늠할 수 있기 때문에, OECD 동료검토는 회원국들의 경험과 정책을 수렴시키는 효과를 발휘한다.25

셋째, OECD는 동료검토 과정에서 만드는 특정국에 대한 자료 이외에 일반적인 데이터 생산자로서 대규모 계량 데이터와 지표를 생산하고 분석한다. 이러한 데이터와 지표들은 다양한 정책영역을 대상으로 할 뿐만 아니라, '세계교육지표World Education Indicators'의 경우처럼 OECD 회원국과 개도국까지 포함하기도 한다. 비교연구로서 이 지표들은 국가들을 주로 정책결과 측면에서 평가하고 순위를 매긴다.26 정책의 투입지표와 산출지표를 서로 연결하는 것은 국가정책결정의 성공 여부를 판가름하는 유용한 수단이다.

비교분석에서 숫자의 위력은 특정 문제에 대한 상이한 해법을 보여줄 뿐만 아니라 그 성공을 평가하는 수단이다. OECD 회원국이 동질적이기 때문에 규범과 표준에 대한 공통점이 커지고, 이에 따라 OECD에서 제시되는 해결방안은 국제적인 인정을 받을 가능성도 높아진다. 그 순위에 포함된 비

---

24 Kerstin Martens, "How to Become an Influential Actor: The 'Comparative Turn' in OECD Education Policy," Kerstin Martens, Alessandra Rusconi and Kathrin Leuze (eds.), *New Arenas of Education Governance: The Impact of International Organizations and Markets on Education Policy Making* (Basingstoke: Palgrave, 2007).

25 Armin Schafer, "A New Form of Governance? Comparing the Open Method of Coordination to Multilateral Surveillance by the IMF and the OECD," *Journal of European Public Policy* 13-1(2006), pp.70-88.

26 Martens(2007).

회원국조차도 OECD의 규범적 기초와 통계의 목적을 대체로 공유하게 된다. 오직 국제적 비교분석만이 모범사례를 드러낼 수 있다. 대부분의 경우에 OECD는 회원국이나 다른 국제기구로부터 데이터를 수집한다. 때로는 자체적인 산출기법으로 새로운 데이터를 만들어내기도 한다. 이 데이터 셋은 매번 많은 관심을 끌었으며 특정 국가 혹은 특정 정책의 성공 여부를 시험한다. 통계데이터에 따라 국가들은 정책변화 압력에 노출되고, 이 점에서 통계적 추론은 정책전수 또는 정책학습의 효과적인 원천이 될 수 있다.27

2. OECD의 주요 아젠다

■ 경제협력

경제발전은 OECD 회원국 정부의 정치적 의제 중에서 상위에 속해 있다. OECD는 회원국 경제의 성장과 안정을 위하여 각 회원국들의 경제 동향을 파악하고 세계경제에 대한 전망을 제시한다. 회원국들의 장기적 발전을 위해 바람직한 경제정책 방향을 권고한다. 무엇보다 OECD는 구조조정을 통해 중장기적인 성장 잠재력을 확충하는 데 주안점을 둔다. IMF의 정책 처방이 단기적인 외과 수술에 비유된다면, OECD는 경제적 체질 개선을 통해 병폐의 근원을 제거하고자 한다. 경제정책위원회Economic Policy Committee: EPC는 회원국 경제정책의 공통사항에 대하여 논의하고 세계경제의 전망과 정책 방향을 제시한다. 경제검토위원회Economic and Development Review Committee: EDRC는 국가별로 거시경제 및 구조조정 분야 검토회의를 개최하여 연간 20개국 내외를 검토한다.

OECD협약에서 회원국들은 경제성장과 생활수준 향상을 위한 정책을 추진하기로 약속한다. 그러나 이 문제는 매우 기술적인 동시에 정치적인 성격

---

27 Kerstin Martens and Anja P. Jakobi (ed.), *Mechanisms of OECD Governance: International Incentives for National Policy-Making?* (New York: Oxford University Press, 2010).

을 띠고 있기 때문에 OECD의 성적을 평가하기 어렵다. 브레턴우즈체제의 고정환율제는 미국이 재정적자를 통해 유동성을 충분히 공급하는 범위 안에서 성공할 수 있었다. 경제주체들이 미국 달러화를 금과 동일시할 때에만이 그 체제는 유지될 수 있었다. 그러나 유럽의 통화가 1958년에 태환성을 갖추게 되자 브레턴우즈체제에 틈이 생기기 시작했다. 미국의 무역수지 적자에 의존하는 시스템이었지만, 만성적인 적자는 그 시스템의 신뢰성을 약화시켰다. 1960년 11월 첫 달러화 인출사태가 벌어지기에 이르렀다. 이 문제를 논의하는 장으로 IMF는 유용하지 않은 것으로 판명되었고, 주요국 간의 협의는 OECD로 옮겨졌다. 이것은 IMF 회원국 수가 늘었을 뿐만 아니라, 특히 유럽 국가들이 미국과 대등한 협상 테이블을 선호했기 때문이다.

국제경제협력에서 OECD가 두각을 나타낸 것은 1966년 국제수지조정에 관한 보고서를 발간했을 때다.[28] 그러나 당시 OECD는 국제경제협력을 위한 포럼으로 제대로 기능하지 못했다는 평가다. OECD의 다자감시체계는 회원국들이 국제적 수지균형에 부합하는 정책을 추진하도록 장려했음에도 불구하고 재정정책과 금융정책에 아무런 충격을 주지 못했다.[29] 명백히 경제정책 조정은 중앙은행 간에 또 G10, IMF, OECD 내에서 병행해서 이뤄졌다.[30]

그러나 국제통화체제는 경제협력체가 존재했음에도 불구하고 1971년에 끝내 붕괴하고 말았다. 체제개혁 문제가 OECD에서 논의되었지만, 곧 IMF에서 G20의 의제로 오르게 되었다. IMF가 1970년대에 개혁되었을 때 도입된 제4조의 새로운 감시체계는 OECD의 역할을 약화시켰다. 이처럼 새로운 정책조정 메커니즘이 창설되었을 때에도 OECD는 여전히 경제관리 문제에

---

28 Andrew Crockett, "The Role of International Institutions in Surveillance and Policy Coordination," Ralph C. Bryant et al. (eds.), *Macroeconomic Policies in an Independent World* (Washington, DC: IMF, 1989), pp.343-365.

29 Webb(1992), p.160.

30 John S. Odell, *US International Monetary Policy: Markets, Power and Ideas as Sources of Change* (Princeton: Princeton University Press, 1982).

관한 합의 형성을 위한 정치적 포럼으로 남았다. 대신 거대경제 간의 정책 조정은 OECD가 아닌 G7에 맡겨졌다. OECD는 업무의 중복성으로 인해 경제정상회의체에 대해 모호한 관계에 놓이게 되었다. 특히 1980년대 중반 플라자합의와 루브르합의를 이끌어낸 G7재무장관회의와의 관계는 만족스럽지 못했다. 이것은 당시 미국의 쌍둥이 적자가 심각했음에도 불구하고 그 문제 해결을 위한 논의에서 OECD가 언급되지 않은데서 잘 나타났다.[31] G7 출범 초기부터 G7정상회의에서 배제된 국가들은 G7의 논의에 영향을 끼치려 시도했다.[32] 이에 따라 1976년 이래 G7정상회의가 열리기 몇 주 전에 OECD 각료회의가 개최되는 전통이 생겼다. G7정상회의가 끝나면 개최국 셰르파는 OECD를 방문하여 경과를 설명했다. 이 과정을 통해서 유럽공동체 밖의 비참여국들이 G7정상회의 프로세스에 참여한다는 느낌을 갖도록 했다.

OECD는 비공식 정상회의체인 G7에게 비참여국을 포섭하고 의제의 연속성을 부여하는 기능을 제공했다. G7에게 OECD와의 연결성을 유지하는 것은 효과적인 정책조정을 위해서 필요했다. 한편 OECD 경제정책위원회^{EPC}는 수년간 '정책조정$^{policy\ coordination}$'에 대해 언급하지 않았다. 조정^{coordination} 그 자체는 의제에 올라 있지만 공조^{collaboration}를 의미하지는 않았다. OECD 안에서 조정을 말할 때는 '공통 정책문화$^{common\ policy\ culture}$'를 발전시키는 것에 연관된다. 즉 정책의 공통 목표와 바람직한 수행방식에 관한 이해의 공유를 뜻한다.[33]

■ 자유무역

OECD 국제무역위원회는 다자간 무역자유화를 증진하기 위해 주요 통상 이슈에 대한 분석 작업을 통하여 각국 무역정책 수립에 기여한다. 무역활동에

---

31 Paul Krugman, *Has the Adjustment Process Worked?*(Washington, DC: Institute for International Economics, 1991).

32 Putnam and Bayne(1987).

33 Wolfe(2008), p.36.

관련된 조직은 무역위원회 산하 작업반, 무역·환경, 무역·농업 합동작업반, 수출신용보증작업반 등으로 구성되며 무역자유화 기반을 강화하고 민감한 통상이슈에 대한 이견을 좁혀 다자 협상이 원활하게 진행되도록 지원한다.

무역 논의는 무역위원회 관련 회의 이외에도 매년 상반기 개최되는 연례 각료이사회의 통상장관 세션, 무역을 주제로 하여 개도국 참석자들과 토의하는 글로벌 포럼, 비정부민간기구들과의 대화, 각종 국제세미나 등 다양한 회의를 통해서 진행된다. 도하라운드와는 별도로 중장기적인 관점에서 다자무역체제의 강화를 옹호하는 역할 및 기능을 제고하기 위한 방안(중기전략)을 수립하고 구체적인 실행계획을 마련했다. 이에 따르면 중기전략 4대 중점추진 분야는 ① 지구화 혜택에 대한 이해 증진 및 무역자유화 확대 방안, ② 서비스 교역 자유화 방안, 서비스 교역 제한 지수 개발, ③ 국제교역과 국내정책 간 상관관계, ④ 수출신용 규범의 지속적인 개선 등이다.

OECD는 국제수지 조정과 국제경제협력의 한 요소로서 무역정책을 취급해왔다. 그 전신인 OEEC는 긴밀한 무역협력을 바탕으로 유럽의 정치적 통합을 촉진하려고 했다. OECD협약 제1조에 의하면, OECD는 다자적이고 무차별적인 방식으로 세계무역의 확대에 기여하는 정책을 증진할 의무를 가졌다. GATT의 딜론라운드^{Dillon Round} 협상이 지지부진할 때만 해도 일부에서는 OECD가 GATT보다 무역자유화를 위해 더 나은 수단이라고 생각했다. OECD 무역위원회는 OECD의 가장 중요한 기관 중 하나다. 무역협력은 무역정책에 관한 정보교환에서부터 무역체제 관리에 관한 토의에 이르기까지 다양하다.

그러나 무역장벽을 제거하기 위한 공동의 노력은 그리 성공적이지 못했다. OEEC는 수량제한을 철폐함으로써 무역자유화에서 일정한 역할을 했다고 할 수 있지만 관세 이슈는 항상 GATT에 일임했다. OEEC의 자유화규약은 OECD로 계승되지 않았다. 조기통고절차는 GATT의 분쟁해결절차의 사용 빈도가 높아지면서 용도 폐기되었다. 무역체제의 변화에 대한 정기검토도 WTO 무역정책검토기구가 출범하면서 시들해지고 말았다.

사실 WTO 출범 전에도 회원국들은 국제무역 거버넌스에서 OECD의 역할에 대해 의문점을 가졌다. GATT회의가 열리지 않을 때에는 OECD 무역위원회에서 비공개 고위급회의가 열리기도 했다. 그러나 무역 이슈의 대부분은 OECD 밖의 브라질, 인도, 중국 등에 관련되어 있어 유럽 국가들이 아닌 다른 OECD 회원국에게 참여 유인이 되지 못했다.

그럼에도 불구하고 OECD의 분석적 역할은 지속되고 있다. OECD는 단순히 배경 데이터를 제공할 뿐만 아니라 무역협상의 진전을 위해 노력해왔다. WTO 사무국과 긴밀한 관계를 구축하고 있으며, WTO 고위급 관리들이 OECD 무역위원회에 참석한다. 여전히 무역원활화, 특혜축소, 무역-개발 연계성 등의 이슈에서 OECD의 데이터베이스가 유용하게 활용되고 있다. 예를 들어 무역원조태스크포스^Aid for Trade Task Force에 대해 OECD는 단순히 재원을 늘리는 것보다는 원조의 효과성을 개선하는 것에 논쟁의 초점을 맞추도록 유도했다.

■ 국제투자

OECD는 세계경제 발전을 위해 자본의 자유로운 이동과 국제적 투자의 활성화가 필수적이라는 인식을 갖고 설립될 때부터 이를 지속적으로 추진했다. OECD는 1961년 자본이동자유화규약과 1960년 경상무역외거래자유화규약에서 보듯이 투자의 자유화 부문에서 핵심적인 역할을 수행했다. 탈식민주의 시기 대규모의 국유화 바람에 직면하여 OECD는 후진국으로 유입되는 해외직접투자를 위한 새로운 국제적 기반을 마련하려고 했고, 그 결과는 1967년 외국인재산보호협약^Draft Convention on the Protection of Foreign Property으로 나타났다. 당시 대부분의 후진국들은 외국인 투자 분쟁은 자신들의 국내법원에서 해결되어야 한다고 주장하고 이 협약에 대해 반대했다. 그럼에도 불구하고 이 협약은 EU의 양자투자협정^BIT의 기본이 되었다.[34] 비록 OECD의 1962년 모델 BIT는 미국의 양자투자협정에 비해 뒤늦게 나왔지만 OECD는 법률적 자원을 제공하는 핵심 행위자로서 FDI 국제법 체계에서 매우 중

---

34 OECD, *Policy Framework for Investment* (Paris: OECD, 2006).

요한 역할을 맡았다.

1976년은 OECD가 FDI 비차별 원칙을 확립하는 중요한 전기였다. OECD 는 산하 국제투자·다국적기업위원회가 준비한 선언Declaration on International Investment and Multinational Enterprise을 채택했다. 이 선언은 구속력을 갖지는 않았지만, 내국민대우, 투자자 요건의 상충 금지, 인센티브 사용의 투명성, 자율적인 다국적기업 행동지침,35 그리고 부문별 예외조항을 포함했다. OECD는 회원국에서 행해지는 내국민대우의 실제에 대한 조사를 계속하고, 1979년에 회원국들은 해외직접투자에 대한 공식적인 인센티브의 주요 현황 을 보고해야 한다고 선언했다. 1991년에는 투자유치국과 투자유출국 간에 서로 상충하는 요건들을 관련 OECD위원회에서 토의하도록 했다.

그런데 우루과이라운드UR의 무역관련투자조치협정TRIMs은 무역에 연관 된 직접투자 관행에 관한 GATT의 입장을 확인 또는 명료화했다. WTO 서 비스무역협정GATS도 각국의 기존 정책을 추인하고 매우 제한적인 부문별 투자자유화만을 규정하는 데 그쳤다. 결과적으로 우루과이라운드가 투자 유 입의 자유화에 끼친 영향을 별로 크지 않았고, OECD의 자유화 구호도 대부 분 실현되지 않았다.

이에 OECD 통상장관들은 1995년 다자투자협정Multilateral Agreement on Investment: MAI을 개발하기로 결정했다. MAI의 원래 목적은 유입 외국인투자에 내국민대우를 제공하고, 불가측 상황에서의 외국인 투자자 대우에 관한 표 준을 설정하며, 정부의 과도한 진입조건 설정을 방지하고, 정부와 기업 모두 가 이용할 수 있는 투자분쟁제도를 수립하는 것이다. MAI는 FDI 자유화를 새로운 차원의 법적 토대 위에 올려놓으려는 시도였으며,36 추후 비 OECD

---

35 다국적기업지침은 후진국들이 신국제경제질서(NIEO)의 일부로서 제기한 다국적기업 에 대한 공격에 대응하기 위한 것이었다. 대체로 주요 다국적기업이 이미 행하고 있는 것으로 명문화했으며, 미국은 이 지침의 법적 구속력을 인정하지 않았다(Kudrle 2012, 707).

36 Kenneth W. Abbott and Duncan Snidal, "Hard and Soft Law in International Governance," *International Organization* 54(2000), pp.421-456.

국제기구와 경제협력·개발

회원국의 가입을 염두에 둔 것이었다. 선진국들이 MAI 협상의 장으로 OECD 를 선택한 이유는 이미 관련 이슈의 대부분을 논의해온데다 회원국 간에 충분한 공감대가 형성되어 있다고 생각했기 때문이다.

그러나 MAI 협상은 비정부기구의 강력한 반대 때문에 무산되고 말았다. 비정부기구의 반대는 환경법규에 의해 위협을 받는 외국인 투자자에게 특별한 보상을 강제한 NAFTA의 분쟁해결 사례에서 촉발되었다. 또한 MAI 협상이 정치적으로 잘 드러나지 않음으로써 대중에 대한 기업들의 음모로 치부되기까지 했다. 사실 국제비즈니스계도 처음에 MAI에 대해 상당한 지지를 보냈지만 협정문이 기존 현상을 명문화하는 데 그치자 점차 흥미를 잃어갔다.

결국 MAI는 더 이상 진척될 수 없었고, 프랑스는 1998년 협상에서 공식 탈퇴를 선언했다. MAI가 실패하면서 WTO 차원에서 논의되던 투자자유화협정의 타결 가능성도 사라졌다. 2004년 7월 투자이슈는 경쟁정책과 함께 도하라운드 의제에서 빠지게 되었다.[37] MAI 사태는 글로벌 경제거버넌스에 시민사회의 참여 필요성을 보여줌으로써 그간 기업과 노동조합에만 치중했던 OECD의 태도 변화를 불러왔다.[38] 이제 시민사회 대표들은 매년 OECD 관계자와 회합을 갖고 여러 OECD 지침의 이행 문제를 논의한다.[39] 한 예로 NGO 협의체인 OECD Watch는 투자위원회 산하 연례기업책임라운드테이블에서 의견을 발표한다.

MAI가 좌절된 이후에도 OECD는 이미 논의되었던 이슈를 꾸준히 다듬어 왔다.[40] 예를 들면, 2007년에 투자자유프로젝트Freedom of Investment Project를

---

37 Bernard M. Hoekman and Michael M. Kostecki, *The Political Economy of the World Trading System: The WTO and Beyond* (New York: Oxford University Press, 2009).

38 Richard Woodward, "Towards 'Complex Multilateralism?' Civil Society and the Organization for Economic Cooperation and Development," Rianne Mahon and Stephen McBride (eds.), *The OECD and Transnational Governance* (Vancouver: UBC Press, 2008).

39 West(2004), p.10.

40 Russell Alan Williams, "The OECD and Foreign Investment Rules: The Global

발족시켜 전략산업 육성과 국부펀드 조성 움직임에 맞서 직접투자의 개방성을 보호하려고 노력했다. 또 투자정책의 개발에 있어서 동료검토의 중요성을 강조했다. 하지만 최근에 이뤄진 동료검토는 신입 회원국과 국제투자·다국적기업선언을 수용한 역외국을 대상으로 했다.[41] 주로 투자제한과 투자환경 문제에 관한 검토가 진행되었는데, 이들은 동료검토를 수용함으로써 자유주의 투자레짐을 지지한다는 신호를 보내려고 했다.[42] OECD는 또 2006년 개발자원에 관한 몬테레이 컨센서스Monterrey Consensus에 부응하여 10개의 정책영역에서 권고안을 담은 투자정책프레임워크Policy Framework for Investment을 제안했다.

요컨대, OECD는 초창기부터 투자의 개방성과 자유화를 추진했다. 이를 위해서 각국의 관행에 대한 정보를 수집하고, 자신의 전문지식을 활용하여 WTO 차원의 자유화 노력을 지원했다. 그렇지만 투자자유화 부문에서 OECD가 거둔 성과는 매우 점진적으로 이뤄졌고, MAI의 취약성에서 알 수 있듯이 크게 인상적이지는 않다고 해야 할 것이다.

한편, 투자의 자유화와 더불어 개도국에서 다국적기업의 책임성을 강조하기 위해 1991년 다국적기업 가이드라인을 제정(2011년 개정)하고 투자위원회를 통해 그 이행과 정착을 위한 점검활동을 진행했다. 또한 기업의 투명성 개선과 이행당사자 간 합리적 관계 규정을 위해 각 회원국들의 관행을 비교 검토하여 1999년 'OECD 기업지배구조원칙'을 제정하고 기업지배구조위원회에서 그 이행을 관리하도록 했다. 선진국 기업의 개도국 및 후진국 진출과 거래 과정에서 공정경쟁을 촉진하고 부패를 방지하기 위해 1999년

Promotion of Liberalization," Rianne Mahon and Stephen McBride (eds.), *The OECD and Transnational Governance* (Vancouver: UBC Press, 2008), pp.117-133.

41 이들은 아르헨티나, 브라질, 칠레, 슬로베니아, 에스토니아, 라트비아, 리투아니아, 이스라엘, 루마니아 등이다.

42 Marie-France Houde, "Building Investment Policy Capacity: The OECD Peer Review Process," OECD, *International Investment Perspectives* (Paris: OECD, 2006).

'국제상거래에 있어서 외국공무원에 대한 뇌물제공행위 방지를 위한 협약'
을 제정하고 뇌물방지작업반을 통해 협약의 이행을 강화했다.

■ 조세정책

OECD는 재정위원회를 통해 조세제도 및 행정의 합리성과 효율성을 제고
하기 위해 각종 조세정책 및 집행기준을 제시하는 한편, 국제적 조세협력을
강화하기 위한 사업을 수행한다. 국제적인 이중과세와 탈세 방지를 목적으
로 가이드라인을 제정하고, 조세경쟁으로 인한 무역과 투자 흐름의 왜곡을
방지하기 위해 조세 정보교환에 관한 국제기준을 세운다. 최근에는 OECD
모델조세협약 및 주석 개정, 유해조세제도 규제 등의 작업이 진행 중이다.

OECD는 설립 초창기부터 조세 문제에 주의를 기울여왔다. 산하 재정위
원회Committee on Fiscal Affairs의 많은 활동은 조세정책의 혁신과 모범사례를
발굴하는 것에 목적을 뒀다. OECD의 1963년 이중과세방지협정Convention
on Double Taxation of Income and Capital 모델은 2천 개가 넘는 양자투자협정의
출발점이 되었다. 선진국들은 자국 기업이 해외시장에서 성공하는 것이 국
가적 번영에 중요하다는 점을 인식하고, OECD 회원국 간 조세일관성이 이
중과세를 막고 기업의 거래비용을 절감해줄 것이라고 기대했다. 이것은 국
제경제관계에서 OECD가 이룬 가장 중요한 공헌이라고 평가된다. 1980년
UN의 조세협정모델도 대부분 OECD의 작업을 수용하고 있다.[43] 현재
OECD 회원국과 저개발국 간에 체결된 양자투자협정은 OECD 모델과 UN
모델을 융합한 형식을 띠고 있다.

OECD는 1997년 태스크포스를 구성한 데 이어 1998년에 유해조세경쟁
Harmful Tax Competition: HTC 보고서를 발간했다.[44] 이로써 선진국들은 불법적

---

43 Bart Kosters, "The United Nations Model Tax Convention and Its Recent Developments," *Asia Pacific Tax Bulletin* 5(2004), pp.1-11.

44 유해조세경쟁보고서는 조세피난처와 유해조세레짐을 해로운 조세관행으로 꼽았다. 전자는 소득에 대한 세금이 없고 정보교환 및 투명성이 결여되어 있는 곳이며, 후자는 국내외 기업 간 세제상 차별(ring fencing)을 뜻한다.

인 탈세와 합법적인 조세회피를 차단하겠다는 집단적인 의지를 천명했다. 이 프로젝트는 사실 OECD의 유럽 회원국들의 우려를 반영한 것이다. 아일랜드는 국내기업보다 외국기업에게 더 유리한 차별적인 법인세 제도를 시행했다. 룩셈부르크, 벨기에, 오스트리아 등에서는 비밀은행계좌를 허용함으로써 조세회피를 용인했다. 거의 모든 EU 회원국들이 외국계 기업에 대한 특별 혜택을 부여하여 공정한 경쟁을 침해할 위험을 안고 있었다. 이처럼 유럽 안팎의 조세경쟁으로 인해 국가재정이 위협받는 상황이 벌어졌다. OECD 회원국들은 처음으로 서로의 조세정책에 대해 다자적인 대책을 강구할 필요성을 느끼게 되었다.[45]

OECD 회원국들은 조세피난처에 대한 공동 제재의 일환으로 해당 조세피난처 목록을 작성하고 합의된 조치를 취할 특별 포럼을 설치했다. 이에 대해 OECD 조치는 불공평하고 신제국주의적 행태라는 목소리가 조세피난처로부터 나오기도 했다. 미국도 조세회피에 관련된 OECD 노력을 지지하면서도, OECD의 태도가 너무 공격적이라고 우려를 표명했다. 이에 따라 OECD는 조세피난처가 세금 정보의 수집과 교환에 있어서 투명성을 개선하겠다는 공개 선언을 요구하는 선에서 만족했다.

그런데, 2001년 9·11 테러공격을 계기로 조세피난처에 대한 논의의 방향이 바뀌기 시작했다. 더욱더 많은 조세피난처가 OECD와의 협력에 참여했고, 조세정보협정 모델이 개발되었다. 2008년 글로벌 금융위기가 발발하고 조세회피 기법이 드러나면서 OECD의 정보 요구는 2009년 G20 런던정상회의의 의제로 부상했다. 결국 유해조세경쟁은 그동안 대부분의 조세피난처가 거부해왔던 정보의 수집·교환 원칙에 관한 합의로 귀결되었다. OECD는 항상 조세정보의 국제적 자동교환 가능성을 염두에 두고 기술적 식별요건에 관한 작업을 진행했다.[46] 이를 발판으로 OECD는 세계조세기구라는

---

45 Michael C. Webb, "Defining the Boundaries of Legitimate State Practice: Norms, Transnational Actors and the OECD's Project on Harmful Tax Competition," *Review of International Political Economy* 11(2004), pp.787-827.

46 OECD, *Manual on the Implementation of Exchange of Information Provisions*

인상을 심어주는 데 성공했다. 실제로 G20이 조세정보의 수집 및 교환 활동을 위하여 OECD의 동료검토 관행을 수용했다. 아직까지 조세회피를 전면적으로 차단하는 데 이르지는 못했지만, OECD는 2002년 World Bank, IMF 등과 공동으로 발족한 국제조세대화International Tax Dialogue: ITD를 통해서 조세 문제에 대한 토론과 관심을 다양한 이해상관자들에게 환기시키고 있다. 또한 70개 비회원국을 상대로 아웃리치를 진행하고, 전 세계적으로 많은 다자조세센터Multinational Tax Centres를 관리하고 있다. 다만, 국제경제협력의 컨트롤타워로서 G20의 부상은 글로벌 조세 거버넌스에서 OECD의 주도권 유지 여부를 가름하는 중요한 시험대가 되고 있다.47

■ 경쟁정책

양차 세계대전 사이에 국제카르텔의 독점력에 대한 관심이 고조되었지만, 제2차 세계대전 전에는 미국과 캐나다만이 실질적인 경쟁정책을 갖고 있었다. 미국은 제2차 세계대전 패전국인 서독과 일본에게 자국의 경험에 기초한 경쟁정책을 부과하려고 시도했다. 그러나 1980년대 후반까지만 해도 경쟁정책을 갖게 된 나라는 몇 개에 불과했다. 대부분의 후진국은 경쟁정책이 신국제경제질서NIEO의 일부이며 외국기업을 통제하는 수단이라고 여겼기 때문이다.48

뿐만 아니라 냉전의 종식 이후 개도국과 구공산권 국가들이 앞 다퉈 경쟁정책을 도입하여 21세기 초에는 100여 개의 경쟁법 레짐이 공존하게 되었다.49 게다가 미국식 경쟁정책과 유럽식 경쟁정책 등 상이한 모델이 혼재하게 되었다. 미국식 경쟁정책은 민·형사 법원에 의한 집행을 강조하고, 민사

for Tax Purposes (Paris: OECD, 2006).

47 Robert T. Kudrle, "Governing Economic Globalization: The Pioneering Experience of the OECD," *Journal of World Trade* 46-3(2012), pp.695-732.

48 Robert T. Kudrle, "Governing Economic Globalization: The Pioneering Experience of the OECD," *Journal of World Trade* 46-3(2012), pp.695-732.

49 Susan K. Sell, *Power and Ideas: North-South Politics of Intellectual Property and Antitrust* (New York: State University of New York Press, 1998).

소송의 역할이 크며 형사적 벌금제도를 이용한다는 점에서 특이하다. 실제로 1970~1980년대 연방법원에 제기된 반독점 소송의 93%는 민사소송이었다.[50] 이러한 점은 경쟁정책에 관한 국제협력의 걸림돌이 되는데, 유럽식 경쟁정책은 형사적 제재보다는 행정적 제재를 선호하기 때문이다. 또 그러한 제재는 독립적인 기관의 결정에 의해 이뤄지며, 이 결정은 법원에 제소될 수 있다.[51]

OECD 설립 초기에 경쟁 이슈는 무역 및 투자 장벽의 제거에 관련되어 있었으나, 1967년부터 좀 더 구체적인 활동으로 경쟁법·정책위원회Competition Law and Policy Committee가 설치되었다. 이 위원회의 초기 의제는 경쟁법 및 경쟁정책에 관한 견해와 경험 교환, 모범사례 배포, 권고안 채택, 그리고 동료검토 등이었다. 그러나 그 후 20년 동안 실질적인 협정을 도출하려는 시도들은 별다른 결실을 거두지 못했다. 자체평가에 기반하여 이루어지는 각국 정책의 반복 검토는 자기합리화 수단으로 치부되었다.

이에 OECD는 1990년대부터 단일한 경쟁정책에 대한 집착으로부터 각국의 다양한 경험을 존중하는 방향으로 선회했다. 매년 정기적인 정책 검토 대신에 여러 라운드테이블 등을 통해서 몇몇 국가의 경쟁정책 및 규제개혁 사례에 관해 의견을 나누기 시작했다.[52] 이것은 OECD의 기존 모범사례 혹은 벤치마킹 패턴과는 다른 양상을 보인 것이다. 그 이유는 첫째, 경쟁정책의 내용상 문제로서 미국은 자신의 정책이 다른 회원국의 것보다 앞서 있으며, OECD 내 경쟁정책 논의에 참여하는 것을 외연확장이라고 생각했다. 미국식 경쟁정책은 다분히 자율규제적인 성격이 강하여 수십 년 동안 직접적인 외부간섭을 배제해왔다. 미국은 다른 국가로부터 배울 것이 거의 없다고 믿었다. 둘째, 각국 대표들은 자국의 법과 관행이 자신만의 독특한 경험

50 W. Kip Viscusi, Joseph E. Harrington Jr. and John M. Vernon (ed.), *Economics of Regulation and Antitrust* (New York: MIT Press, 1995).

51 Kudrle(2012), pp.699-700.

52 Kudrle(2012), p.700; Frederic Jenny, "International Cooperation on Competition: Myth, Reality, and Perspective," *Antitrust Bulletin* 48(2003), pp.973-1003.

에 뿌리를 두고 있기 때문에 다른 나라들의 평가가 비생산적이라고 결론 내렸다.

경쟁정책 분야에서 나타난 몇 가지 수렴현상은 OECD의 틀 밖에서 일어 났다. EU는 정책 초점을 공식적인 제약에서 경제적 효과로 옮기겠다고 선언했다. 이는 사례 선정 과정에 참여하는 인력 중 법률 전문가보다 경제 전문가들이 비약적으로 많아진 결과였는데,53 이로써 미국에서 시작된 효율 성을 중시하는 정책 이념에 가까워졌다. 일본은 미국이나 유럽의 경로와는 대조된다. 일본은 1980년대부터 일본 시장진출을 꾀했던 외국의 압력에도 불구하고 효과적인 정책변화를 이루지 못했다. 그러다가 수년간의 경제침체 를 겪은 후 고이즈미Koizumi 정부는 보다 공격적인 경쟁정책을 추구하면서 이전의 '조화문화harmonization culture'를 대체할 '경쟁문화competition culture'가 필요하다고 선언했다. 결과적으로 거의 모든 국가들이 1945년에 미국이 처 음 주창했던 '효과 독트린effects doctrine'을 수용하게 되었다. 국제카르텔 규 제 등 많은 집행 문제에 관한 회원국 간 협력도 OECD 밖에서 진행되었다.

하지만 이 경우에도 OECD는 상호이해와 정보제공 등에 실질적인 기여를 했다. 경쟁위원회는 일찍이 1967년부터 협력 권고안에 대한 승인 과정을 감독한 바 있다. 또 1995년부터는 다른 회원국에게 영향을 미치는 조치의 통고 등 구체적인 협의 및 지원활동을 수행했다.54 비회원국과 글로벌 이해 상관자들을 상대로 한 개방 노력의 일환으로서 2001년부터 연례 경쟁포럼 Forum on Competition을 감독해오고 있다.55 한편, 경쟁정책 거버넌스에서

---

53 Kudrle(2012), p.701; Damien Neven, "Competition Economics and Antitrust in Europe," *Economic Policy* 21(2006), pp.741-791.

54 OECD, *Revised Recommendation of the Council Concerning Cooperation Between Member Countries on Anticompetitive Practices Affecting International Trade* (Paris: OECD, 1995); Hard Core Cartels (Paris: OECD, 2000).

55 Richard Woodward, "Towards 'Complex Multilateralism?' Civil Society and the Organization for Economic Cooperation and Development," Rianne Mahon and Stephen McBride (eds.), *The OECD and Transnational Governance* (Vancouver: UBC Press, 2008), pp.77-95.

OECD의 벤치마킹과 동료검토 제도는 성공하지 못하고 대부분 폐기되었다. 각국 경쟁정책의 초기 조건, 법률체계 및 관할권, 집행기제 등의 차이점이 장애물로 작용했다. OECD 경쟁위원회가 기술적·행정적 사안에 관해 많은 중요한 연구들을 조직하고 승인했지만, 회원국들이 학습이나 경쟁적 고려에 따라 정책을 변화시킨 것은 비교적 최근의 일이다. OECD 안팎에서 일어나는 경쟁정책의 수렴은 EU, 일본, 한국 등이 미국식 경쟁정책 모델을 수용했기 때문에 가능했다. 어떤 점에서 보면 OECD 내에서의 수렴은 OECD 활동에 참여한 정책결정자들 사이에서 발생한 학습의 결과일 수 있다. 그렇지만 선진국과 후진국을 막론하고 경쟁정책은 경제적 효율성에 기여한다는 믿음이 증가한 덕분이라고 해석된다.[56]

■ 개발협력

OECD 개발원조위원회[DAC]의 공여국들은 전 세계 공적개발원조[ODA]의 90% 이상을 제공하고 있다. 사무국 내 개발협력국에서 개발에 관련된 정책 입안, 정책 조정, 정보시스템 등을 통해서 개발원조위원회의 업무를 지원한다. DAC 의장은 개발협력국이 수집한 ODA 통계를 개발협력보고서[Development Cooperation Report] 형식으로 매년 발행한다. 이와 관련 OECD 개발센터는 개발 이슈를 비교 분석하고, 신흥국 및 개도국을 대상으로 비공식 정책대화를 촉진한다. 브라질, 칠레, 인도, 루마니아, 남아공, 태국 등 비회원국들은 개발센터의 구성원이다. 한편 사헬·서아프리카클럽[Sahel and West Africa Club]은 17개 서아프리카 국가들이 중장기적인 개발전략을 수립하고 실현할 수 있도록 돕는다. 최근에는 DAC 개혁방안, 새천년개발목표[MDGs] 이행을 위한 OECD 기여 방안, 취약 및 분쟁국가에 대한 지원방안, 2005년 합의한 원조효과에 관한 피리선언 이행방안, 개발을 위한 정책정합성 강화방안 등이 논의되고 있다.

한국은 1996년 OECD에 가입했으나, 그동안 산하 25개 위원회 가운데

---

56 Kudrle(2012), p.704.

국제기구와 경제협력·개발

OECD 개발원조위원회(DAC)

OECD DAC는 OECD의 전신인 유럽경제협력기구(OEEC) 산하에 1960년 설립된 개발원조그룹(DAG)에서 유래한다. 1961년 OEEC가 OECD로 전환되면서 DAG도 DAC로 개편되었다. 출범 당시 회원국은 12개국이었으나, 이후 노르웨이, 덴마크, 핀란드 등 북유럽 국가들과 스위스, 호주, 스페인에 이어 1980년대 이후 아일랜드, 포르투갈, 룩셈부르크 등이 가입하여 현재 23개 회원국과 유럽연합(EU)으로 구성되어 있다. 옵서버로는 IMF, 세계은행, UNDP 등 국제기구들이 참여하고 있다. OECD 회원국이면서 아직 DAC에 가입하지 않은 국가는 그리스, 아이슬란드, 멕시코, 터키, 헝가리, 체크, 폴란드 등 7개국이다. OECD DAC의 기본적인 역할은 원조의 양적 확대와 효율화를 도모하고, 회원국의 원조정책과 주요 프로그램에 대한 권고를 통해 공여국 간 정책 및 기준을 조정하는 일이다.

OECD DAC의 원조정책은 시기별로 다음과 같은 특징을 띠면서 변천해왔다.

- 1960년대: 남북협력 차원에서 농업 및 제조업 기반 육성 지원
- 1970년대: 기본욕구충족(거시적 성장목표에서 미시·후생목표로 전환)
- 1980년대: 시장경제지향을 위한 구조조정과 개혁(세계경제침체와 개도국 외채 부담가중)
- 1990년대: 스스로의 노력을 통한 지속개발
- 2000년대: 파트너십을 통한 국제 개발목표 달성
- 2010년대: 신원조정책 △공여국 주도의 원조협력체계에서 개도국 주도의 정책 이행 △사업단위 원조방식(project approach)에서 중기적 계획 방식으로 관리체계 변모 △지역연고 중심의 공적개발원조(ODA)에서 지구공동재원으로서의 ODA로 발상 전환 △개발정책의 일관성에 우선순위 부여

DAC에만 참가하지 못했다. 그러다가 2007년 7월에 2010년 DAC 가입을 목표로 설정한 후 2009년 11월 25일까지 가입 프로세스를 거친 후 2010년 1월 1일자로 회원국이 되었다. 가입 이전에도 2007년 9월 OECD와 비 DAC 공여국 회의를 개최하는 등 원조정책 대화를 개최하고 DAC회의 및 산하

작업반회의에 옵서버로 적극적으로 참여했다. 이때 새로운 DAC 개혁을 논의하기 위한 개혁그룹Reflection Group에 비 DAC 회원국으로 유일하게 회원으로 참가했다. 2011년 11월 29일 향후 3년간 세계개발원조정책 방향을 정하는 개발 분야의 최대 및 최고위급회의인 세계개발원조총회를 부산에서 개최하기도 했다.

V. 한국과의 관계

2016년은 한국이 OECD에 가입한 지 20년째 되는 해다. 한국은 1996년 12월 29번째로 회원국이 되었는데, 이는 한국 외교사에서 민주화와 지구화 흐름이 서로 맞물리는 상황에서 나온 부산물이었다. 1980년대 말 냉전 붕괴 이후 국제관계에서 경제적 이해관계가 중요해짐에 따라 냉전체제를 전제로 하던 한국의 경제외교는 변화가 불가피했다. 특히 세계무역기구WTO, 아태경제협력체APEC, 아시아유럽회의ASEM, 유럽연합EU, 북미자유무역지대NAFTA, 미주자유무역지대FTAA 등 협력과 통합 움직임이 확산되는 추세에 능동적으로 대응할 필요가 있었다.

이러한 상황에서 한국은 유엔안전보장이사회 비상임이사국 진출, APEC에 대한 적극적인 참여, 그리고 2000년 ASEM 정상회의 유치 등 보다 광범위하고 중추적인 국제협력 활동의 일환으로 OECD 가입을 추진했다. 한국은 OECD 가입을 통해 GDP 세계 15위, 무역규모 세계 9위, 자동차 생산 5위, 반도체 생산 2위 등 경제력에 상응한 국제적 지위를 확보하고 OECD 회원국들과의 유대 및 정책협조를 강화하고자 했다. 또 OECD 회원국들의 경제·사회정책 경험을 습득하고 새로운 국제 경제 및 무역 정책 논의에 조기 대응함으로써 궁극적으로 각 정책분야의 선진화를 꾀했다.

한국 정부는 이미 1980년대 초부터 OECD의 선박철강위원회에 참여하기

국제기구와 경제협력·개발

시작했고, 1980년대 말부터 미국을 비롯한 여러 OECD 회원국들의 가입 권유를 받았다. 그러나 한국 정부는 시장개방 압력이 더 커질 것을 염려하여 적극성을 보이지 않았다. 하지만 점차 선진국과의 무역마찰이 심화되자 세계경제질서의 자유화 물결에 능동적으로 대처하는 방향으로 선회했다. 1989년 OECD와 협력 사업을 추진했고, 1990년 2월 OECD 관련 기본방침을 정했다. 이때 한국은 경제여건이 성숙될 것으로 예상되는 1990년대 중반에 OECD에 가입할 것을 목표로 하고 산하 위원회 활동을 확대하기로 했다. 이를 위해서 1991년 4월 조사단을 파리 OECD 본부에 파견했다. 1992년 OECD 측에 '1990년 중반 가입의사'를 표명한 뒤 1995년 3월 29일 외무부 장관 명의로 OECD 가입신청서를 공식 제출했다.

1995년 11월부터 1996년 7월까지 OECD 가입조건에 관한 협의가 진행되었는데, 심사분야는 자본이동, 금융시장, 투자, 조세, 보험, 해운, 환경 등 7개, 그리고 정책검토는 경제정책, 무역, 농업, 노동 등 4개 영역이었다. 1996년 10월 11일 OECD이사회에서 한국을 신규 회원국으로 초청키로 결정했고, 10월 25일 외무부장관이 OECD 가입 협정에 서명했다.

한국-OECD의 관계는 1997년 외환위기를 기점으로 뜨거운 논란의 대상이 되었다. 논쟁의 쟁점은 OECD 가입에 따른 경제정책 변화가 외환위기를 초래했는지 여부에 관해서였다. 비판론에 따르면, OECD 가입은 한국의 외환위기를 촉발하는 등 많은 경제적·사회적 부작용을 낳았다. 한국 정부는 OECD 가입조건을 충족시키기 위해 성급한 금융개방을 단행했고, 그 결과 투기자본을 비롯한 국제금융시장의 변동성에 더욱 민감해졌다. 또 가입 이후에도 신자유주의 파고에 전면적으로 노출됨으로써 소득 양극화와 경제적 불안정성이 악화되었다.

이에 반해 긍정적인 평가를 내리는 입장에 따르면,[57] 외환위기는 OECD 가입 그 자체보다는 관치금융과 재벌체제 등 한국 경제의 만성적인 병폐에서

---

[57] "한국경제 선진화를 위한 OECD 활용 제고방안," *OECD Focus* 2004년 1월호, pp. 39-54.

기인한 것이다. 오히려 OECD에 가입한 덕분에 한국은 선진적인 경제운영 기법을 배울 수 있었고, 1998~2000년 외환위기를 신속하게 극복하고 지식기반 경제의 토대를 구상하게 되었다. 이것은 OECD 안에서 이뤄지는 토론과 동료압력과정peer pressure process에 노출됨으로써 선진 경제규범을 이해하게 되었기 때문이다. 외환위기 극복 과정에서 IMF나 세계은행, 아시아개발은행 등보다 오히려 한국경제에 대해 지속적이고 일관되게 정책을 평가해온 OECD의 역할이 중요했다는 지적이다. 실제로 당시 IMF가 제시한 지원조건conditionality의 내용이 OECD 가입 협상 당시 OECD가 분석해 놓은 것을 토대로 했다. 요컨대, 한국의 OECD 가입 20주년에 대해서, 한국경제 위기의 뿌리라는 평가와 글로벌 스탠다드 도입의 발판이라는 평가가 공존한다.

한국의 OECD 가입 과정

1978.6	블루멘탈(W. Michael Blumenthal) 미국 재무장관, 한국의 OECD 가입 거론
1980.1	OECD사무국, 한-OECD 경제협의회 개최 제의
1989.1	OECD사무총장, 아시아 신흥공업국 중 한국을 유력한 가입후보국으로 지칭
1989.3	한국, OECD에 연락관(Liaison Officer) 파견
1991.4	한국 정부조사단 OECD에 파견(4월, 9월, 11월)
1991.10	OECD사무총장 방한 시 한국 정부의 '1990년대 중반 OECD 가입' 의사 표명
1992.1	『제7차5개년계획』 후반기에 OECD 가입 추진키로 결정
1992.4	OECD각료이사회, 한-OECD 공식 접촉을 통한 한국 가입 문제 논의 환영
1993.6	OECD각료이사회, 한국의 OECD 활동 확대 환영 성명
1993.7	『신경제5개년계획』에 '1996년 OECD 가입 계획' 명시
1995.3	OECD 가입신청서 제출
1996.10	OECD 가입 정식 결정
1996.11~12	OECD 가입협정 비준안 국회 통과(11월) 및 OECD 가입서 프랑스 외무부 기탁(12월)

한국은 OECD 회원국 중에서도 가장 광범위한 분야에서 적극적으로 참여하고 있는 국가에 속한다. 그러나 OECD 내부는 물론 OECD를 발판으로 하여 글로벌 경제 거버넌스 전반에서 영향력을 확대하기 위해서는 지적 리더십이 절실히 요구된다. 이 점에서 매년 열리는 각료회의와 수시로 개최되는 부문별 장관급회의는 참여와 학습의 장으로서 매우 중요하다. 또 매년 한두 차례 한국에 유치되는 OECD 행사에 투입된 예산과 인력에 상응하여 운영상의 내실과 회의 성과의 활용도를 높일 필요가 있다. 나아가 수십 개의 산하 위원회 회장단에 보다 공세적으로 진출하고, 사무국 직원 중 한국인의 쿼터를 늘리도록 노력해야 한다.

VI. 결론

OECD는 거시경제, 무역, 사회 및 개발 등 경제 전반의 문제에 대해 분석하고 정책을 회원국에게 권고하며 필요한 경우에는 국제규범을 제정하는 정부간국제기구다. 회원국의 경제성장을 촉진하고 세계경제의 발전에 기여하는 데 일차적 목적을 뒀다. 또 개도국에 대한 개발 원조를 제공하며, 다자간 자유무역 원칙에 입각하여 세계무역의 확대를 꾀한다.

OECD는 기본적으로 동질적인 인식을 가진 회원국 간에 상호 관심 분야를 정부 차원에서 논의하고 입장을 조정하는 협의체다. EU, WTO 등 여타 공식 정부간국제기구와 다르게 OECD는 강제성보다는 회원국 간 합의에 기초하여 운영된다. 의제는 경제 분야뿐 아니라 삶의 질과 관련된 광범위한 분야를 아우른다. 합의사항은 회원국 간의 동료압력을 통하여 이행토록 하는 것이 원칙이며, WTO 분쟁해결절차와 같은 집행 수단은 갖춰져 있지 않다. 그럼에도 OECD에서 합의된 행동 규칙은 WTO와 같은 지구적 국제기구를 통하여 국제규범으로 발전하고 있다.

그러나 OECD는 효율성과 정당성 제고를 위해 해결해야 할 숙제도 안고 있다. 첫째, 그동안 선진경제의 문제를 중점적으로 다뤄왔는데 비회원국과의 유대 강화 차원에서 빈곤퇴치, 지속가능개발 같은 이슈에 관심을 기울일 필요가 있다. 이때 개도국이 무엇을 해야 하는가보다는 선진국이 무엇을 해야 하는지에 중점을 두어야 한다. 국가 간 부의 격차가 커지면 세계경제의 안정성이 저해될 수 있기 때문이다.

둘째, 반테러와 지구화를 조화시키는 것도 시급하다. 2001년 9·11 사태 이후 세계적으로 반테러정책이 강화되었으나 지구화의 심화에 부정적인 영향을 끼치기도 했다. 따라서 반지구화론과 반테러리즘의 목소리가 커지는 상황에서 경제적 상호의존의 이점을 극대화하는 전략이 요구된다.

셋째, OECD의 정치적 기초를 강화해야 한다. 전통적으로 미국 정부는 OECD에 대해 적극적인 지지를 보내지 않았다. 여러 원인이 제시될 수 있겠지만 미국의 일방주의 성향, 미국-EU·프랑스 간 감정대립 등이 크게 작용한 것으로 해석된다. 한국, 일본 등과 같은 비서구권 국가들의 중재자 역할이 필요한 대목이다.

마지막으로, 중장기적으로 지배구조 개혁을 추진할 필요성도 있다. 국제경제의 현안을 연구하고 이를 각국의 정책으로 구현하는 데 있어 OECD 규범의 구속력을 강화해야 한다. 각종 위원회의 관심 분야를 재조정할 필요도 있으며, 컨센서스 방식의 의사결정 방식도 재검토되어야 한다. 재정개혁과 관련하여 일부 유럽국가의 분담금이 지나치게 저평가되는 것을 감안하여 분담금 산출 공식을 재고할 여지도 충분하다.

더 읽을거리

✛ Held, David, and Anthony McGrew. *Globalization/Anti-Globaliza-tion: Beyond the Great Divide.* Cambridge: Polity Press, 2007.
현재 진행되고 있는 지구화 논쟁의 거의 모든 측면을 다루면서 지구화가 국제정치 연구에 주는 함의를 논하는 입문서이다.

✛ Shipan Charles R., and Craig Volden. "The Mechanisms of Policy Diffusion." *American Journal of Political Science* 52-4. 2008.
이 논문은 미국 도시들의 금연정책을 사례로 정책 확산 메커니즘의 네 유형, 즉 학습(learning), 경쟁(competition), 모방(imitation), 그리고 강제(coercion)의 작동 과정을 경험적으로 분석하고 있다.

✛ Simmons, Beth A., and Zachary Elkins. "The Globalization of Liberalization: Policy Diffusion in the International Political Economy." *American Political Science Review* 98-1. 2004.
자유주의 경제정책이 특정 시기와 지역에 집중되어 나타나는 점에 주목하고 국가 간 학습과정을 통한 정책 확산에서 그 원인을 찾고 있는 논문이다. 이와 더불어 *International Organization* 2006년 가을 특집호는 정책선택의 상호의존성에 초점을 맞춰 경제정책의 시간적·공간적 편차를 설명해주는 인과변수로서 확산 메커니즘을 찾으려고 시도하고 있다.

✛ Susan Park and Antje Vetterlein, ed. *Owning Development: Creat-ing Policy Norms in the IMF and the World Bank.* New York: Cambridge University Press, 2010.
이 책은 구성주의 관점에서 대표적 국제경제기구인 IMF와 World Bank에 의해 생성된 정책규범이 회원국의 실제 정책(양성평등, 부채탕감, 조세, 연금개혁 등)으로 언제 또 어떻게 실행되는지 탐구한다.

✛ OECD. *OECD Better Life Index*. Paris: OECD. http://www.oecdbe
tterlifeindex.org/

이 데이터베이스는 삶의 질은 GDP나 경제통계 상의 수치 그 이상이
라는 전제하에 물질적 생활여건과 삶의 질에 관련된 11개 지표(주거,
소득, 일자리, 공동체, 교육, 환경, 시민참여, 보건, 삶의 만족도, 안전,
일-생활 균형)를 바탕으로 각국 삶의 수준을 평가하고 있다.

세계은행의 진화 과정

조동준

> 세계은행은 내적으로 스스로 질문하여 개발에 관한 생각을 새롭게 해야 한다.
> … 다자주의에 기반한 국제기구는 새로운 사고에 개방적이어야 한다. 우리는 멈
> 추지 말아야 한다.[1]

I. 서론

세계은행집단은 국제부흥개발은행International Bank for Reconstruction and Development, 이하 세계은행, 국제개발협회International Development Association, 다자투자보증기구Multilateral Investment Guarantee Agency, 국제금융공사International Finance Corporation, 그리고 국제투자분쟁해결센터ICSID-International Center for the Settlement of Investment Dispute로 구성된 국제기구 군집이다. 세계은행집단은 개발도상국에게 재정적/기술적 원조를 제공하는 필수적 원천vital source이며,

---

빈곤을 퇴치하고 개발을 지지하기 위한 독특한 협업체계^{unique partnership}이다. 미국 워싱턴 DC에 있는 본부와 120개 이상의 지역사무소로 부서가 구분되며, 만 명이 넘는 직원을 고용하고 있다. 재정규모와 인력 면에서 개발 분야의 가장 큰 국제기구이다.[2]

세계은행집단이 빈곤 퇴치와 개발 지원이라는 선한 목적을 가지고 있기 때문에 당연히 칭찬을 받아야 할 것으로 예상되지만, 이면에는 다양한 비판이 종종 제기된다. 비판론자들은 세계은행의 총재가 미국 대통령에 의하여 사실상 임명되며 총재가 고위직을 정치적 고려로 임명한다는 점,[3] 수원국의 이해보다는 원조국의 이해를 반영하여 심지어는 수원국의 빈곤을 악화시킨다는 점 등을 비판한다.[4] 더 나아가 세계은행이 미국의 대외정책을 수행하는 도구로 사용되고 있다는 비판도 있다.[5] 세계은행의 선한 외형 뒤에는 이처럼 다양한 모습이 존재하고 있다.

이 글은 세계은행이 탄생하고 진화하는 과정을 세계정치가 변화하는 맥락에서 분석한다. 첫째, 1940년대 제2차 세계대전의 참화를 극복하고 개발도상국의 발전을 도모하기 위하여 승전국이 모색했던 여러 정책을 검토한다. 제2차 세계대전 이후 채권국으로서 미국은 세계 차원의 발전^{development}을 위한 다자 국제기구를 제안하였다. 반면, 제2차 세계대전의 참화를 겪은 서유럽은 전후 복구^{reconstruction}에 초점을 맞추었고, 개발도상국은 발전^{development}에 초점을 맞추었다. 세계은행은 전후 복구와 발전을 추구하는 상

---

2 World Bank Group, "About," http://www.worldbank.org/en/about(검색일: 2015. 2.3).

3 Lucy Komisar, "Interview with Joseph Stiglitz," *The Progressive*(June 2011); Christopher Swann, "Wolfowitz Clashes With World Bank Staff," Bloomberg News(2006.12.12).

4 ActionAid International, "What Progress? A Shadow Review of World Bank Conditionality 2006," *ActionAid International*(September 2006), p.9; Patrick Wachira, "Saitoti Slams World Bank Policies," *East African Standard*(2002.9.6).

5 Robert Hunter Wade, "US Hegemony and the World Bank: the Fight over People and Ideas," *Review of International Political Economy* 9-2(2002), pp.203-209.

이한 입장의 절충 지점에서 출범하였다. 둘째, 1960년대 세계은행은 빈곤 퇴치를 통하여 새로운 활로를 모색하였다. 경제성장이 아니라 빈곤이 사회적 문제의 출발점이라는 생각이 확산되면서, 세계은행은 낙수효과^{trickle-down-effect}를 통한 경제성장이 아니라 수원국에서 생활 조건을 향상시키는 쪽으로 방향을 돌렸다. 이렇듯 새로운 관할 영역을 확보함에 따라 세계은행은 제2의 도약을 하게 되었다. 셋째, 1990년대 세계은행은 신자유주의 입장을 수용하면서 새로운 형태로 변모하였다. 빈곤 퇴치와 발전이라는 목표에서는 변화가 없었지만, 이 목표를 달성하는 수단으로 시장을 중시하였다. 또한 작은 정부를 지향하는 신자유주의의 영향으로 인하여 역설적이게도 세계은행이 환경, 채무, 양성평등, 기후변화 등 다양한 영역까지 관할하게 되었다. 새로운 문제를 해결하기 위하여 새로운 국제기구를 만들기보다는, 기존 국제기구가 관할 영역을 확대함으로써 관료제의 확산을 막으려는 신념이 국제 사회에 투영되었기 때문이다. 국제사회는 세계은행의 몸집을 불려 새로운 문제에 대처하려 하였다. 즉, 새로운 국제기구의 출범을 막음으로써 국제기구 과잉을 피하려 하였다.

Ⅱ. 세계은행의 출범

제2차 세계대전 직후 인류는 두 가지 문제를 가지고 있었다. 먼저 제2차 세계대전으로 인한 참화를 극복해야만 했다. 과학기술의 발전에 기반한 새로운 무기체계와 전투방식이 제2차 세계대전에 집약적으로 도입되어, 전쟁에 직접 관여한 전투원과 군사적 자산은 물론 민간인과 민간 자산이 심각한 피해를 입었다. 제2차 세계대전을 자국에서 치르지 않은 일부 참전국을 제외한 모든 참전국에게 전후복구는 개별 국가의 자구 노력으로 해결될 수준이 아니었다. 동시에 인류는 장기간 지속되었던 지역 간 불균등 발전에 대처해야만 했다. 산업혁명 이후 급격한 발전을 경험했고 서유럽, 북미, 극동 일부 지역에서 식량부족의 문제가 해결되었지만, 대다수 인류는 빈곤 문제를 가지고 있었다. 제2차 세계대전 국제사회가 전후복구와 지역 간 불균등 발전의 문제를 동시에 모색하는 과정에서 세계은행이 출범하였다.

1. 제2차 세계대전의 피해

제2차 세계대전 중 인류의 파괴능력은 거의 무제한적으로 표출되었다. 전장에서 정규군 간 회전으로 전쟁의 결과가 확인되던 과거 전쟁 양상과 달리 20세기에는 민족주의 영향으로 총력전 양상이 본격화되었기 때문이다. 국민이 패전을 수용해야지만 전쟁이 종결되기 때문에 전투가 전투원과 군사시설은 물론 민간인과 생산기반을 대상으로 진행되었다.[6] 〈표 1〉은 제2차 세계대전 중 사망자 통계를 보여주는데, 전투가 전개된 국가에서 민간인 사망자가 전투원 사망자를 상회하고 있음을 보여준다. 특히, 소련과 중국에서 일어난 민간인 피해는 유례를 찾을 수 없을 수준이었다.

제2차 세계대전으로 인한 간접적 피해도 장기적인 영향을 끼쳤다. 전쟁으로 물자 공급이 제대로 이루어지지 않자 대부분 참전국 국민은 장기적 영양부족을 경험했다. 이는 당뇨병, 저발육, 심장질환과 같은 건강 문제로 이어졌다.[7] 생산가능연령에 있던 다수 남성이 전쟁 중 사망하자 경제성장에도 부정적 영향이 오랜 기간 이어졌다. 여성 인력이 대체 투입되어 남성의 공백을 일부 메웠지만, 제2차 세계대전은 성장 잠재력을 현저히 낮추어 놓았

---

6 제1차 세계대전 중 전쟁과 직접 연관된 사망자 중 민간인 비중이 5%였으나, 제2차 세계대전 중 전쟁과 직접 연관된 사망자 중 민간인 비중은 67%였다. 후방 민간인 시설에 대한 공격과 더불어 민간인이 비정규군 활동을 벌이면서 제2차 세계대전 중 민간 분야의 피해가 증가했다[World-War-2.info, "World War 2 Statistics," http://www.world-war-2.info/statistics/(검색일: 2015.1.20)].

7 Iris Kesternich et al., "The Effects of World War II on Economic and Health Outcomes across Europe," *Rand Working Paper* WR-917(2012), pp.13-17.

국가	참전군인	전사	전상	민간인 사망
호주	100.00	2.70	18.09	1.00
오스트리아	80.00	28.00	35.01	12.50
벨기에	62.50	0.85	5.55	7.60
브라질	4.03	0.09	0.42	0.00
불가리아	33.98	0.67	2.19	1.00
캐나다	108.63	4.20	5.31	0.00
중국	1725.05	132.45	176.20	775.00
체코슬로바키아	n.a.	0.69	0.80	29.40
덴마크	n.a.	0.43	n.a.	0.20
핀란드	50.00	7.90	5.00	0.20
프랑스	n.a.	20.16	40.00	35.00
독일	2000.00	325.00	725.00	160.00
그리스	n.a.	1.70	4.73	32.50
헝가리	n.a.	14.74	8.93	29.00
인도	239.39	3.21	6.43	2.50
이탈리아	310.00	14.95	6.67	15.30
일본	970.00	127.00	14.00	67.20
네덜란드	28.00	0.65	0.29	20.00
뉴질랜드	19.40	1.16	1.70	0.00
노르웨이	7.50	0.20	n.a.	0.70
폴란드	n.a.	66.40	53.00	568.00
루마니아	65.00	35.00	n.a.	20.00
남아프리카공화국	41.01	0.25	n.a.	0.00
소련	n.a.	611.50	1401.20	n.a.
영국	589.60	35.71	36.93	9.27
미국	1611.26	29.16	67.08	0.60
유고슬로바키아	374.10	30.50	42.50	1200.00

---

8 World-War-2.info, "World War 2 Casualties," http://www.world-war-2.info/casualties/(검색일: 2015.1.20).

<표 2> 제2차 세계대전 전후 국내총생산과 군비 비중[9]

	1938	1939	1940	1941	1942	1943	1944	1945
미국	800	869	943	1094	1235	1399	1499	1474
	(1%)	(2%)	(2%)	11%	31%	42%	42%	n.a.
영국	284	287	316	344	353	361	346	331
	15%	44%	44%	53%	52%	55%	53%	n.a.
프랑스	186	199	82	130	116	110	93	101
소련	359	366	417	359	274	305	362	343
독일	351	384	387	412	417	426	437	310
	23%	40%	40%	52%	64%	70%	n.a.	n.a.
이탈리아	141	151	151	147	144	137	117	92
	8%	12%	12%	23%	22%	21%	n.a.	n.a.
일본	169	184	192	196	197	194	189	144
	22%	22%	22%	27%	33%	43%	76%	n.a.
오스트리아	24	27	27	29	27	28	29	12

다. 제2차 세계대전과 간접적으로 연관된 사회적 병리 현상은 여러 세대에 걸쳐 지속되는 장기적 상처를 남겼다.

제2차 세계대전으로 인한 경제적 손실도 막대하였다. 미국과 영국을 제외하고는 자국에서 전투가 벌어졌던 모든 참전국의 생산능력이 전쟁 이전보다 떨어졌다. 1938년과 1945년을 비교하면 오스트리아는 50%, 프랑스는 45%, 이탈리아는 34%, 일본은 15%, 독일은 12%, 소련은 4%로 국내총생산율이 줄어들었다. 더 우려스러운 상황은 국내총생산에서 군비가 차지하는 비중이 줄었다는 점이다. 극단적으로 일본의 경우 1944년 군비가 국내총생산에서 차지하는 비중이 76%까지 달했다. 국내총생산이 줄어든 상황에서 군비가

---

9 Mark Harrison, *The Economics of World War: Six Great Powers in International Comparison* (Cambridge, UK: Cambridge University Press, 1998), pp.21-34. 국내총생산의 단위는 10억 달러(1990년 미국 달러화로 평가 환산됨)이다.

제2차 세계대전

제2차 세계대전은 1937년 8월 13일 중일전쟁 발발에서부터 1945년 8월 15일 일본의 군사행동 중지 선언 사이에 발생한 모든 군사행동을 포함한다. 당시 존재했던 주권국가 중 아일랜드, 포르투갈, 스페인, 스웨덴, 스위스 등 5개국만이 중립을 지켰다. 양자간 전쟁이 동시 다발적으로 진행되면서, 미국, 영국, 프랑스, 구(舊)소련, 중국을 포함하여 총 48개국이 연합국(United Nations)으로 결집하였고, 독일, 일본, 이탈리아를 포함하여 총 8개국이 주축국(Axis Powers)으로 결집하였다. 제2차 세계대전 중 전쟁으로 인한 직접적 사상자만 8천 5백만 명으로 추산될 정도로 유사 이래 최대 규모의 전쟁이었다.

제2차 세계대전 중 주축국과 전쟁을 벌이는 국가들을 모두 포함하는 임시 군사동맹으로서 연합국이 상설 국제기구로 진화하여 국제연합으로 제도화되었다. 제2차 세계대전 직후 형성된 다수 국제기구가 21세기 초반까지 활동하고 있는데, 이는 제2차 세계대전 중 형성된 국제질서의 영향이 여전히 강함을 의미한다.

차지하는 비중이 늘어가면서 민간 부분이 감당해야 할 경제적 피해는 증가하였다. 이와 더불어 전투로 인한 피해도 막대하였다. 베를린의 경우 75% 지역이 거주 불가능 상태의 잿더미로 변했고, 프랑스의 운송능력은 전쟁 전 60% 수준으로 떨어졌다.

2. 지역 간 불균등 발전

산업혁명 이후 발전된 지역과 저발전 지역 간 양극화 현상은 심화되었다. 1600년대까지 지역 간 차이는 무시할 정도였는 데 반해, 산업혁명 이후 서유럽, 북미, 일본이 비약적으로 발전했기 때문이다. 예를 들어 산업혁명 이전 인류의 기대수명은 지역별 큰 차이가 없이 대략 24세였지만, 1820년 발전 지역(서유럽, 북미, 일본)의 기대수명은 36세로 높아진 반면, 저발전 지역의 기대수명은 여전히 24세였다. 산업혁명의 긍정적 영향이 저발전 지역에도 조금 보급된 1900년 발전 지역의 기대수명은 46세인 반면, 저발전 지역(일본을 제외한 아시아, 아프리카, 남미, 동유럽)의 기대수명은 26세였다. 1950년 발전 지역의 기대수명은 66세까지 늘어난 반면, 저발전 지역의 기대수명은 44세였다.[10] 거시적 관점에서는 인류가 모두 산업혁명의 과실을 누리게 되었지만, 1950년대까지 지역 간 상대적 차이는 벌어졌다.

〈표 3〉 기대수명과 1인당 GDP[11]

	기대수명			1인당 GDP(1990=100)		
	1820	1900	1950	1820	1913	1950
프랑스	37	47	65	1230	3485	5270
독일	41	47	67	1058	3648	3881
이탈리아	30	43	66	1117	2564	3502
네덜란드	32	52	72	1821	4049	5996
스페인	28	35	62	1063	2255	2397
스웨덴	39	56	70	1198	3096	6738
영국	40	50	69	1707	4921	6907
미국	39	47	68	1257	5301	9561
일본	34	44	61	669	1385	1926
러시아	28	32	65	689	1488	2834
브라질	27	36	45	646	811	1672
멕시코	27	36	45	759	1732	2365
중국	n.a.	24	41	600	552	439
인도	21	24	32	533	673	619
아프리카	23	24	38	418	585	852

10 Angus Maddison, *The World Economy*, Vol.1 (Paris, France: OECD Publication, 2006), p.33.

11 *Ibid.*, p.185, p.195, p.203, p.206, p.215, p.224.

경제상황도 마찬가지였다. 현재를 기점으로 발전 지역과 저발전 지역을 나누어 발전의 역사적 궤적을 검토하면, 발전 지역의 경제상황이 1200년대 까지는 저발전 지역보다 좋지 않았다. 하지만, 1400년대 들어 발전 지역이 저발전 지역을 추월하였고, 1500년대 이후 격차가 조금씩 벌어지다가 산업 혁명을 거치면서 두 지역 간 격차가 급속도로 확대되었다. 1950년 발전 지역의 1인당 GDP는 저발전 지역의 1인당 GDP 3.5배로까지 증가하였다. 상대적으로 경제성장이 이루어졌던 舊소련을 제외하면 지역 간 격차는 4.31배

〈표 4〉 제2차 세계대전 주요 참전국의 인구와 1인당 GDP[12]

	인구 (단위: 백만)	1인당 GDP (1990=100)
연합국		
영국	47.5	5983
영국 자치령	30.0	3817
영국 식민지	453.8	627
프랑스	42.0	4424
프랑스 식민지	70.9	684
체코슬로바키아	10.5	2882
폴란드	35.1	2182
주축국		
독일	68.6	5126
오스트리아	6.8	3583
이탈리아	43.4	3244
이탈리아 식민지	8.5	304
일본	71.9	2356
일본 식민지	59.8	1052

---

12 Harrison(1998), p.21.

까지 이르렀다. 이후에도 지역 간 격차는 더 확대되고 있다.13 저발전 지역에서도 경제성장이 이루어졌지만, 발전 지역의 경제성장의 속도가 더 빨랐기 때문이다.

제2차 세계대전 이전의 아시아와 아프리카는 제2차 세계대전의 연합국 혹은 주축국의 식민지였다. 당시 정치지형에서는 아시아와 아프리카가 발전 지역에 포함된 듯 보이지만 실상 식민지와 모국 간 심각한 격차가 있었다. 영국 본토의 1인당 GDP는 식민지의 1인당 GDP 9.5배였고, 프랑스 본토의 1인당 GDP는 식민지 1인당 GDP 6.5배였다. 아프리카에만 식민지를 가졌던 이탈리아의 상황이 가장 나빴다. 이탈리아 본토 1인당 GDP는 식민지 1인당 GDP 10.7배에 달했다.

산업혁명

산업혁명은 18세기 중엽 영국에서 처음 등장한 경제생산방식의 급격한 변화를 지칭한다. 인력과 축력에서 수력과 화석연료에 기반한 동력이 경제활동에 사용되었고, 생산방식이 수공업에서 대규모 공장제로 바뀌었고, 기계와 화학물질이 생산활동에서 핵심적 역할을 담당하게 되었다. 방직산업에서 시작된 생산방식의 변화는 인접 분야로 확산되었다. 유럽, 북미, 일본이 19세기 이전 산업혁명을 먼저 경험하였고, 아시아 국가와 남미 국가는 20세기에 들어서 산업혁명을 경험하였다.

산업혁명으로 인하여 인류가 사용할 수 있는 물질적 재화가 풍성해지고 의료수준과 위생수준이 높아져 기대수명이 급격히 올라갔다. 또한 자연을 통제할 수 있는 능력이 증가하여, 자연적 장벽의 의미가 약화되었다. 동시에 전통질서의 붕괴로 인한 사회혼란, 환경오염, 인구 증가와 밀집 등 다양한 사회 문제가 동시에 등장하였다.

---

13 *Ibid.*, p.48.

3. 세계은행의 쌍둥이 목표: 전후 복구 vs. 발전

대공황 이후 자본주의 국가는 금융 협력의 필요성을 절실히 느끼고 있었다. 자본주의 각국은 국제수지적자를 대처하기 위하여 경쟁적으로 수입관세를 올리고, 자국의 통화가치를 평가절하고, 경제 블록을 형성하였다. 근린궁핍화정책이 대공황을 더욱 악화시키자, 미국, 영국, 프랑스는 세계경제를 안정화시키기 위하여 1930년대 여러 시도를 하였지만 합의에 이르지 못하였다. 이는 자본의 안정적 흐름을 위하여 국제금융시장에 통제를 가하려는 영국과 자본의 자유로운 흐름을 원하는 미국이 합의할 수 있는 공통분모를 찾지 못했기 때문이었다. 세계경제 주요국 간 이견이 지속되는 상황에서 경쟁적 근린궁핍화정책은 제2차 세계대전의 균열선을 고착시키는 결과를 초래하였다.

제2차 세계대전이 본격적으로 진행되는 1941년부터 미국과 영국은 전후 안정적인 국제금융질서를 구축하기 위하여 의견을 교환하기 시작하였다. 전쟁을 치르기 위하여 막대한 채무를 진 영국은 국제수지적자에 대처하기 위하여 자금을 빌려주는 은행을 구상하였으나, 미국은 이 구상에 반대 입장을 분명히 하였다. 채무국에게 자금을 빌려주는 은행이 만들어지면 채무국이 채무를 해결하기보다는 국제은행에 기댐으로써 궁극적으로 채무를 변제하지 않게 될 위험이 있었기 때문이다. 미국은 채무국의 자금 인출에 강력한 제한을 두는 방안을 선호했다. 양국 간 입장 차이가 있었지만, 채권국 미국의 입장이 점차 우세하게 되었다.

동시에 미국은 저발전 지역의 발전 문제를 제2차 세계대전 후 어떻게 다룰 것인가를 고려하기 시작하였다. 제2차 세계대전을 통하여 미국이 초강대국으로 부상하게 되면서 국제사회의 여러 문제를 다룰 수밖에 없었는데 그 중 저발전 문제도 다루어야했기 때문이다. 1941년 주축국에 반대하는 국가들이 모여 전시동맹인 "연합국The United Nations"을 만들었는데, 최초 26개국 가운데 10개국이 저발전 지역에 있었다.[14] 따라서 미국은 저발전 상태에 있는 전시동맹국을 고려하는 전후 국제경제질서를 구상해야만 했다. 또한, 미국은 "연합국"에 가입한 국가 가운데 직접 제2차 세계대전을 치르고 있는 국가들의 전후복구에도 관여할 수밖에 없었다. 경제전쟁위원회Board of Economic Warfare는 미국과 영국이 출연한 재원에 기반한 국제개발기구International Development Authority를 구상하였고 미국 재무부는 "연합국"에 가입한 모든 국가가 재원을 출연하는 은행을 구상하고 있었다.[15] 경제전쟁위원회가 담당하는 기능을 몇 차례 변경하면서 경제 부처를 장악하지 못하는 상태에서 미국 재무부의 안이 미국 정부의 공식 입장이 되었다.

1942년 미국 재무부는 전후복구와 개발을 담당할 국제기구에 관한 안을 공식적으로 "연합국"에 선보였다.[16] 재무부는 1942년 3월 제안서를 통하여 발전과 전후복구를 담당할 은행의 창설을 제안하였다. 구체적으로 경제재건, 구호, 회생에 필요한 막대한 자금을 제공하기 위하여 은행이 필요하다고 하였다.[17] 미국 재무부는 100억 달러 규모의 재원을 가진 은행을 구상했었다. 미국 의회가 허용할 수 있는 한도를 25억 달러로 잡고 미국의 출연금이 25% 정도에 이를 것으로 예상했었기 때문에 출연금의 규모는 암묵적으로 약 100억 달러였다. 출연 당시 분담금의 50%를 내고, 차후 50%를 완납하도록 구상되었다.[18]

미국 재무부의 안은 1944년 브레턴우즈 협상의 밑그림이 되었다. 미국은

---

14 최초 가맹국 가운데 인도와 남미 9개국(코스타리카, 쿠바, 도미니카공화국, 엘살바도르, 과테말라, 아이티, 온두라스, 니카라과, 파나마)이 저발전 지역에 있었다. 이후 "연합국"에 가입한 국가 가운데 프랑스 제외한 모든 국가들이 저발전 지역에 있었다.

15 Robert W. Oliver, "Early Plans for a World Bank," *Princeton Studies in International Finance* 29(1971), pp.19-25.

16 재무부 제안서의 제목은 "Suggested Plan for a United and Associated Nations Stabilization Fund a Bank for Reconstruction and Development of the United and Associated Nations"으로 White Plan으로 불린다. White Plan의 핵심은 국제금융시장의 안정을 위한 기금에 있었고, 전후복구와 발전은 부차적 중요성을 가졌다.

17 Richard N. Gardner, *Sterling-Dollar Diplomacy: The Origins and the Prospects of Our International Economic Order* (New York, NY: McGraw-Hill, 1969), pp. 84-85.

18 최초 분담금의 50%를 납입할 때, 그중 50%는 금으로 나머지 50%는 자국 화폐로 납입하도록 구상되었다.

브레턴우즈 협상

브레턴우즈 협상의 공식 명칭은 '연합국 통화금융회의(United Nations Monetary and Financial Conference)'다. 1944년 7월 1일부터 22일 제2차 대전 중 연합국에 가입했던 44개국으로부터 파견된 730명이 미국 뉴햄프셔 브레턴우즈에 모여 제2차 대전 후 국제금융질서를 논의하고 합의에 이르렀다. 금융질서의 안정과 자본의 자유로운 이동을 이루기 위하여 참가국은 금으로 평가한 통화가치를 고정하기로 결정하였고, 고정 통화가치를 유지하기 위하여 국제통화기금을 창설하기로 합의하였다. 또한, 제2차 대전으로 인한 피해를 복구하고 연합국 내부에 존재했던 저발전 문제를 대처하기 위하여 국제부흥개발은행을 설립하기로 합의하였다.

세계은행이 전후복구와 발전을 동시에 다루길 원했다. 초기에는 전후복구에 더 많은 재원이 투여되더라도 여전히 발전에 상대적으로 더 집중함으로써 조직의 안정성을 유지하려고 했다. 반면, 영국은 전후복구에 초점을 맞추어 발전이 차지하는 비중을 가능한 낮게 잡으려 하였고, 전후복구가 완료된 후에야 발전에 재원이 투여되어야 한다는 입장을 취했다.[19] 개발도상국은 세계은행이 저발전 지역의 발전을 위한 원조에 집중해야 한다는 입장을 취했다. 미국 재무부의 안은 영국과 개도국 사이에 위치했었는데, 결국 미국의 막강한 경제력으로 인하여 세계은행이 현실화되는 과정에서 이 안이 세계은행의 골격이 되었다.[20]

1946년 공식 출범한 세계은행은 120억 달러의 자본금을 활용하여 전후복

---

19 U.S. Department of State, *Proceedings and Documents of the United Nations Monetary and Financial Conference* (Bretton Woods, N.H., July 1-22, 1944), vol.1(Washington, DC: Government Printing Office, 1948), p.84.

20 Devesh Kapur et al., *The World Bank: Its First Half Century* (Washington, DC: Brookings Institution Press, 1997), pp.57-61. 출범한 세계은행의 공식 이름이 "Bank for Reconstruction and Development"인데, 이는 세계은행의 초점이 전후복구에 더 가까움을 암시한다. 개발도상국의 통일된 목소리는 세계은행의 헌장에 "저발전국(less-developed countries)"이 원조 대상국으로 표시되는 수준에 그쳤다.

구와 발전을 위하여 자금을 대여하는 역할을 담당하게 되었다. 세계은행 회원국이 전후복구 또는 발전에 필요한 재원을 세계은행에 요청하면, 세계은행은 이를 심사하고 시장 이자율에 따라 재원을 빌려준다. 또한, 융자를 받은 회원국은 정해진 기한 안에 이자와 원금을 납입한다. 따라서 세계은행은 일방적 원조 기관이 아니라 은행이다. 단기적으로 신용상태가 좋지 않고 장기적 불균형에 처해 신용상태가 건전하지 못한 국가들은 국제시장에서 시장이자율보다 높은 이자를 지불하면서 자금을 차입해야 하는데, 세계은행은 신용상태가 건전하지 못한 개발도상국에게도 시장이자율로 자금을 빌려주기 때문에 매력적인 신용대여 기관이 되었다.

III. 외부 충격과 세계은행의 진화

세계은행은 제2차 세계대전에 참전한 연합국의 전후복구와 제2차 세계대전에 부차적으로 관여했던 연합국의 발전을 동시에 구현하려는 목적으로 1946년 공식 출범하였지만, 실질적으로 전후복구과정에서 부차적 지위를 차지하게 되었다. 세계은행이 전후복구에 필요한 재원을 감당할 수 없는데다 미국이 전후복구에 필요한 재원을 직접 공급하기 시작했기 때문이다. 세계은행은 국제정치 상황의 변화로 인하여 원조에 집중하기 시작하였다. 이후 세계은행은 1960년대 후반 수원국의 생활조건 개선에 집중하는 원조 방식을 도입하여 낙수효과trickling down effect를 기대하던 원조 방식을 변경하였다. 반면, 1980년대 세계은행은 시장 친화적 원조 방식을 도입하면서 동시에 내부 관료화를 극복하려고 하였다. 이는 신자유주의 영향인데, 1980년대 미국과 영국에서 우세를 점한 신자유주의가 세계은행에도 큰 영향을 미쳤다. 이 절은 세계은행이 발전을 위한 원조 방식을 변경했던 두 변곡점에 집중하면서 세계은행의 변화를 기술한다.

국제기구와 경제협력·개발

1. 냉전의 후폭풍: 전후복구에서 발전으로

세계은행은 설립 직후부터 전후복구와 개발원조에 있어 주변적 역할을 담당하게 되었다. 세계은행이 1947년 활동을 개시할 때만 하더라도 전후복구에 초점이 맞추어져 있었다. 세계은행은 1947년 프랑스의 전후복구를 위한 차관을 최초 제공하였고, 이후 네덜란드, 룩셈부르크, 덴마크에게 전후복구를 위한 차관을 제공하였다. 동시에 제한적으로 칠레, 멕시코, 이란 등 개발도상국의 발전을 위한 차관도 제공하였다. 전후복구와 발전 사이에서 균형을 잡으려던 세계은행이 직면한 현실은 세계은행의 창설자들이 예상했던 것보다 냉혹했다. 전후복구에 필요한 자금은 세계은행이 감당할 수준을 넘었고,21 전후구호 활동은 주로 연합국구제부흥기관United Nations Relief and Rehabilitation Administration이 담당하였다.22 따라서 세계은행은 1940년대 이미 전후복구에 있어 주변적 역할을 담당할 수밖에 없었다.

냉전은 전후복구의 지형도를 완전히 바꾸었다. 초기 세계은행의 설립에 서명했던 구(舊)소련, 폴란드, 체코슬로바키아가 세계은행에 참여하지 않았다. 3개국의 분담금 비중이 16%에 불과했지만, 공산권의 이탈로 세계은행은 서방 국가의 이해를 반영하게 되었다. 또한 구(舊)소련의 팽창을 막기 위하여 미국이 심리적-경제적 봉쇄를 해야 한다는 의견이 미국 사회에서 확산되었다. 제2차 세계대전의 전시동맹이 깨지고 미국이 구소련의 영향력 확산을 막기 위하여 1948년부터 1951년까지 유럽부흥계획European Recovery

---

21 International Bank for Reconstruction and Development(이하 IBRD), *Second Annual Report to the Board of Governors for the year Ended June 30, 1947* (Washington, DC: IBRD, 1947), p.7.

22 연합국구제부흥기관(United Nations Relief and Rehabilitation Administration)은 연합국에 가입한 44개국의 합의에 의하여 1943년 11월 9일 창설되었다. 제2차 세계대전으로 인하여 발생한 이재민에게 구호물품과 필요한 용역을 제공하고, 경제 부흥에 필요한 지원을 감당하였다. 1943년부터 1947년까지 유럽에서 활동했고 중국에서는 1949년까지 활동했다. 연합국이 출연한 37억 달러를 운영자금으로 사용했다. 연합국구제부흥기관이 전후구호를 위하여 사용한 금액이 1940년대 세계은행의 총 여신을 상회했다.

Program, 마셜플랜을 통하여 총 127억 달러를 서유럽 국가의 재건에 투자하였다. 또한, 미국은 일본의 재건에도 관여하여 1946년부터 1951년까지 21.3억 달러를 제공하였다.23 이렇게 미국이 전후복구를 위하여 막대한 원조를 제공하면서, 세계은행의 전후복구 사업은 상대적으로 주목을 받지 못하게 되었다. 미국의 양자 원조 총액이 당시 세계은행의 전체 출연금에 버금갈 정도로 전후복구에서 미국이 중요한 역할을 담당하였다.

미국의 양자 원조가 전후복구에서 중요한 비중을 차지하게 되자, 세계은행은 1950년대부터 발전에 초점을 맞추기 시작하였다. 유럽국가를 위한 융자가 차지하는 비중이 20%로 떨어진 반면, 아시아 국가를 위한 융자가 차지하는 비중이 38%까지 올랐다. 이미 1950년대 세계은행의 활동과 전후복구

〈표 5〉 세계은행의 자금지원(지역별)[24]

(단위: %)

	유럽	중동/ 북아프리카	아시아	아프리카	남미
1946~49*	81	0	0	0	19
1950~59*	20	5	38	15	22
1960~69*	12	7	40	12	28
1970~79	4	32	32	11	22
1980~89	4	32	32	13	19
1990~99	3	34	34	14	16
2000~09	5	34	34	13	14
2010~13	6	35	35	11	14

* 1946년부터 1969년까지 통계자료는 IBRD 융자만 포함함; 1970년 이후 통계자료는 IBRD와 IDA의 융자를 모두 포함함

---

23 United States Agency for International Development, "U.S. Overseas Loans and Grants," https://eads.usaid.gov/gbk/(검색일: 2015.1.20).
24 Kapur et al.(1997), p.6; The World Bank, "IBRD Loans and IDA Credits," http://data.worldbank.org/(검색일: 2015.1.20).

는 부정합상태였다. 1960년대 이후 유럽이 차지하는 비중이 더 떨어지고, 중동과 아시아가 차지하는 비중은 커졌다.

세계은행은 개발도상국의 발전을 도모하기 위하여 파생 국제기구를 만들었다. 첫째, 사적 투자가 개발도상국으로 안정적으로 유입될 수 있도록 국제금융공사International Financial Corporation를 1956년 설립하였다. 국제금융공사는 개발도상국에 정부의 지급보증을 요구하지 않고 대출을 해주는 동시에 개발도상국에 직접 투자를 진행한다. 세계은행의 융자조건이 개발도상국에 부합하지 않고 발전을 위한 자금이 예상보다 많이 필요하자, 세계은행은 자체 변화를 모색하기보다는 파생기구를 창설하는 선택을 하였다. 둘째, 국제금융시장의 이자율이 버거운 개발도상국에게 낮은 이자율로 자금지원을 집행하기 위하여 국제개발협회International Development Association를 1961년 출범하였다. 국가를 1인당 GNP 940달러 이하로 정해, 유리한 상황조건 아래서 개발도상국만을 대상으로 융자를 제공하였다.25 국제개발협회의 재원은 세계은행과 국제금융공사가 출연한 30억 달러에서 시작했지만, 총 17회 추가 재원을 마련하면서 세계은행에 버금갈 정도로 성장하였다. 셋째, 개발도상국에 대한 직접 투자가 안정적으로 진행되기 위하여 투자분쟁해결기구 International Centre for Settlement of Investment Disputes를 1966년 출범하였다. 개발도상국의 자의적 개입으로 투자 위험이 올라가는 것을 막기 위하여 투자분쟁해결기구는 투자와 관련된 분쟁을 조정 또는 중재에 의하여 해결하기 위한 여러 가지 편의를 제공한다.

---

25 상환기간이 50년이며, 10년 거치 후, 다음 10년간은 매년 원금의 1%, 나머지 30년간은 3%씩 납부한다. 또한 차입국 국제수지에 미치는 영향을 고려하여 차입국 통화로 상환할 수도 있다.

2. 낙수효과에서 생활조건 개선으로

낙수효과이론은 미국에서 1920년대부터 주류 이론이 되었다.26 연방정부의 경제정책이 상위계층에게 혜택이 가도록 집행되면 결국 경제성장의 효과가 사회경제적 하위계층으로 조금씩 내려가 사회 구성원 전체에게 긍정적 효과를 가지게 된다는 믿음이 확산되었다. 상위층의 구매로 인한 시장규모의 확대가 장기적으로 가격 하락의 효과를 가져오거나, 상위층의 소비로 인한 신규 고용이 궁극적으로 하위층의 구매력 향상으로 이어지는 다양한 경로가 보고되면서, 낙수효과이론은 미국에서 보편적 진리처럼 수용되었다. 제2차 세계대전 승전국 미국은 낙수효과이론의 발전을 위한 원조에도 투영하였다.

전후 세계은행은 낙수효과이론에 기반한 개발원조를 시행하였다. 세계은행의 설립 과정에서 미국의 역할이 막대하였고 미국의 인재가 세계은행으로 진입하였기 때문에, 세계은행도 미국의 지적 영향권에 포함되었기 때문이다.27 세계은행의 정책결정자들은 거시경제의 성장을 위하여 자금이 투여되면 궁극적으로 사회 구성원 전체가 혜택을 입게 된다는 믿음을 가졌다. 따라서 하위층에 대한 지원과 재분배보다는 거시 경제성장에 초점을 맞추는 관행이 만들어졌다.

낙수효과이론은 1960년대 도전을 받기 시작하였다. 개발도상국에 자금이 투여되었지만, 경제성장이 예상보다 느리고 경제성장의 효과도 하위계층으로 확산되지 않았기 때문이다. 개발도상국에서 경제적 활동으로 인한 이익은 개발도상국에 재투자되지 않고 선진국으로 유출되었고, 경제성장의 속도보다는 인구 증가가 더 빠르게 진행되었다. 개발도상국의 소득불균형이 더욱 심화되었다. 발전의 저발전의 이면이라는 주장이 쉽게 수용될 정도였다. 세계은행의 융자 관행은 1960년대 중반 심각한 도전에 직면했다.

---

26 Amity Shlaes, *The Forgotten Man, New York* (NY: HarperCollins, 2007), p.128.
27 Kapur et al.(1997), p.115, pp.217-218.

낙수효과

사회경제적 상위계층의 소득이 증대되면 전체 소비가 증가하고, 이는 생산 증가와 고용 증가로 이어져 궁극적으로 사회경제적 하위계층에게도 긍정적 효과가 궁극적으로 돌아간다는 주장이다. 이 주장은 국가의 전체 부의 증가에 초점을 맞추기 때문에 경제정책을 분배보다는 성장에 초점을 맞춘다. 낙수효과의 반대편에 있는 경제 주장이 분수효과인데, 이는 사회경제적 하위계층의 소득이 증가하면 소비 증가, 생산 증가, 고용 증가로 이어진다고 주장한다.

〈표 6〉 세계은행의 사업(분야별)[28]

(단위: %)

	1차산업	행정	교육	금융	의료	에너지	운송	위생	산업
1947~49	33						67		
1950~59	9			6			85		
1960~69	22	0	4	14			53	3	
1970~79	42	0	7	13			27	7	
1980~89	28	13	6	11	4	5	17	8	6
1990~99	8	31	5	10	9	9	9	6	12
2000~09	6	28	8	9	13	8	10	7	9
2010~14	7	30	8	6	14	8	10	9	7

---

28 The World Bank, "World Bank Projects & Operations," http://data.worldbank. org/(검색일: 2015.1.20). 세계은행이 승인한 사업에는 세계은행의 융자, 지구환경금융(Global Environmental Facility; 유엔개발계획(UNDP)·유엔환경계획(UNEP)·세계은행(IBRD) 등 3개 기관이 공동 관장)의 자금 지원, 몬트리올 의정서 이행 기금(Multilateral Fund for the Implementation of the Montreal Protocol; 유엔개발계획(UNDP)·유엔환경계획(UNEP)·세계은행(IBRD)·유엔공업발전기구(UNIDO)를 통하여 집행), 이산화탄소상쇄(Carbon Offsets)를 위한 사업, 최빈국의 채무 변제를 위한 지원, 수원국의 채무이행에 관한 약속 등을 포함한다.

1968년 맥나마라^{Robert McNamara}가 세계은행의 총재로 취임하면서, 세계
은행의 초점이 경제성장에서 빈곤퇴치로 일정 정도 옮겨졌다. 빈곤이 공산
주의 확산에 유리한 조건이기 때문에 빈곤 퇴치가 경제성장보다 시급하다는
정책적 판단이 세계은행에도 투영되었다. 세계은행의 초점 변화는 세계은행
이 승인한 사업에서 드러났다. 1940~50년대 세계은행은 도로, 항만, 철도,
항공 등 경제성장에 필요한 사회간접자본을 구비하기 위한 사업과 1차 산업
의 발전에 필요한 사업을 집중적으로 승인했다. 1960년대 들어 이 관행이
약화되면서, 위생, 교육 등 수원국의 하위계층에게 직접 혜택이 돌아가는
사업을 승인하기 시작하였다. 수원국의 하위계층을 대상으로 하는 사업은
이후 더욱 확대되었다. 또한, 세계은행의 융자 방식도 변경되었다. 구조조
정과 산업기반시설을 구축하기 위한 융자에서 특정 분야에서 구체적 목표를
달성하기 위한 사업별 융자로 바뀌었다. 세계정치지형의 변화가 세계은행의
사업에도 영향을 미쳤다.

3. 신자유주의의 영향

1970년대 인플레이션과 저성장이 동시에 진행되면서, 신자유주의가 대안
으로 인정을 받을 수 있는 지적 환경이 마련되었다. 1973년 1차 석유파동
이후 각국은 재정지출 증가, 이자율 인하, 공공정책실행 등 유효수요를 창출
하기 위하여 다양한 정책을 시도했지만, 불황이 극복되지 않았고 통화량이
증가하고 인플레이션이 장기화되는 결과로 이어졌다. 이미 석유가 세계경제
의 동력이 된 상황에서 석유가격 상승으로 인한 구조적 부담이 인위적 유효
수요창출의 효과를 압도하였기 때문이다. 제2차 세계대전 이후 통념처럼 수
용되었던 케인즈 학설에 기반한 경제정책이 긍정적 효과를 가져오지 못하
자, 대안을 모색하는 움직임이 일어났다.

반면, 통화주의가 유력한 대안으로 떠올랐다. 통화주의는 통화 공급이 모든
경제현상에 중요한 영향을 미치는 원인 변수이며 통화량 공급이 고용증가로

신자유주의

신자유주의는 고전자유주의의 핵심 신념(사람의 합리성, 진보와 발전에 대한 신뢰, 개인의 자유, 소유권 등)을 이어받는다. 반면, 사회가 원자적 사람으로 구성되며 개인에게 방임적 자유가 허용되어야 한다는 고전자유주의의 사회관을 부정하고, 사람의 자발적 참여로 인하여 형성된 사회가 유기체적 공동체의 성격을 가진다고 가정한다. 따라서 사람의 자유와 존엄성은 원자적 개인에게 천부인권으로 주어지기보다는 문화적, 사회적, 자연적 조건의 향상과 더불어 신장된다고 파악한다.

경제 문제에 있어서 고전자유주의는 경제 주체의 무제한적 자유, 국방과 국내 치안만 감당하는 작은 정부를 옹호하는 반면, 신자유주의는 개인은 물론 공동체의 경제성장과 안정에 도움을 준다는 전제 조건 아래 국가의 경제개입을 옹호하며 개인의 경제적 자유에 대한 제한을 용인한다. 즉, 경제 주체의 자유와 국가의 시장 측면에서 신자유주의는 고전자유주의와 케인즈 경제학 사이에 존재하는데, 고전자유주의에 가깝다.

이어지지 않는다는 점을 경험적으로 증명하였다.[29] 통화주의는 인플레이션과 실업이 주요 쟁점이었던 1970년대 경제상황에서 인플레이션을 통제하기 위하여 통화량을 줄이라는 정책대안을 제시하였다. 이는 장기적으로 국가가 통화량 공급에 영향을 미칠 수 없도록 만들고 중앙은행을 정치적 압력으로부터 절연시키는 조치였다.[30] 국가가 시장 개입을 줄여야 건전한 경제가

---

[29] Leonall C. Anderson and Keith M. Carlson, "A Monetarist Model for Economic Stabilization," *Federal Reserve Bank of St. Louis Review* 52-4(1970), pp.7-25; Richard G. Davis, "How Much Does Money Matter?" *Federal Reserve Bank of New York Monthly Review* 51-4(1969), p.119; Milton Friedman and David Meiselman, "The Relative Stability of Monetary Velocity and the Investment Multiplier in the United States, 1897-1958," Commission on Money and Credit, ed., *Stabilization Policies* (New York, NY: Prentice-Hall, 1963), pp.165-268.

[30] J. Bradford De Long, "The Triumph of Monetarism?" *Journal of Economic Perspectives* 14-1(2000), pp.88-91; R. W. Haffer and David C. Wheelock, "The Rise and Fall of a Policy Rule: Monetarism at the St. Louis Fed, 1968-1986,"

유지된다는 신자유주의의 핵심 논리가 통화주의에 의하여 마련되었다.

미국과 영국에서 신자유주의의 우세는 세계은행의 활동에 큰 변화를 가져왔다. 1979년 영국 대처 행정부의 출범과 1981년 미국 레이건 행정부의 출범 이후 신자유주의가 세계은행으로 본격적으로 유입되었다. 미국과 영국이 세계은행의 최대 주주이기 때문에, 미국과 영국에서 담론 경쟁은 시차를 두고 세계은행에 투영될 수밖에 없었다. 1980년대 세계은행은 '자유화'와 시장의 역할을 화두로 내세웠다. 1980년대 채무위기가 진행되는 상황에서 세계은행은 융자를 신청하는 국가들에게 시장의 역할을 높이는 구조조정을 요구하였다. 또한, 채무 변제를 위하여 추가 채무를 지게 되는 국가를 대상으로 하는 융자의 경우 사금융기관을 통한 융자를 포함함으로써, 채무국이 시장의 요구에 민감하게 반응할 수밖에 없도록 하였다. 1980년대 중반 미국이 세계은행의 경량화를 추진할 정도로 신자유주의의 영향을 크게 받았다.

냉전기 신자유주의의 영향은 다자투자보증기구Multilateral Investment Guarantee Agency의 창설에서 확인된다. 다자투자보증기구는 개발도상국에 대한 민간투자를 보장함으로써 투자를 촉진하기 위하여 1988년 설립되었다. 구체적으로 다자투자보증기구는 민간투자에 대한 비상업적 위험을 보증하는데, 이는 이전위험, 권리박탈위험, 계약위반위험, 전쟁 및 내란 위험 등을 포함한다. 다자투자보증기구가 개발도상국을 대상으로 하는 투자를 보증함으로써 민간 자본이 개발도상국으로 더 많이 유입되었다.[31] 개발원조에서 공적기관의 역할을 줄이고 민간부분의 역할을 늘이려는 분위기가 다자투자보증기구라는 파생 국제기구의 출범으로 이어졌다.

냉전 이후 세계은행에서 신자유주의의 영향력은 더 커졌다.[32] 서방의 경

Federal Reserve Bank of St. Louis Review 83-1(2001), pp.15-17.

31 1988년부터 2014년 다자투자보증기구가 보증한 사업 규모는 총 332억 달러이다 [MIGA, *Annual Report 2011*(Washington, DC: MIGA, 2011), p.72; MIGA, *Annual Report 2014*(Washington, DC: MIGA, 2014), p.5].

32 2008년 세계금융위기 이후 신자유주의를 비판하는 목소리가 세계은행 내부에서도 있는 듯 보이지만, 신자유주의 원칙에 대한 비판이라기보다는 신자유주의의 과거 예측과

제정책과 사회주의 경제정책이 경쟁하던 냉전기에는 지적 다양성이 있었고 실제 정책에서 선택의 여지가 있었지만, 냉전 이후에는 서방의 경제정책이 세계를 압도하게 되었기 때문이다. 세계은행에서 신자유주의의 증가한 영향력은 두 측면에서 확인된다. 첫째, 세계은행의 융자 조건이 자유화와 직접 연결되었다. 비교우위에 기반한 무역 확대, 시장의 역할 확대, 투명성 제고 등이 세계은행의 융자와 연결되었다. 개발도상국의 발전을 가로막는 장애물이 국가의 시장개입이라는 전제 아래서 시장이 제대로 작동할 수 있는 환경을 만들기 위한 사업이 본격화되었다. 〈표 6〉에서 확인되듯이 행정 분야에 대한 융자와 사업이 1980년대 이후 급증했는데, 이는 시장의 활동을 원활하게 만드는 사회적 환경의 조성과 연관되어 있다. "좋은 행정good governance"이 세계은행의 주요 목표가 되었다. 둘째, 세계은행이 개발과 전후복구 이외의 다른 영역을 관할하게 되었다. 외부 개입을 통하여 사회적 문제를 해결할 수 있다는 믿음이 강했던 시기에는 특정 쟁점을 해결하기 위하여 국제기구가 만들어지는 관행이 있었다. 제2차 세계대전 이후 다양한 국제기구의 출범 이면에는 외부 개입의 효과에 대한 믿음이 있었다. 반면, 신자유주의가 우세를 점한 1980년대 이후 기존 국제기구가 새로운 쟁점을 관할하는 경향이 나타났는데, 세계은행의 관할 영역 확대가 대표적.예다. 세계은행은 원조는 물론 지구환경금융, 몬트리올 의정서 이행 기금, 이산화탄소상쇄Carbon Offsets를 위한 사업, 최빈국의 채무 변제를 위한 지원, 수원국의 채무이행에 관한 사업 등을 순차적으로 관할하게 되었다.[33]

부합하지 않은 현상을 신자유주의의 틀 안에서 재해석하는 과정으로 이해된다(Kate Bayliss et al., "The World Bank, Neo-Liberalism and Development Research," in Elias Van Waeyenberger et al., eds., *The Political Economy of Development: The World Bank, Neoliberalism and Development Research* (London, UK: Pluto, 2011), pp.3-25).

33 Katherine Marshall, *The World Bank* (New York, NY: Routledge, 2008), pp.49-52.

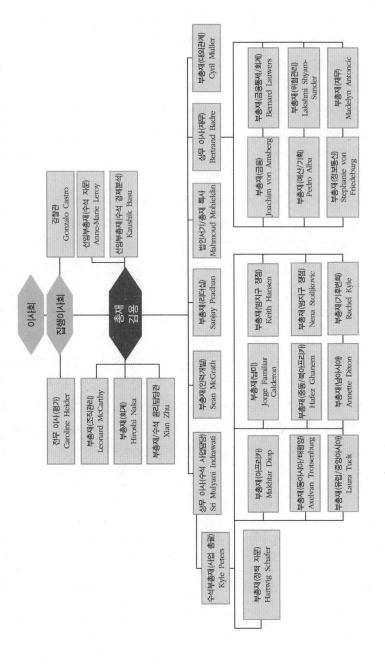

〈그림 1〉 세계은행의 조직도

국제기구와 경제협력·개발

IV. 세계은행의 운영

　세계은행은 제2차 세계대전의 맥락 속에서 탄생하여, 전후 국제정치 지형의 변화를 수용하면서 진화하였다. 이 절은 세계은행의 조직구성, 자금 조달, 지배구조 등을 검토한다.

1. 조직 구성

　세계은행 총재는 세계은행의 활동과 인사에 있어 최고 실행자이다. 세계은행 총재는 이사governor나 집행이사executive director가 아니어야 하며, 집행이사회Executive Directors에 의하여 선출되고 면직된다.34 총재는 집행이사회에서 가부동수 상황에서만 투표권을 가지며, 이사회에 참여할 수 있지만 투표권을 가지지 못한다. 즉, 이사회Board of Governors 또는 집행이사회의 결정을 실행하는 데 있어 최고 책임자이다. 세계은행 총재는 위임을 받은 업무와 일상적 업무를 수행하기 위하여 인사권을 가진다. 총재를 비롯하여 세계은행 직원은 세계은행 이외 다른 기관 또는 행위자의 업무를 대행하지 못한다.Section 5, Article 5, Articles of Agreement of the IBRD.35

---

34 이사회가 집행이사와 총재의 임기와 보수를 결정하는데(para. h, Section1, Article 5, Articles of Agreement of the IBRD), 총재의 임기는 5년, 집행이사회의 임기는 2년으로 연임이 가능하다.

35 세계은행 총재는 미국인 중에 선임되는 관행이 마련되었다. 초대 총재 Eugene Meyer (1946~1946)는 금융과 언론 분야에서 종사했었다. 2대 총재 John J. McCloy(1947~1949)는 법률가였고 제2차 세계대전 중 전쟁차관보(Assistant Secretary of War)를 역임했다. 3대 총재 Eugene R. Black(1949~1963)은 금융인으로 세계은행에서 근무하던 중 총재로 선임되었다. 4대 총재 George Woods(1963~1968)는 금융업에 종사했었다. 5대 총재 Rober NcNamara(1968~1981)는 포드사의 중역이었고, 월남전 당시 국방장관을 역임했다. 6대 총재 Alden W. Clausen(1981~1986)은 Bank of America 중역이었다. 7대 총재 Barber Conable(1986~1991)은 미국 하원의원을 역임했었다.

집행이사회는 이사회의 위임을 받아서 세계은행의 활동과 사업을 관할한다. 집행이사회는 연속 회기를 가지며, 필요한 경우 수시로 열린다. 집행이사회의 구성원은 총 25명이다. 이 중 6명은 분담금을 가장 많이 내는 국가(중국, 프랑스, 영국, 일본, 독일, 미국)에 의하여 각각 임명된다. 18명의 집행이사는 18개 집단으로부터 1명은 사우디아라비아에 의하여 선출된다.36

8대 총재 Lewis T. Preston(1991~1995)은 J.P Morgan의 중역이었다. 9대 총재 James Wolfensohn(1995-2005)은 법률가로 은행 중역이었다. 10대 총재 Paul Wolfowitz (2005~2007)는 정치인으로 미국 국방차관을 역임했다. 11대 총재 Robert Zoellikc (2007~2912)는 Goldman Sachs의 중역이었고 미국 무역부대표를 역임했다. 12대 총재 Jim Yong Kim(2012~현재)은 의사로 아프리카 질병 퇴치를 위한 활동가였다.

36 사우디아라비아에 의하여 선출된 집행이사는 IBRD 분담금 순위 상위 6개국에 의하여 임명된 집행이사와 사실상 동일한 지위와 능력을 가지지만, 선출된 집행이사로 분류된다. 나머지 18개 집단은 (1) 호주, 뉴질랜드, 캄보디아, 팔라우, 키르바티, 파푸아뉴기니, 한국, 사모아, 마셜제도, 솔로몬 제도, 미크로네시아, 투발루, 몽고, 바나아투로 구성된 집단, (2) 아르헨티나, 파라과이, 볼리비아, 페루, 칠레, 우루과이로 구성된 집단, (3) 아제르바이잔, 스위스, 카자흐스탄, 타지크스탄, 키르기즈공화국, 투르크메니스탄, 폴란드, 우즈베크스탄, 세르비아로 구성된 집단, (4) 방글라데시, 인도, 부탄, 스리랑카로 구성된 집단, (5) 오스트리아, 코소보, 벨라루스, 룩셈부르크, 벨기에, 슬로바키아, 체코, 슬로베니아, 헝가리, 터키로 구성된 집단, (6) 바레인, 리비아, 이집트, 몰디브, 이라크, 오만, 요르단, 카타르, 쿠웨이트, 아랍에미리트연합, 레바논, 예멘으로 구성된 집단, (7) 아르메니아, 마케도니아, 보스니아헤르체고비나, 몰도바, 불가리아, 몬테네그로, 크로아티아, 네덜란드, 사이프러스, 루마니아, 그루지야, 우크라이나, 이스라엘로 구성된 집단, (8) 베냉, 가봉, 버키나파소, 기니, 케이프베르디, 기니아-비사우, 중앙아프리카공화국, 말리, 차드, 모리타니, 코모로스, 모리셔스, 콩고민주공화국, 니제르, 콩고공화국, 상투메프린시페, 아이보리코스트, 세네갈, 지부티, 토고, 적도기니로 구성된 집단, (9) 아프가니스탄, 모로코, 알제리, 파키스탄, 가나, 튀니지, 이란으로 구성된 집단, (10) 보츠와나, 르완다, 부룬디, 세이셸, 에리트레아, 시에라리온, 에티오피아, 소말리아, 감비아, 남수단, 케냐, 수단, 레소토, 스와질란드, 라이베리아, 탄자니아, 말라위, 우간다, 모잠비크, 잠비아, 나미비아, 짐바브웨로 구성된 집단, (11) 앙골라, 남아프리카공화국, 나이지리아로 구성된 집단, (12) 러시아와 시리아로 구성된 집단, (13) 알바니아, 포르투갈, 그리스, 산마리노, 동티모르, 이탈리아, 몰타로 구성된 집단, (14) 코스타리카, 멕시코, 엘살바도르, 니카라과, 과테말라, 스페인, 온두라스, 베네수엘라로 구성된 집단, (15) 덴마크, 라트비아, 에스토니아, 리투아니아, 핀란드, 노르웨이, 아이슬란드, 스웨덴으로 구성된 집단, (16) 브루나이, 네팔, 피지, 싱가포르, 인도네시아, 태국, 라오스, 통가, 베트남, 미얀마로 구성된 집단, (17) 브라질, 파나마, 콜롬비아, 필리핀, 도미니카공화국, 수리남, 에콰도르, 트리니다드토바고, 아이티로 구성된

집행이사들은 세계은행의 융자, 국제개발협회의 원조, 국제금융공사의 투자, 다자투자보장, 세계은행의 운영에 중요한 영향을 미치는 전략적 쟁점과 정책을 검토하고 결정한다. 또한, 이사회에 제출하는 회계 보고, 활동 보고 등을 담당한다. 집행이사회의 정족수는 세계은행 전체 투표권의 50%이다. 임명된 출신국의 투표권을 행사하며, 선출된 집행이사는 출신국이 속한 집단을 대표한다.^{Section 4, Article 5, Articles of Agreement of the IBRD}

이사회는 세계은행 가맹국의 대표로 구성되는데, 명목상 세계은행의 최고 결정기관이다. 이사는 통상적으로 회원국의 재무장관 또는 중앙은행장이며 회원국에 의하여 임명된다. 이사회는 집행이사회 선출, 세계은행 가입 여부 결정 등 중요한 쟁점을 제외하고, 대부분 권한을 집행이사회에 위임한다. 이사회가 1년에 한 번 모이기 때문에 특별한 경우를 제외하고는 상시적 업무를 수행할 수 없기 때문이다. 이사회는 합의제로 운영되는데, 국가 간 이견이 심하거나 회원국 가입 여부와 같이 정치적 판단이 필요한 경우 예외적으로 투표를 통하여 결정을 내린다.

2. 재원 조달과 투표권

세계은행은 회원국의 분담금으로 운영자금을 마련한다. 세계은행에 가입한 국가가 감당하는 분담금은 가맹국의 경제적 비중^{economic weight}, IDA에 대한 재정적 기여도^{financial contribution}, 개발도상국에게 원조를 고려한 개발 기여도^{development contribution}에 대해 각각 75%, 20%, 5%의 가중치를 부여하여 산정된다.[37] 2008년 이후 세계경제위기 상황에서 서유럽과 북미 국가

집단, (18) 안티과-바르부다, 가이아나, 바하마, 아일랜드, 바베이도스, 자메이카, 벨리즈, 세인트키트네비스, 캐나다, 세인트루시아, 도미니카, 세인트빈센트-그레나딘, 그레나다로 구성된 집단으로 구분된다[Corporate Secretariat, "IBRD·IFC·IDA Executive Directors and Alternatives"(2015.2.20), http://www.worldbank.org/en/about/leadership/directors(검색일: 2015.4.30)].

	분담금	비중	투표권	비중		분담금	비중	투표권	비중
미국	35785	17.05	358504	16.14	중국	10659	5.08	107250	4.83
일본	16544	7.88	165100	7.48	인도	6704	3.19	67696	3.05
독일	9657	4.60	97230	4.38	브라질	4196	2.00	42619	1.92
프랑스	8659	4.13	87247	3.93	멕시코	1910	0.91	19754	0.89
영국	8659	4.13	87247	3.93	남아공	1708	0.81	17735	0.80
러시아	6215	2.96	62809	2.83	인도네시아	2106	1.00	21720	0.98
캐나다	5835	2.78	59010	2.66					
이탈리아	5423	2.58	54883	2.47	사우디	6551	3.17	67161	3.02
					이란	3494	1.67	35599	1.60
스페인	4416	2.10	44815	2.02	터키	2564	1.22	26299	1.18
네덜란드	4170	1.99	42354	1.91					
벨기에	3581	1.71	36469	1.64	한국	3594	1.71	36597	1.65
스위스	3466	1.65	35316	1.59	호주	3159	1.51	32248	1.45

의 분담금이 줄고, 신흥경제국의 분담금이 늘어났다. 또한, 개발도상국의 분담금도 소폭 상승하였다.

세계은행의 분담금은 투표권으로 연결된다. 먼저 모든 가맹국에게 일률적으로 250표가 배분되며, 출자주식 1주당 1표식 배분되는 방식으로 구성된다. 이처럼 분담금의 규모가 투표권으로 반영되는 가중투표제 방식을 세

---

37 Development Committee, "World Bank Group Voice Reform: Enhancing Voice and Participation of Developing and Transition Countries in 2010 and Beyond" (DC2010-0006/1, 4/19/10), http://siteresources.worldbank.org/DEVCOMMINT/Documentation/22553921/DC2010-006(E)Voice.pdf(검색일: 2015.1.20), pp.4-12.

38 World Bank, "IBRD Subscriptions and Voting Power of Member Countries," http://siteresources.worldbank.org/BODINT/Resources/278027-1215524804501/IBRDCountryVotingTable.pdf(검색일: 2015.7.12). 분담금은 1944년 미국 100만 달러로 환산된 금액임.

가중투표제도

가중투표제도는 참여자의 기여, 규모, 영향력 등에 기반하여 참여자의 투표권 비중을 정한다. 국제기구의 경우 참여국의 공헌, 국력, 인구 규모 등 일정한 기준에 기반하여 참여국의 투표권 비중이 달라진다. 예를 들어 국제통화기금의 투표권 비중이 주로 출자액에 따라 결정되며, 국제설탕기구의 투표권 비중은 설탕 수출입 규모에 따라 결정된다. 유럽 연합의 경우, 인구와 경제 규모가 투표권 비중을 정하는 데 가장 중요하다.

계은행이 채택하기 때문에, 세계경제의 운영에 목소리를 내려는 국가는 분담금 규모를 재조정하려고 한다. 신흥경제국의 성장으로 인하여 세계경제의 지형이 바뀌었지만, 기존 경제대국은 세계은행의 분담금을 변경하는데 미온적이었다. 2008년 경제위기와 같은 큰 충격이 일어나도 기존 경제대국은 기득권의 일부만을 포기하려 하였다.

세계은행의 결정과정에서 미국은 특별한 지위를 차지한다. IBRD헌장 8조에 따르면, 헌장 개정에 필요한 의결정족수가 85%이다.[39] 미국의 투표권이 16.14%인데, 이는 미국만이 거부권을 가지고 있음을 의미한다. 헌장 개정을 위한 의결정족수가 지나치게 높기 때문에, 미국의 동의가 없이는 세계은행의 의사결정구조가 변경될 수가 없다. 이러한 이유로 세계은행이 미국에게 우호적이지 않는 환경의 변화에 늦을 수밖에 없다.

---

[39] 1944년 IBRD헌장이 마련될 때는 80%였으나, 미국은 자국의 지분 하락에 대응하기 위하여 85%로 항상 변경하도록 하였다. 헌장의 개정은 1989년 2월 16일 확정되었다.

V. 결론

세계은행은 제2차 세계대전의 맥락에서 출범하였다. 미국과 영국은 승전국 가운데 전쟁의 피해를 입은 국가의 복구와 연합국에 가입했던 저발전국가의 발전을 위한 다자금융기구의 필요성을 인지했고, 양국은 전후 국제경제질서를 형성하는 협상에서 세계은행을 출범하는데 동의하였다. 양국은 협상 과정에서 자국의 이해를 투영하기 위하여 노력했고, 연합국 선언에 참여한 다른 국가를 끌어들여 세계은행이 출범시켰다. 이 과정에서 연합국에 가입했던 저발전 국가는 발전에 초점을 맞추었다. 전후복구에 초점을 맞추는 영국과 서유럽, 발전에 초점을 맞추는 저발전국 간 힘겨루기 상황에서, 미국이 서유럽 국가의 손을 들어주었다.

세계은행은 출범 이후, 국제정치환경의 변화에 맞추어 조직과 활동을 바꾸었다. 공산권이 세계은행에 참여하지 않게 되면서, 냉전 초기 세계은행의 활동은 舊소련의 팽창을 막으려는 봉쇄정책과 연관되었다. 경제성장이 공산주의 확산을 막고 거시경제적 성장이 사회의 모든 구성원에게 궁극적으로 긍정적 영향을 준다는 믿음이 세계은행으로 투영되었고, 세계은행은 냉전 상황에서 사실상 서방의 정책도구로서 역할을 담당했다. 1960년대 낙수효과이론에 기반한 경제성장정책이 원하는 성과를 거두지 못하고 서방에 대한 도전이 거세지자, 세계은행은 저발전국의 하위층을 대상으로 사업을 본격적으로 펼쳤다. 빈곤퇴치가 공산주의 확산을 막는다는 암묵적 믿음에 기반하여 하위 계층이 세계은행 사업의 과실을 직접 맛볼 수 있는 정책을 시행하였다.

1980년대 세계은행은 신자유주의에 기반한 정책을 실시하였다. 세계은행의 최대 주주인 미국과 영국에서 신자유주의가 우세를 점하자, 세계은행도 자연스럽게 신자유주의에 동조하게 되었다. 비교우위에 기반한 무역, 시장 활성화, 국가 개입 축소를 의미하는 자유화 등이 화두가 되었다. 세계은행은 발전에서 자신이 직접 문제해결의 주체가 되기보다는 민간 부분이 더 많은

국제기구와 경제협력·개발

역할을 수행할 수 있는 환경을 마련하는 데 주력하였다. 또한, 냉전 이후 환경, 채무, 양성 평등, 기후변화 등 새로운 영역까지 관할하게 되었다. 새로운 쟁점을 해결하기 위하여 새로운 국제기구를 창설하기보다는 기존 국제기구의 활동영역을 조금 넓히는 것이 신자유주의 원칙에 부합하였기 때문이다. 2008년 세계경제의 위기 이후에도 신자유주의의 영향력은 상대적으로 쇠퇴되었지만 여전히 크다.

세계은행의 출범과 변화 과정은 현실주의 국제기구관에 일정 정도 부합한다. 세계은행의 출범 과정은 벌거벗은 폭력이 동원된 제2차 세계대전의 산물이다. 또한, 냉전 이후 세계은행의 활동은 최대 주주인 미국의 이해를 반영하였다. 1980년대 중반 이후 미국은 세계은행의 내부개혁을 공공연히 요구할 정도로 자국의 이해를 세계은행에 투영하였다. 반면, 2008년 세계경제의 위기 상황에서 미국이 신흥경제국의 협조를 필요로 할 때, 미국은 세계은행의 개혁을 수용했다. 세계은행의 변화를 장기적 관점에서 보면, 강대국의 성쇠에 따라 국제기구의 활동이 변화한다는 현실주의 국제기구관에 부합한다.

세계은행의 제도적 분화는 기능주의와 조직이론에 일정 정도 부합한다. 세계은행은 국제금융공사, 국제개발협회, 다자투자보증기구, 국제투자분쟁해결센터를 만들었는데, 이는 관할영역을 확대하여 조직의 생존을 모색하는 시도로 해석될 수 있다. 세계은행의 헌장을 변경하기 어려운 상황에서 세계은행에 속한 사람들은 세계은행의 몸집을 키우기보다는 파생 국제기구 창설로 방향을 잡았다고 해석된다. 또한, 세계은행이 관할 영역을 확대하는 모습은 국가 주권을 압도하는 상위 권위체가 부재한 상황에서 초국경 쟁점을 국제기구가 담당하게 된다는 기능주의의 설명에 부합한다. 특히 1990년대 이후 세계은행이 더 이상 파상 국제기구를 만들지 않으면서 관할 영역을 확대하는 현상이 주목할 만하다.

더 읽을거리

✛ Kapur, Devesh, John P. Lewis, and Richard Webb. *The World Bank: Its First Half Century*. Washington, DC: Brookings Institution Press, 1997.

이 책은 세계은행의 출범 과정, 변화 과정을 세계은행 관계자와의 심층 면접, 기존 연구 성과, 사료 등에 기반하여 정리한다. 세계은행의 활동과 성과를 연대별로 정리하며, 세계은행의 활동에서 변곡점에 해당되는 중요한 변화에 대하여 설명한다. 특히, 역대 총재들의 성향과 활동 등을 정리하며, 세계은행 내부의 인적 구성의 변화가 세계은행의 활동에 미친 영향을 쉽게 이해할 수 있도록 돕는다.

✛ Marshall, Katherine. *The World Bank*. New York: Routledge, 2008.

이 책은 Routledge 출판사의 국제기구 연속물(Global Institutions)의 한 부분으로 세계은행의 역사, 세계은행의 조직 구조와 작동 방식, 사업 등을 쉽게 독자들에게 보여준다. 또한, 2008년 당시 국제사회의 주요 쟁점을 해결하기 위하여 진행하던 세계은행의 활동을 상세하게 기술하여, 현장에서 세계은행의 활동을 이해하는 데 도움을 준다.

✛ Van Waeyenbergerm Elias, Ben Fine, and Kate Bayliss, eds. *The Political Economy of Development: The World Bank, Neoliberalism and Development Research*. London: Pluto, 2011.

이 책은 2008년 세계금융위기 이후 신자유주의를 비판적으로 바라보는 지식의 계보학 시각에서 세계은행의 활동을 비판적으로 검토한다. 1970년대 후반 신자유주의가 세계은행으로 들어온 이후, 신자유주의가 세계은행의 모든 영역에서 확고하게 자리를 잡고 있는 양상을 보여준다. 저자들이 신자유주의에 대하여 비판적 입장을 가진 상태에서 세계은행의 활동을 평가하기 때문에, 독자의 비판적 독해가 필요하다.

제4장

세계무역기구(WTO):
과거, 현재, 그리고 미래

문 돈

I. 서론

제2차 세계대전 후 성립된 브레턴우즈체제Bretton Woods System는 관세와 무역에 관한 일반협정General Agreement on Tariff and Trade, 이하 GATT, 국제통화기금International Monetary Fund, 이하 IMF, 그리고 세계은행World Bank이라는 세 조직을 축으로 형성된 국제경제체제이다. 이 가운데 GATT는 국제통상협력과 무역자유화 촉진을 목적으로 설립된 다자무역체제이다. 원래 의도와 달리 임시조약의 성격으로 출범했던 탄생의 결함birth defect에도 불구하고, GATT는 이제까지 만들어진 어떤 국제제도나 기구보다 성공적이고 효율적으로 작동했다고 평가된다. 이는 조직의 설립취지인 관세인하를 통한 무역자유화를 달성하는 데 매우 성공적이었다는 의미이다. 하지만 1970년대를 거치면서 GATT체제의 한계가 여러 부분에서 노출되었으며, 80년대에 이르면 기존의 제도적 틀로는 더 이상 다자무역체제를 지탱할 수 없다는 공감대가 형성되었다.

이러한 위기의식의 확산 속에서 8년 이상의 장기협상인 우루과이라운드Uruguay Round, 이하 UR의 타결을 통해 마침내 세계무역기구World Trade Organization, 이하 WTO가 1995년 창설되었다. 이전 GATT체제에 비해 매우 강력하고 포괄적인 규범과 규칙을 지닌 새로운 국제무역질서가 탄생한 것이다.

WTO체제는 다자협상의 포괄범위를 지적재산권, 서비스, 그리고 투자 부분까지 넓혔고 오랜 기간 관세화 의무의 예외였던 농업과 섬유 부분에서도 예외 없는 관세화를 이루었다. 또한 반덤핑 등 무역구제조치의 남용을 막기 위해 여러 규정들을 도입했다는 점에서, 내용적으로 상당한 변화를 포함하고 있다. 하지만 더욱 중요한 것은, 강제적 분쟁해결 메커니즘을 도입하여 국제무역체제의 법적 성격을 획기적으로 강화시켰다는 제도적 측면에서의 변화이다.

지난 20년간 전반적 국제 정치경제적 환경, 국가 간 세력분포, 무역흐름과 생산 네트워크, 그리고 무역 갈등의 양상 등에서 작지 않은 변화가 지속되어 왔다. 이에 조응하여 WTO체제 역시 성과만큼이나 심각한 문제와 도전에 직면해 있다. 사법적 기능이 획기적으로 진전되었음에도 불구하고, 합의consensus를 통한 의사결정을 고수하는 WTO의 오랜 관행으로 인해 입법적 기능은 크게 위축되어 있다. 제도적 불균형이 심각한 것이다. 이외에도 지역주의, 무역불균형, 국내적·국제적 불평등의 문제, 경제위기, 새로운 보호주의의 확산 등 긴박하게 제기되는 여러 문제들에 대한 효과적인 대응이 적절히 이루어지지 못하고 있다. 강한 법적 분쟁해결제도가 다수의 분쟁을 효율적으로 처리한다는 칭송의 이면에는, 분쟁판정의 친자본편향성과 반노동/반환경/반인권 편향성에 대해, 또는 개도국의 분쟁참가를 실질적으로 봉쇄하는 높은 소송비용의 문제 등에 대해 비판과 자성의 목소리 역시 높아져 왔다.

이 글은 WTO를 중심으로 국제무역체제의 역사적 변화와 현재를 조망해 보는 것을 목적으로 한다. WTO의 전사(前史)인 GATT체제의 형성과 변화, WTO의 설립, WTO의 조직구조와 작동원리, WTO의 핵심적인 원칙과 규범들, WTO 분쟁해결제도, 그리고 WTO체제의 문제점과 도전 등 여러 주제들을 개괄적으로 소개한다. 먼저 II절에서는 GATT체제의 형성과 변화, 그 한계를 살펴봄으로써 왜 WTO체제로의 이행이 불가피했는가를 설명한다. III절은 WTO체제의 내용적·형식적 특징을 GATT체제와 대비시켜 간략하게 정리하고, WTO의 조직구조와 의사결정방식 등을 살펴볼 것이다. 또한

WTO체제의 주요한 특징 가운데 하나인 법제화된 분쟁해결제도에 대해서
자세히 검토할 것이다. IV절은 도하라운드^{Doha Development Agenda, 이하 DDA}
의 난맥상에서 대표적으로 드러나고 있는 현재 WTO체제의 문제점과 한계,
그리고 대안에 대해 살펴본다. V절은 앞선 내용들에 대한 간략한 결론이다.

II. WTO의 전사(前史): GATT의 성립과 역사적 변화

1. GATT의 성립과 기본원칙(principles)

브레턴우즈체제의 세 기둥 가운데 하나인 GATT는, IMF, World Bank와
달리 순탄치 못한 탄생 비화를 가지고 있다. 애초에 GATT는 관세인하를
주목적으로 한 임시협정^{Protocol of Provisional Application}으로서, 공식적인 국제
기구인 국제무역기구^{International Trade organization, 이하 ITO}가 출범하면 그 안에
서 작동할 것을 전제로 마련된 것이다. 1948년 하바나회의^{Havana Conference}
에서 ITO 헌장^{Charter} 초안이 마련되었음에도 불구하고 미국 의회에서 비준
을 받는 데 실패하였고, 그 결과 ITO의 설립 자체가 무망하게 되었다.[1, 2]
주도국인 미국이 빠진 상태에서 ITO 설립에 적극적으로 나설 국가는 없었
던 것이다.

ITO의 기능을 대체한 GATT의 불완전한 출발을 태생적 결함^{birth defect}
이라 부르는 까닭은, GATT가 IMF, World Bank와 대등한 공식 조직구조를
결여하고 있기 때문만은 아니다. 물론 GATT가 공식화된 국제기구의 틀을

---

[1] John H. Jackson, *The World Trade Organization: Constitution and Jurisprudence*
(A Cassell Imprint, 1998), pp.16-17.

[2] 그 결과 GATT 참가국들은 회원국(members)이라는 표현 대신, 체약국(contracting parties)
이라는 표현으로 스스로를 칭하게 되었다.

갖추지 못함으로써, 집중화된 재원과 안정적 관료기구를 이용한 효율성 제고효과efficiency improvement effect나 개별회원국으로부터 독립적인 외형을 갖춤으로써 얻어지는 정당성 제고효과legitimacy improvement effect를 누리는 데 한계가 있었음은 사실이다.[3] 이러한 제도적 결핍은 GATT가 IMF, World Bank에 비해 직원 수나 재원 면에서 매우 부족한 국제기구라는 사실에서도 확인된다. 법규의 측면에서도 GATT의 태생적 결함은 매우 심각한 문제를 야기했는데, 무역자유화의 원칙적 규정에 해당하는 상당 부분에서 그 적용의 예외를 인정하는 구멍이 생겼기 때문이다. 즉, GATT협정 2부Part II와 기존에 존재하는 국내법이 충돌될 때 국내법이 우선적으로 적용될 수 있도록 허용한 것이다.[4]

비록 GATT의 출범은 순탄치 못하고 결함투성이였지만, 관세인하를 통한 무역자유화라는 창설자들의 원래 목표는 1970년대까지 GATT의 틀 안에서 매우 성공적으로 달성되었다. 〈표 1〉에서 보듯이, 1947년 1차 제네바라운드에서 1960~61년 5차 딜런라운드에 이르기까지 협상주제는 관세인하였다. 제2차 대전 직후 40%까지 높아진 관세율을 지속적인 협상을 통해 성공적으로 낮출 수 있었으며, 7차 도쿄라운드의 타결 당시 선진국의 평균관세율은 5% 이하로 매우 낮은 수준을 유지하게 되었다. 관세감축방식 역시 초기의 품목별 인하방식에서 일괄인하방식linear cut으로, 나아가 7차 도쿄라운드에서는 높은 관세부문에 더 큰 관세인하율을 적용하는 비선형 조화인하방식harmonization cut이 적용되었다.[5]

---

3 Kenneth Abbott and Duncan Snidal, "Why States Act through Formal International Organizations," *Journal of Conflict Resolution* 42-1(1998).

4 GATT 1부는 최혜국대우와 관세인하협상의 구체적 결과를 담고 있고, 3부는 주로 절차적 사안이다. 이에 반해 2부는 내국인대우, 반덤핑, 보조금, 세이프가드, 통관조치, 분쟁해결제도 등 주요한 무역 관련 규율과 규범들을 포함하고 있는 부분으로서, 이에 대한 폭넓은 예외인정은 GATT의 목적 자체를 무력화할 우려가 있는 것들이었다. GATT 원칙의 적용을 제한하는 이 조항을 "조부조항(grandfathering clauses)"이라 하는데, 원래는 ITO의 출범과 함께 소멸할 것으로 전제하고 한시적으로 허용된 것이었다. 1995년 WTO체제의 출범과 함께 조부조항은 모두 소멸되었다.

연도	라운드	협상주제	참여국
1947	1차 제네바	관세	23
1949	2차 아네시	관세	33
1951	3차 토키	관세	34
1956	4차 제네바	관세	26
1960~61	5차 딜런	관세	45
1964~67	6차 케네디	관세 및 반덤핑	48
1973~79	7차 도쿄	관세, 비관세장벽(6개 코드), 개도국 대우	99
1986~94	8차 우루과이	관세, 비관세장벽, 농업, 서비스, 지적재산권, 섬유, 분쟁해결제도, WTO 설립	120

Source: Jackson(1998), p.21

그렇다면 GATT의 목표와 존립근거, 중요한 운영규칙 등을 포괄하는 핵심원칙^principle^은 무엇인가?[6] 첫 번째 원칙은 당연하게도 "무역자유화"의 원칙이다. 여기서 유의할 것은, GATT 설립자들에게 있어 "무역자유화"의 문제는 단순히 비교우위에 의한 경제적 이익이나 효율성의 문제로만 다루어지지 않았다는 점이다. 그들이 보다 절박하게 공유했던 것은 무역자유화가 세계평화와 안전에 기여할 것이라는 믿음, 즉 제2차 세계대전의 교훈이었다. 1930년대의 대공황과 이를 극복하기 위한 국제적 협력의 실패, 각국의 보호

---

5 Jeffrey J Schott, *The Uruguay Round: An Assessment* (Washington, DC: Institute for International Economics, 1994), pp.60-61; 김기수, "관세 및 무역에 관한 일반 협정/세계 무역 기구의 국제정치," 윤영관·황병무 외, 『국제기구와 한국 외교』(서울: 민음사, 1996), p.228.

6 GATT의 핵심원칙을 여기서 논의하는 이유는, 그것이 단지 GATT체제에서만 적용되었던 과거의 원칙들이 아니며 WTO체제를 관통하여 지금까지도 여전히 작동되고 있는 다자무역체제의 중요한 원칙들이기 때문이다.

주의와 근린궁핍화정책bagger thy neighbor policy, 무역전쟁과 배타적 무역블록의 구축, 그리고 주요국들 간의 정치군사적 갈등고조와 제2차 세계대전의 발발이라는 비극적 역사를 반복해서는 안 된다는 집단적 자성과 정치적 의지가 저변에 자리 잡고 있었던 것이다. 전쟁을 피하고 평화를 유지하기 위해서도 보호주의를 배격하고 무역자유화를 촉진하며 국제통상협력을 관리할 기구의 설립은 절대적으로 필요한 것이었다.

두 번째는 무차별non-discrimination의 원칙으로, GATT협정 1조와 3조에서 밝히고 있는 두 가지 원리를 함께 칭하는 것이다. 제1조는 최혜국대우Most Favored Nation Treatment, 이하 MFN로서, 한 체약국contracting parties이 다른 한 체약국에게 제공하는 최상의 대우나 특혜는 그 외의 체약국에게도 차별 없이 즉각적·무조건적으로 적용되어야 한다는 원리이다. 이를 외적 차별external discrimination 금지라고도 하는데, 다른 체약국들을 대함에 있어 차별이 있어서는 안 된다는 것이다. MFN 원칙은 일부 국가로 하여금 상호적인 무역자유화를 회피하고 자기만 타국시장에 손쉽게 접근하는 무임승차자 문제free-riding problem를 야기할 가능성이 있다. 그럼에도 불구하고 MFN이 수용될 수 있었던 것은 지역적 차별주의에서 기인하는 다자무역체제의 분열을 막는 데 중요한 원칙이기 때문이다.[7] 또한 MFN은 국가 간 협상비용을 줄이고 무역자유화를 신속하게 확대할 수 있다는 장점이 있다. 두 체약국이 양자협상을 통해 관세율을 낮추게 되면, 별도의 협상 없이도 다른 국가들 또한 낮아진 관세율의 혜택을 즉각 향유할 수 있기 때문이다. 제3조는 내국민대우National Treatment로서, 일단 관세를 지불하고 나면 어떤 수입제품도 국내산 동종제품에 비해 세금이나 부과금, 법규, 규제, 의무요건 등에서 불리한 대우를 받아서는 안 된다는 것이다. 이를 내적 차별internal discrimination 금지라고 하는데, 국내생산 상품과 수입상품 간의 차별을 금지하여 국외생산자보

---

7 Gilbert, R. Winham, "The Evolution of the Global Trade Regime," in John Ravenhill (ed.), *Global Political Economy*, 3rd Edition(New York: Oxford, 2011), p.145.

국제기구와 경제협력·개발

다 국내생산자를 우대하고자 하는 국가들의 보편적인 욕구를 제한하려는 것이다.

세 번째는 상호주의reciprocity 원칙이다. 무역자유화는 기본적으로 참가국들 사이의 합의를 통해 각 국가가 이익과 손실이 균형을 맞추는 방식으로 이루어져야 한다는 것이다. 일반적으로 한 국가가 다른 국가에게 양보하는 관세인하나 시장개방은 바람직하지 않으며 한 부분에서 양보를 얻어내면 그 대가로 다른 부분에서 양보를 제공하는 주고받기 식의 협상으로 합의를 도출해야 한다는 것이다. 또한 합의된 무역자유화의 약속을 파기하거나 회피할 경우, 이에 상응하는 보상을 제공하거나 상대방의 보복조치를 감내해야 한다. 상호주의가 국제관계 전반에서 중요한 까닭은, 개별 국가의 상위에 집중된 권력이 없는 무정부상태anarchy의 국제체제에서 국가 간 협력을 가능하게 하는 가장 본질적이고 유력한 수단이기 때문이다. 상호주의원칙이 무역자유화라는 국제협력을 성사시키고 유지하는 데 반드시 필요하다는 것이다.8

무역자유화 협상과 상호주의(Reciprocity)

국가 간 무역자유화협상의 성격을 설명하는 데 다음과 같이 상이한 두 게임모델을 사용할 수 있다. 먼저 비교우위에 따른 무역의 상호이익을 주장하는 정통 (국제)경제학의 입장에서 보자면, 무역자유화(시장개방)는 국가 A, B 모두에게 이익이 되는 협상이며, 최악의 결과는 두 국가

---

8 상호주의의 중요성에 대한 일반적인 정치학적 논의는 Robert Axelrod, *The Evolution of Cooperation* (New York: Basic Books, 1984)을 참조할 것. 죄수의 딜레마를 이용하여 국제관계에서 상호주의 및 감시제도(monitoring institution)의 중요성을 강조한 논의로는 Robert O. Keohane, *After Hegemony* (Princeton NJ: Princeton University Press, 1984); Arthur Stein, *Why Nations Cooperate: Circumstances and Choices in International Relations* (Ithaca, London: Cornell University Press, 1990) 등을 참조할 것.

모두 보호주의정책을 사용하는 것이다. 상대방이 보호주의정책을 편다하더라도, 자국의 시장을 개방하는 것이 재원의 효율적인 분배를 달성한다는 점에서 더 선호되는 결과이다. 이런 전략적 구조를 보여주는 것이 아래의 "순수경제학적 시각에서의 무역자유화 게임"이다. 이 게임을 "하모니 게임(harmony game)"이라 부르는데, 이 경우 협력(상호시장개방)의 실패는 오직 (게임의 구조와 결과에 대한) 국가들의 무지나 실수, 혹은 여타 교란요인에서 기인한다. 따라서 여기서 필요한 국제제도란 게임의 성격과 결과에 대해 교육하거나 실수를 감시하는 경고의 기능을 맡게 된다(enlightenment or alarming institution).

〈순수 경제학의 시각: 하모니게임("는 내쉬 균형점: Nash Equilibrium)〉

		B	
		시장개방	보호주의
A	시장개방	(4,4)*	(3,2)
	보호주의	(2,3)	(1,1)

한편, 국제정치경제학(IPE)에서는 자유무역협상을 다음 그림과 같은 "죄수의 딜레마(PD) 게임"으로 설명한다. 국가들이 상호협력(상호시장개방)을 상호배신(상호보호주의)보다 선호하기는 하지만, 가장 선호하는 결과는 자국시장을 보호하면서 타국의 시장에만 접근하는 것이고, 반대로 가장 싫어하는 결과는 자국시장만 개방하고 타국시장에는 접근하지 못하는 것이다. 이런 전략적 상호작용의 구조하에서 발생하는 딜레마란, 두 국가 모두 상호협력의 결과(3,3)를 협력실패(상호보호주의)의 결과(2,2)보다 선호함에도 불구하고, 속임수의 유혹(incentive to cheat)과 두려움(fear of being cheated) 때문에 협력에 성공할 수 없다는 점이다. 딜레마를 극복하고 협력을 이루기 위해서 필수적인 것이 반복게임(repeated game)을 통해 상대방의 속임수(보호주의)를 응징할 수 있고, 자신의 속임수 역시 응징당할 수 있다는 상호주의(reciprocity)의 원칙이다. 무역자유화 협상뿐 아니라 국가 상위의 집중화된 권력체가 없는 국제관계에서 협력이 가능하기 위해서는 상호보복의 위협, 즉 상호주의가 반드시 필요하다는 것이다. 이런 경우 국제제도는, 상대

방의 약속불이행이나 협력위반을 감시하고 그에 대한 정보를 제공해주는 감시제도(monitoring institution), 분쟁에 대한 객관적 해석을 내려주고 상호주의에 입각한 정당한 보복을 승인해주는 분쟁해결제도(dispute settlement institution)의 기능을 수행함으로써 국가 간 협력을 촉진시킬 수 있다.

〈IPE의 시각: PD game(*는 내쉬 균형점: Nash Equilibrium)〉

		B	
		시장개방	보호주의
A	시장개방	(3,3)	(1,4)
	보호주의	(4,1)	(2,2)*

　　네 번째 원칙은 양적 제한이나 관세 이외의 수단에 의한 무역제한을 금지하는 원칙으로 투명성transparency의 원칙, 또는 예외 없는 관세화tariffication의 원칙이라 불리기도 한다(GATT 11조). 앞서 살펴보았듯, GATT 초기 무역자유화는 주로 관세율 인하 협상을 통해 큰 성과를 거둘 수 있었다. 관세는 무역제한의 폭과 수준이 품목과 수치로 손쉽게 파악되는 투명한 수단이다. 쿼터(할당량)에 의한 무역제한, 관세 이외의 수단에 의한 무역제한을 금지하는 것은 무역자유화 확대와 국제협력 유지에 이점이 있다. 분할 가능한 숫자를 놓고 협상을 벌임으로써 조정과 타협이 상대적으로 용이하기 때문이다. 이러한 원칙이 존재함에도 불구하고, 실제 GATT체제의 운영은 상당히 달랐다. 케네디라운드와 도쿄라운드에서 반덤핑조치와 같은 비관세장벽 Non-Tariff Barriers, 이하 NTB이 주요 의제로 대두한 것에서 알 수 있듯이, 불투명하고 모호한 비관세장벽의 문제는 70년대와 80년대를 거쳐 무역자유화의 심각한 걸림돌로 대두하게 한다.[9]

---

9 GATT 시기, 양적 제한 금지 원칙에도 불구하고 일부 분야, 특히 농산물부문과 섬유/

마지막으로 유연성^{flexibility}의 원칙을 들 수 있다. 자유무역은 여러 국내적·국제적 불확실성과 위험을 수반한다. 때로는 자유무역에서 발생하는 국내집단의 이익과 손실이 원래의 예상을 넘어 감당하기 어려운 수준까지 치달을 수 있다. 국내적으로 자유무역의 승자와 패자 사이에 치열한 정치투쟁이 벌어질 수도 있고, 그리고 이로 인해 무역자유화에 대한 여론이 급격하게 변하거나 심지어 정권이 교체될 수도 있다. 한편 국제환경의 변화, 신기술의 도입, 세계경제 사이클 변화, 혹은 경제위기와 같은 예상할 수 없는 외적 변수에 의해 심각한 국내적 손실이 발생할 수도 있다. 국제제도에 대한 국가들의 참가유인을 높이고 탈퇴유인을 낮추기 위해, 불확실성을 제도적으로 수용하여 대처하는 메커니즘을 갖추는 것이 필요하다. 이를 국제제도의 탄력장치^{flexibility measures}라 부르는데, GATT체제에서도 탄력장치는 매우 중요하다.[10] 국제무역체제의 탄력장치로는, 세이프가드^{safeguard} 조치, 재협상 메커니즘, 과거의 위반에 대한 배상을 요구할 수 없도록 (인위적으로 약하게) 디자인된 분쟁해결제도 등을 들 수 있다. 여기서 주목할 것이 세이프가드 조치이다(GATT 19조). GATT협정의 의무를 준수하는 과정에서 예상치 못한 수입의 급증으로 수입국 국내 생산자에게 심각한 피해가 발생할 때, 일시적으로 수입을 제한할 수 있는 권리를 수입국에게 부여한 것이다. 급격한 내외적 조건의 변화로 인해 국내 산업에 큰 피해가 우려될 때, 한시적으

의류 부문에서 폭넓은 예외가 허용되었다. 노동집약도가 높은 산업으로서 수입확대에 따른 정치적 민감성이 매우 높기 때문이다. 이 원칙이 명실상부하게 실행된 것은 우루과이라운드(Uruguay Round, 이하 UR)의 타결과 WTO 출범 이후인데, 쿼터(quota)와 같은 양적 제한조치를 금지하고 모든 수입제한조치를 관세로 단일화하는 의무가, 일정한 과도기를 거쳐, 농산물과 섬유부문에서도 예외 없이 적용되도록 한 것이다.

10 국제제도 및 국제무역체제의 탄력장치에 대한 논의로는 George W. Downs and David M. Rocke, *Optimal Imperfection?: Domestic Uncertainty and Institutions in International Relations* (New Jersey: Princeton Academic Press, 1995); *International Organization* 55-4(Autumn 2001); Alan O. Sykes, "The Safeguard Mess: a Critique of WTO Jurisprudence," *World Trade Review* 2-3(2003), pp.261-295; 문돈, "국제무역체제의 탄력장치: GATT체제에서 WTO체제로의 이행과 이후 변화에 대한 연구," 『국가전략』 제11권 2호(2005).

로나마 그 피해를 회피할 수 있도록 함으로써 자유무역과 국제무역체제에 대한 국내의 지지를 유지할 수 있도록 한다는 것이다.

이 원칙은 일견 무역자유화라는 일반원칙과 상충되는 듯 보이기도 하고, 예외적인 상황에서의 예외적인 조치로 인식되기도 해서 혹자는 이를 일반원칙으로 간주하는 것을 반대하기도 한다.[11] 하지만 이 원칙은 브레턴우즈체제의 대표적 특징 가운데 하나로 러기Ruggie가 주장하는 "포섭된 자유주의embedded liberalism"의 핵심을 잘 보여준다는 점에서 중요하게 인식할 필요가 있다.[12] 1914년 이전 "정통 경제적 자유주의orthodox economic liberalism"와 달리 "포섭된 자유주의"는, 국내적으로 국가의 경제개입을 통해 국민적 요구를 충족시켜야 한다는 과제Keynesian Interventionist Liberalism와, 국제적으로 개방적이고 협력적인 국제경제질서(무역질서)를 창출해야 한다는 과제를 동시에 달성하기 위한 타협을 칭하는 것이다. GATT의 세이프가드제도는, 무역자유화를 추구함과 동시에 무역자유화에 의해 발생할 수 있는 손실로부터 국내 집단을 보호할 수 있는 면책조항escape clause으로 도입되었다는 점에서 "포섭된 자유주의"의 적절한 예를 보여준다.

2. GATT체제의 한계와 문제점

1970년대 초반까지 성공적으로 작동했던 GATT체제는, 브레턴우즈체제의 금융질서 붕괴(1971년)와 1차 오일쇼크(1973년) 후의 만성적 경기침체 등 국제경제 환경의 변화에서 제기되는 도전을 극복하는 데 어려움을 겪게 된다. 무역자유화와 다자무역의 효율적 관리라는 본연의 기능을 수행하기에는 뚜렷한 한계가 있음을 드러낸 것이다. 세계경제에서 미국이 차지했던 압

---

11 예를 들어, 김기수(1996), p.223 각주 참조.

12 J. G. Ruggie, "International Regimes, Transactions, and Change: Embedded Liberalism in the Postwar Economic Order," *International Organization* 36-2 (1982), pp.379-415.

도적 지위와 GATT 주도국으로서의 독보적인 위상이 흔들리게 되었다. GATT체제에 대한 불만과 도전이 회원국과 비국가 행위자들로부터 제기되었으며, 포괄적이고 근본적인 제도적, 기능적 혁신이 요구되었다. 여기서는 1970년대와 1980년대를 거치면서 부각된 GATT의 문제점과 한계를 검토해 봄으로써, 그것이 UR협상, 그리고 이후 설립된 WTO체제의 형식과 내용에 어떤 영향을 미쳤는지 검토할 것이다.

1970년대를 거치면서 가장 심각하게 대두된 문제는 무역자유화의 새로운 적으로 부상한 비관세장벽NTB이었다. 여러 차례의 라운드를 거쳐 대폭적으로 인하된 관세를 대체하는 수단으로, 각 국가는 다양한 방식의 NTB를 사용하여 국내시장을 보호하고자 했다. 농산물과 섬유부문에서는 대표적인 NTB인 쿼터제도가 지속되고 있었고, 반덤핑조치anti-dumping measures/상계관세조치countervailing measures/세이프가드와 같은 무역구제조치trade remedy measures, 기술 장벽technical barriers to trade: TBT 등이 선진국을 중심으로 광범위하게 사용되었다. 또한 명백한 합법도 불법도 아닌 모호한 회색조치Grey Area measures도 미국 등 주요 수입국들에 의해 사용되었는데, 수입국이 자신의 힘을 이용해서 수출국으로 하여금 스스로 수출을 제한하도록 강제하는 조치들 voluntary export restraint: VER이나 orderly marketing arrangement: OMA이 그것이다. 비관세 장벽을 이용한 보호주의는 그 불투명성으로 인해 국가 간 갈등을 복잡하게 하고 협의를 통한 문제해결을 어렵게 만들었다. 앞서 〈표 1〉에서 본 것처럼, 최초로 반덤핑조치가 무역협상의 주요 의제로 등장한 케네디라운드나 본격적으로 이 문제를 다루었던 도쿄라운드에서도 NTB는 여전히 해결되지 못한 과제로 남아 있었다. 그리고 명확한 내용적·절차적 규정을 도입함으로써 이를 해결하고자 했던 UR와 WTO체제에서도, 일정한 개선이 있기는 했지만, 여전히 중요한 미해결 과제로 남아 있다.

둘째, 1960년대를 거쳐 70년대에 이르는 동안 GATT 회원국 구성에 큰 변화가 있었다. 유럽 공동체European Community: EC는 더 이상 개별 국가 단위로서가 아니라 단일한 실체로 GATT에 참여했으며, EC 회원국 간의 분쟁은 GATT를 거치지 않고 자체적으로 해결되었다. 더욱 중요한 변화는 탈식민지화를 거친 신생국가들이 대거 GATT에 참여하게 되었다는 점이다. 앞의 〈표 1〉이 보여주듯 7차 도쿄라운드에 참가했던 국가들의 숫자는 이전 라운드보다 2배 이상 늘어난 99개에 이르게 되었다. GATT 탄생 당시 23개국의 소규모 클럽 정서, 유사한 경제적 여건과 정책지향성을 가진 우방 국가들의 친밀한 유대감은 더 이상 기대할 수 없게 되었다. 경제발전 정도와 경제정책 방향이 상이한 신생개도국들이 대거 참가함으로써 GATT체제의 이질성이 심화되었고 개도국과 선진국 간 갈등이 증가하였다. 개도국들이 표방하는 신 국제경제질서New International Economic Order: NIEO, 수입대체 산업화전략import substitution industrialization, 그리고 개도국에 대한 특별우대 요구Special and Differential Treatment: SDT 등은, GATT체제의 기본원리인 무역자유화나 상호주의와 긴장관계에 놓인 것들이었다. 선진국-개도국 이견이 커지고 신규 가입국들의 불만이 높아지면서 GATT체제의 통일성과 통합력은 점차 낮아지게 되었다.

80년대에 들어서도 다양한 이슈에서 문제점들이 표출되기 시작했다. 선진국, 특히 미국의 핵심적인 무역이익이 걸린 신 이슈영역new issue areas들이 기존의 GATT체제에서는 적절하게 다루어질 수 없다는 점이 그중 하나이다. 무역구조와 비교우위 원천이 변화되면서 미국을 비롯한 선진국들은 기존 상품무역보다는 지적재산권, 서비스, 투자와 같은 이슈에서 국가 간 장벽을 허무는 데 더욱 중요한 이해관계를 갖게 되었다. 따라서 UR협상 초기부터 미국은 신 이슈들을 포함하는 새로운 다자협정을 타결하지 못한다면 어떤 협상결과도 수용할 의사가 없음을 명백히 밝혔다. 새로운 이슈들을 다자무역체제의 틀 속으로 포괄하기 위해서는 GATT협정과 유사한 지위의 별도 협정이 마련되어야 했으며, 이것들은 이후 타결된 WTO협정의 중요한 내용을 구성하게 된다.

지역주의regionalism의 확산, 그리고 다자무역체제가 세 개의 지역블록으로 분열될 수 있다는 우려가 높아진 점도 80년대 대두된 도전 가운데 하나이다. 유럽에서만 유일하게 성공적인 결과를 보였던 지역주의가 급격한 관심의 대상이 된 것은, 지역주의를 반대하고 다자주의를 옹호해 왔던 미국이

1988년 캐나다와 자유무역협정^{Canada-US FTA}을 맺으면서부터이다. 나아가 미국은 멕시코까지 포함하는 NAFTA 협상에 착수함으로써 북아메리카 전체를 하나의 독자적인 자유무역지대로 묶어내겠다는 의사를 드러냈다. 1986년에 시작한 UR이 90년대 들어서도 여전히 지지부진한 정체상태를 벗어나지 못함에 따라 다자주의에 대한 회의가 높아져 가고 있었다. 이런 상황에서 미국 통상정책이 지역주의를 포용하는 방향으로 급선회한 것은, 다른 국가들에게도 다자주의를 등한시하고 지역주의를 모색할 충분한 동기를 제공하는 것이었다. 유럽은 EC로, 미국은 NAFTA로, 동아시아는 일본을 중심으로 한 지역블록으로 삼분되는 시나리오, GATT 중심의 단일한 국제무역체제가 붕괴하여 배타적이고 경쟁적인 세 개의 지역블록으로 파편화되는 최악의 시나리오가 현실성 있는 위험으로 제기되었다.

끝으로, GATT 분쟁해결제도가 매우 취약하여 일반적인 분쟁해결기능, 특히 강대국 간의 분쟁해결기능을 거의 하지 못한다는 점,¹³ 그리고 미국이 취약한 분쟁해결제도 등을 이유로 자신의 일방주의적 분쟁해결과 보복조치를 정당화한다는 점 역시 당시 다자무역체제의 통합성을 위협하는 요인 가운데 하나로 지적할 수 있다. GATT 분쟁해결제도의 문제점도 없지 않았지만, 대외 경쟁력 하락과 무역적자 심화로 인해 미국이 더 이상 과거의 "포괄적 상호주의^{comprehensive reciprocity}"를 유지하지 못하고 "엄격한 상호주의^{strict reciprocity}," 혹은 "결과적 상호주의"로 통상정책을 전환할 수밖에 없었던 것이 미국 공격적 일방주의의 직접적 원인이라 하겠다. 즉 패권국으로서 일정한 양보를 타국에 제공함으로써 다자체제의 안정성과 자유무역기조를 유지하는 것이 더 이상 어렵게 되었다는 것이다. 미국이 섹션 301조(1974년)나 이를 강화시킨 Super 301조, Special 301조(1988년) 등을 이용하여 타국에 대한 통상압력을 높여감에 따라, 미국의 일방주의를 제어하고 미국과의

---

13 GATT에서 WTO로의 분쟁해결제도의 변화는, 그 자체로 중요하게 다룰 필요가 있는 WTO의 특징 가운데 하나이다. 따라서 이에 대한 상세한 논의는 WTO의 구조와 기능을 다루는 III절에서 할 것이다.

통상마찰을 관리하는 문제가 80년대 국제통상의 주요한 과제로 대두되게 되었다.

III. WTO체제의 특징, 구조와 기능

1. 우루과이라운드(UR)의 결과와 WTO체제의 등장

앞서 지적한 GATT의 여러 한계와 문제점들은 다자무역체제의 전면적이고 구조적인 혁신과 변화를 요구하는 것들이었다. 1986년 시작된 UR협상은 참가국의 숫자, 협상의제의 포괄성, 협상의 난맥상과 장기 대치(협상타결까지 총 8년 이상이 소요되었다), 제도 변화의 폭과 깊이 등 모든 측면에서 전례가 없는 다자통상협상이었다. 그렇다면 험난했던 UR협상의 결과물로 등장한 WTO체제는 기존 GATT체제의 문제점들을 얼마나 성공적으로 극복했는가, 혹은 극복에 실패했는가?

가장 먼저 지적할 것은, WTO가 기존의 상품무역뿐만 아니라 서비스, 지적재산권, 투자 등 새로운 이슈영역으로 무역자유화의 폭을 확대했을 뿐 아니라, WTO의 단일한 틀 내에서 이것들이 관리되도록 함으로써 국제무역체제의 통합성을 획기적으로 높였다는 점이다. 지적재산권 분야는 TRIPs협정 The Agreement on Trade-Related Aspects of Intellectual Property Rights, 서비스 분야는 GATS General Agreement on Trade in Services, 그리고 투자 분야는 TRIMs협정 The Agreement on Trade-Related Aspects of Investment Measures을 만들어서, 각각의 이슈들이 WTO협정의 한 부분으로 포함되도록 했다. 이 가운데 특히 TRIPs협정은 내용적 엄격성과 구속성의 정도가 다른 협정에 비해 매우 높은 것으로서, 선진국과 개발도상국 사이에 형평성 논란이 계속 일어나는 원인이 되었다.[14] 반면, TRIMs는 투자와 무역을 연계하는 매우 초보적 수준의 협정으로 엄격성과 구속성의 정도는 매우 낮은 편이었다. GATS 역시 향후 라운드의 협상의제로 자동적으로 채택되도록 합의된 기 설정 의제^{built-in agenda}로서 추가적인 자유화협상을 전제로 한 것이었다.[15]

둘째, 관세 이외의 수단에 의한 무역제한 금지원칙, 혹은 투명성 원칙에도 불구하고 오랜 기간 동안 예외였던 농업부문과 섬유/의류 부문에서, WTO체제하에서 비로소 "예외 없는 관세화"가 적용되었다. 예외 없는 관세화는 NTB의 문제점을 제거하고 추후 지속적인 인하협상을 가능하게 한다는 점에서, 무역자유화를 확대하는 데 중요한 진전을 이루었다. 농업과 섬유부문은 선진국이나 개도국 모두 자신의 처지에 따라 수출이익과 국내 산업보호 요구가 가장 첨예하고 전투적으로 부딪치는 영역이다. 실상 UR이 장기 대치상태에 빠졌던 가장 큰 이유도 농업부문에서 미국과 EC가 합의를 도출하는 데 실패했기 때문이었다. 농업협상 결과, 개도국은 1개의 특별품목에 대해 관세화의 예외를 한시적으로 인정받아 양적 제한조치(수입쿼터제)를 취할 수 있다. 하지만 그 대가로 최소수입물량을 단계적으로 증가시켜 의무적으로 수입해야 하고, 10년의 유예기간 후 다시 협상을 통해 회원국들의 승인을 받아야 하는 의무를 지고 있다.[16] 섬유/의류협상에서 개도국의 섬유쿼터제 철폐 요구는 국내 섬유/의류산업의 피해를 우려한 선진국의 반대로 합의에 상당한 어려움을 겪었다.[17] 이러한 난관에도 불구하고, 아무

---

14 Susan K. Sell, *Private Power, Public Law: The Globalization of Intellectual Property Rights* (New York: Cambridge University Press, 2003).

15 WTO의 각 개별협정에 대한 간략한 비교 및 평가는 Schott(1994); John Whalley and Colleen Hamilton, *The Trading System after the Uruguay Round* (Washington, DC: Institute for International Economics, 1996)을 참조할 것.

16 한국은 최초 10년(1995~2004)간 쌀에 대해 관세화 유예조치를 받았고, 이 후 10년 (2005~2014)간 유예조치를 연장하였다. 하지만 이 기간 동안 최소수입물량을 계속 증가시켜 2014년 약 41만 톤(우리나라 쌀 소비량의 12%에 해당)을 의무적으로 수입해야 했다. WTO 회원국들과 협상을 통해 관세화 유예 추가연장을 받기 위해서는 최소수입물량을 대폭 늘려 주어야 할 것이 확실시되는 상황에서, 한국 정부는 2014년 7월 쌀 관세화 조치를 발표하고 513% 수입관세율을 일단 WTO에 통보하였다. 관세율 협상을 거쳐 조정이 불가피할 전망이다.

튼 농업과 섬유부문을 포함하여 예외 없는 관세화 원칙이 적용되었다는 것은 무역자유화의 중요한 진전이라 할 수 있다.

셋째, 도쿄라운드에서 충분하게 해결되지 못했던 NTB 문제를 체계적으로 다루기 위해 무역관련 규율trade-related rules의 내용과 절차를 좀 더 명확하고 엄격하게 만들었다. 반덤핑, 보조금/상계관세, 세이프가드와 같은 무역구제 조치가 남용되는 것을 막기 위해 각 협정에서 그 발동요건을 보다 엄격하게 규정했고, WTO 분쟁해결제도를 이용하여 무역구제조치에 대해 소송을 제기하여 이를 철폐할 수 있도록 했다. 새로운 유형의 NTB로 부상하고 있는 기술 장벽조치TBT나 위생검역조치Sanitary and Phytosanitary measures: SPS 역시 무역 제한적 목적으로 이용되지 못하도록 적용의 객관적 기준을 마련하고자

NTB와 반덤핑조치

UR에서 NTB에 대한 제도적 개선이 있기는 했지만, 지난 20년간의 WTO 운영과정에서 이에 대한 실직적인 개선이 이루어졌는지에 대해서는 회의적인 견해가 압도적이다. TBT, SPS, 무역금융(trade financing), 정부규제와 자국 상품 우대조치, 환율조작 등 2008년 세계금융위기 이후 새로운 유형의 보호주의도 증가하고 있기는 하지만, NTB 중 가장 보편적이고 빈번하게 사용되는 것은 여전히 반덤핑조치(anti-dumping measures)이다.

덤핑(dumping)이란 특정 상품을 정상가격(normal price) 이하로 해외

---

17 섬유/의류협정의 이행을 위해 10년에 걸쳐 단계적으로 쿼터를 철폐하도록 하고 있으나 과도기간 중 개별품목을 얼마만큼 자유화해야 하는지에 대해서는 수입국의 재량에 맡기고 있다(성재호, 『국제경제법』(박영사, 2006), p.236). 그 결과, 쿼터의 실제 감소는 10년 동안 계속 뒤로 미루어져서 개도국의 실질적인 수출증가 효과는 미미했으며, 10년의 이행기간이 끝난 2005년 이후에도 쿼터제의 완전한 철폐에는 이르지 못하였다. 이러한 선진국들의 소극적·기회주의적 태도로 인해 개도국들은 선진국들에게 깊은 불신과 배신감을 가지게 되었고, 이것이 DDA의 총체적 난맥상을 가져온 근본적인 원인 중 하나가 되었다.

에서 판매하는 것으로서, 국제무역규범에서 불공정무역행위(unfair trade practice)로 금지하고 있다. 수입국은 덤핑여부를 판별하기 위한 자료요구, 사실조사, 국내산업의 피해 정도 조사, 예비판정 및 예비관세 부과, 최종 반덤핑관세율의 확정과 부과 등 일련의 조치를 자국의 국내법과 정부규정에 근거하여 취할 수 있다. 반덤핑협정 규정의 모호함이나 기술적인 문제(예를 들어, 정상가격의 산정, 해당 국내산업의 범위와 피해정도 확인 등)도 있지만, 각국이 자국 규정에 근거해서 무역제한조치를 일단 실시할 수 있다는 편의성 때문에 가장 빈번하게 사용되는 대표적인 NTB이다. WTO 반덤핑위원회의 보고 자료에 따르면, 1995년 1월 1일부터 2014년 6월까지 각 수입국이 발동한 반덤핑조치의 숫자는 무려 4627건에 이른다(https://www.wto.org/english/tratop_e/adp_e/adp_e.htm). 반덤핑조치를 사용한 국가들 역시 과거에는 미국, EU, 캐나다 등 일부 선진국이었던 반면, 지금은 기타 OECD 국가들과 신흥개도국들을 포함하여 거의 대부분 국가들이 매우 공격적으로 이 조치를 사용하고 있다.

수입국의 반덤핑조치에 의해 자국 수출업자들에게 피해가 발생할 경우, 수출국은 수출업자들의 요구를 반영하여 이 문제를 WTO에 제소할 수 있다. 1995년 1월부터 2014년 12월까지, WTO 분쟁해결기구에 반덤핑조치를 법적 쟁점으로 하여 제기한 사건은 108건으로 전체 사건의 21.6%를 차지하고 있다(단일 법규로는 압도적으로 높은 비율의 1위이다). 1964년 케네디라운드에서 최초로 반덤핑조치 문제가 제기되었던 이래, 여전히 가장 보편적이고 고질적인 비관세장벽으로 지속되고 있음을 알 수 있다. 그리고 이제는 선진국/개도국 가리지 않고 가장 손쉬운 보호주의 수단으로 남용하고 있다. 도하라운드의 무역규범(trade rules) 협상분과에서 이 문제를 다루어왔으나, 미국의 완강한 반대와 주요개도국들의 미온적인 태도로 인해 협상의 진척은 미미하다.

했다.

넷째, UR협상에서는 이전의 도쿄라운드와 달리 새로운 협상원칙이 적용되었는데, '일괄타결single undertaking'원칙이 그것이다. "모든 것이 합의되기 전에는 아무 것도 합의된 것이 아니다Nothing is agreed until everything is agreed"

로 요약할 수 있는 일괄타결원칙은, 엄밀히 말해 약간 상이한 두 가지 의미를 동시에 담고 있다. 하나는, 각 국가가 선택적으로 코드(code: GATT의 개별협정으로, 예를 들면 반덤핑코드, 보조금/상계관세코드, TBT코드, 정부조달코드 등)에 참가할 수 있었던 도쿄라운드와 달리, WTO는 산하 개별협정에 회원국이 선택적으로 참가하는 것을 불허하고 있다는 의미이다. WTO 회원국이 되기 위해서는 WTO의 모든 개별협정(예를 들어 농업협정, 섬유/의류협정, 반덤핑협정, 보조금/상계관세협정, TBT협정 등)에 가입하고 그 의무를 준수해야 한다는 것이다. 회원국의 선택적 참가가 허용되는 소수의 복수국간협정plurilateral agreement을 제외하고는, 일부 국가들만 참여하여 별도의 권리의무관계를 발생시키는 부문별 개별협정을 허용하지 않는다는 것이다.

일괄타결의 다른 의미는, 협상의 포괄적 의제들 가운데 합의 가능한 일부만을 떼어내서 부분적으로 협상을 종결하는 것, 즉 협상의 '조기수확early harvest'을 허용하지 않는다는 것이다. 모든 국가가 모든 의제에 대해 동시에 합의에 이를 때 비로소 협상이 종결될 수 있다는 일괄타결원칙은, 그것이 잘 작동할 때는 포괄적이고 모두가 만족하는 결과를 신속하게 도출할 수 있다는 장점이 있다. 하지만 UR이나 현재의 DDA에서 보듯 제대로 작동하지 않을 때는, 협상의 무한 정체, 협상동력 상실, 무력감 심화라는 부작용을 낳을 수 있다. 소수그룹이 소수의 의제를 놓고 완강하게 반대할 때, 압도적 다수국가들이 다수의 의제에서 동의함에도 불구하고 협상 전체는 타결될 수 없기 때문이다.

마지막으로, WTO의 설립과 함께 높은 수준의 구속성, 엄밀성, 위임성을 특징으로 하는 강화된 법적 분쟁해결제도가 도입되었다. 국제무역체제의 분쟁해결제도 변화는 국제법학자뿐만 아니라 국제정치학자들에게도 대단히 중요한 시사점을 제공하는 사건이다. WTO 법적 분쟁해결제도의 의미와 성과에 대해서는 3절에서 자세히 논의할 것이다.

2. WTO의 기능, 구조, 의사결정방식

WTO의 목표, 기능, 구조 등을 밝히는 헌법적 성격의 문서인 마라케쉬협정(혹은 WTO 설립협정, 간단히 WTO협정으로 불리기도 한다)에 따르면, WTO는 다자무역협정의 이행, 관리, 운영을 촉진하고, 이와 관련한 협상의 장bargaining forum을 제공하고, 분쟁해결제도Dispute Settlement Mechanism, 이하 DSM와 무역정책검토제도Trade Policy Review Mechanism, 이하 TPRM 18의 역할을 하며, IMF, World Bank 및 산하기구들과 협력하는 것(WTO협정 3조)으로 그 기능을 설정하고 있다. 그리고 각 기능을 담당하기 위해, 협정의 법률적 구조에 상응하는 조직구조를 가지고 있다(4조).

최고의사결정기관은 최소 2년에 1번 의무적으로 개최되는 각료회의Ministerial Conference로서, 모든 회원국 대표로 구성된다. 각료회의가 주로 상징적·외교적 성격의 모임이라면, WTO의 실질적 운영은 각료회의 비회기 기간 중 각료회의 기능을 수행하도록 규정된 일반이사회General Council에 의해 이루어진다. 일반적으로 회원국들은 상임 WTO 대사 등을 제네바에 파견하여 자국 대표로 일반이사회에 참가하도록 하고 있다.19 그만큼 일반이사회가 담당하는 일상적 기능이 국가이익에 중요하기 때문이다. 일반이사회 자체가 다자무역협정 혹은 복수자협정의 협상장이 될 뿐 아니라, 분쟁해결, 무역정책검토 등의 기능을 수행한다.20 WTO와 정부간기구, 혹은 비정부간

---

18 무역정책검토제도란 각 국가가 정해진 기간(미국, EU, 일본, 캐나다는 2년, 국제무역 상위 20위까지의 국가는 4년, 기타 국가는 6년)을 주기로 자국의 무역정책을 WTO에 보고하도록 의무화한 제도이다. 일반이사회에서 각국 무역정책이 WTO 규정과 합치하는지를 감시하도록 함으로써 다자무역규범의 준수를 촉진하기 위해, WTO 설립과 함께 도입된 제도이다. 하지만 각국이 제출한 보고서에 대해 권고적 의견 이상을 제시할 수 없고 권고의 구속성은 없으므로, 그 실효성은(약간의 평판효과 이외에) 매우 낮다고 할 수 있다.

19 우리나라는 주 제네바 한국대표부를 두고 있으며, 대표부 대사가 WTO 업무와 UN 유럽사무소 업무를 동시에 관장하도록 하고 있다.

20 일반이사회가 분쟁해결과 관련한 기능을 위해 소집되면 이를 "분쟁해결기구(Dispute Settlement Body, 이하 DSB)"라 부르고, 무역정책검토와 관련된 기능을 위해 소집되면

기구와의 협의나 협력도 일반이사회에 부여된 기능 중 하나이다.

일반이사회 산하에 상품무역이사회, 서비스무역이사회, 그리고 무역관련 지적재산권이사회의 분야별 위원회가 3개 있는데, 각각은 WTO협정의 부속서 1A(GATT 94), 1B(GATS), 그리고 1C(TRIPs)에 상응하는 것이다. 그리고 각 이사회 산하에 개별협정을 관장하는 위원회Committee가 있는데(예를 들어, 농업위원회, 반덤핑위원회, 위생 및 검역조치위원회 등), 대다수의 위원회는 상품무역이사회 아래에 설치되어 있다. 그 외에도 일반이사회는 특수한 임무나 중장기적 검토와 대응을 요하는 의제를 다루기 위해 특별위원회(예를 들어, 무역·개발위원회, 무역·환경위원회, 지역협정위원회, 국제수지위원회 등)나 가입 신청국에 대한 심사와 가입절차를 진행하는 가입작업반Working Parties on Accession 등을 두고 있다. 끝으로 복수국간협정위원회Plurilaterals Committee는 모든 국가가 아닌 일부 국가만 참가하는 협정, 즉 이 협정을 수락한 국가들에게만 권리·의무관계를 발생시키는 협정을 관장하는 위원회이다. WTO 설립 당시에는 국제낙농위원회, 국제우육위원회 등 네 개의 위원회가 있었으나 현재는 민간항공기위원회와 정부조달위원회 두 개만 남아 있다.

마지막으로 사무국Secretariat 및 사무국의 책임자로서 모든 WTO 직원들을 관리하는 사무총장Director General이 있다. 사무총장은 각료회의에서 지명하는데 단순히 직원의 대표자나 관리자의 역할을 뛰어넘어 정치적인 능력과 지도력을 요구하는 자리이기도 하다. 특히 통상협상이 교착상태에 빠지거나, 개도국-선진국 혹은 주요국가들 사이에 이견이 심각할 때, 사무총장의 주선providing good office과 중개mediator능력, 대안제시 능력은 협상의 성패에 매우 중요한 영향을 미칠 수 있다.21 특기할 것은 IMF(2,500명)나 World

---

이를 "무역정책검토기구(Trade Policy Review Mechanism, 이하 TPRM)"라 부른다.
21 UR협상 막바지에 사무총장 Dunkel이 제출한 초안(Dunkel Text)이 하나의 초점(focal point)으로 협상진전에 중요한 역할을 했던 것이나, 현 사무총장인 Azevedo가 개인적 친화력과 개도국으로부터의 신뢰를 바탕으로 장기교착상태였던 DDA에서 발리 패키지 합의를 이끌어 내는 데 기여를 했던 것(WTO 인터뷰 2014년 8월, 제네바) 등이

Bank(5,200여 명)에 비해, WTO 직원 수(600명)는 비교할 수 없을 정도로 작다는 것이다. 공식기구가 아닌 GATT조약으로 출발했던 역사, 금융구제 조직이 아닌 통상협상조직으로서의 성격, 그리고 각 국의 금전적 기여^{Quota}에 따라 투표권이 부여되는 IMF, World Bank와 달리 합의제와 1국 1표에 기반한 의사결정방식 등 여러 원인이 제시될 수 있겠다.

WTO의 예산은 회원국이 매년 배분하여 납부하는 분담금으로 충당하는 것을 기본으로 하고 있다(WTO협정 7조). 국제무역에서 차지하는 비율이 0.015%에 미달하는 국가들은 최소분담금으로 0.015%를 의무적으로 납부해야 하고, 그보다 상위의 국가들은 전체 WTO 회원국의 무역액(EU 내부무역을 포함하여) 중 그 나라가 차지하는 비율(수출 + 수입)을 토대로 일반이사회에서 결정한다. 2013년 WTO의 예산 총액은 대략 CHF197,500,900 (2013년 말 환율기준 대략 US $221,120,000)이며, 이 중 미국 11.709%, 독일 8.554%, 중국 7.697%, 일본 4.611%, 영국 4.324%, 프랑스 4.172%를 분담한다. 한국은 이탈리아, 캐나다에 이어 9위인 2.765%로 CHF5,405,575 을 분담했다. 최소분담금조차 납부하지 못하는 국가들이 상당수에 이르고, 회원국의 절대다수를 차지하는 개발도상국 상당수가 예산 증액에 반대하기 때문에, 예산의 만성적 부족현상은 이미 WTO의 심각한 문제 가운데 하나가 된 지 오래다. 〈그림 1〉은 WTO 전체 조직도이다. 회원국은 분쟁해결패널, 상소기구, 그리고 복수국협정위원회를 제외한 모든 이사회와 위원회에 아무런 제약 없이 참가할 수 있다.

마지막으로 WTO의 의사결정방식에 대해 살펴보자. 실제로 WTO는 흔히 알려진 합의제^{consensus} 이외에도 다양한 의사결정규칙을 가지고 있다. WTO협정 9조에 따르면, 일반적인 의사결정은 합의제의 관행을 유지하지만, 합의에 의해 결정이 이루어지지 않는 경우 각료회의와 일반이사회에서 1국 1표의 원리에 따라 표결로 결정하는 것도 가능하다. WTO협정과 다자무역협정의 '해석^{interpretation}'을 '채택^{adoption}'하는 권한이 각료회의와 일반

그 예일 것이다.

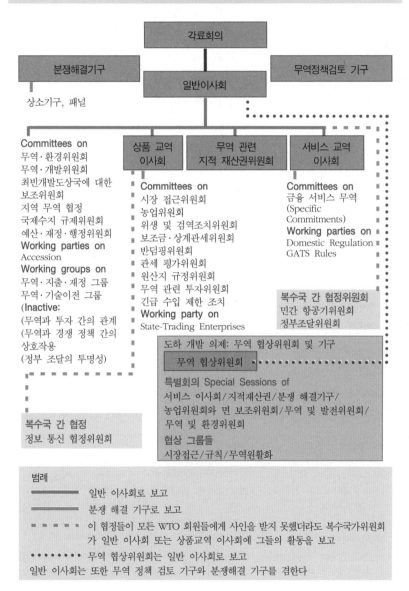

〈그림 1〉 WTO 조직구조

각료회의

분쟁해결기구

상소기구, 패널

일반이사회

무역정책검토 기구

Committees on
무역·환경위원회
무역·개발위원회
최빈개발도상국에 대한
보조위원회
지역 무역 협정
국제수지 규제위원회
예산·재정·행정위원회
Working parties on
Accession
Working groups on
무역·지출·재정 그룹
무역·기술이전 그룹
(Inactive:
(무역과 투자 간의 관계
(무역과 경쟁 정책 간의
상호작용
(정부 조달의 투명성)

상품 교역
이사회

무역 관련
지적 재산권위원회

서비스 교역
이사회

Committees on
시장 접근위원회
농업위원회
위생 및 검역조치위원회
보조금·상계관세위원회
반덤핑위원회
관세 평가위원회
원산지 규정위원회
무역 관련 투자위원회
긴급 수입 제한 조치
Working party on
State-Trading Enterprises

Committees on
금융 서비스 무역
(Specific
Commitments)
Working parties on
Domestic Regulation
GATS Rules

복수국 간 협정위원회
민간 항공기위원회
정부조달위원회

도하 개발 의제: 무역 협상위원회 및 기구

무역 협상위원회

특별회의 Special Sessions of
서비스 이사회/지적재산권/분쟁 해결기구/
농업위원회와 면 보조위원회/무역 및 발전위원회/
무역 및 환경위원회

협상 그룹들
시장접근/규칙/무역원활화

복수국 간 협정
정보 통신 협정위원회

범례

━━━━━ 일반 이사회로 보고

━━━━━ 분쟁 해결 기구로 보고

▪ ▪ ▪ ▪ ▪ ▪ 이 협정들이 모든 WTO 회원들에게 사인을 받지 못했더라도 복수국가위원회
가 일반 이사회 또는 상품교역 이사회에 그들의 활동을 보고

● ● ● ● ● ● ● 무역 협상위원회는 일반 이사회로 보고
일반 이사회는 또한 무역 정책 검토 기구와 분쟁해결 기구를 겸한다

출처: https://www.wto.org/english/thewto_e/whatis_e/tif_e/org2_e.htm

이사회에 부여되는데, 해석채택 결정은 3/4 다수결에 의한다. 또한 각료회의는 예외적인 상황에서 특정 회원국의 의무를 '면제^{waive}'해 주는 권한도 있는데, 의무면제결정 역시 3/4 다수결에 의한다. 마지막으로 다자무역협정에 대한 '개정'은 합의를 기본으로 하지만, 합의에 도달하지 못할 경우 각료회의는 개정안을 회원국의 수락을 위해 제출할 것인지 여부를 회원국 2/3 다수결로 결정하고, 개정안은 회원국 2/3의 수락으로 발효한다.[22] 이처럼 일반 의사결정, 해석결정, 의무면제, 개정 등 경우에 따라 투표를 통한 다양한 의사결정방식이 있음에도 불구하고, WTO는 기존의 합의제 전통을 여전히 고수하고 있다. 실제로 합의 이외의 다른 의사결정방식을 시도하거나 사용한 사례는 극히 드물다. UR협상이나 DDA협상의 장기 정체상태가 보여주듯, 합의제는 의사결정의 효율성과 신속성을 떨어뜨리는 핵심요인이며, 어떤 방식으로건 제도적 개선을 필요로 하는 사안이라 할 것이다.

3. WTO 분쟁해결제도(DSM): 외교적 분쟁해결에서 법적 분쟁해결로의 변화[23]

GATT DSM에서 WTO DSM으로의 전환에 대해, "힘에 기반한 체제로부터 규칙에 기반한 체제로의 변화,"[24] 혹은 "조정^{conciliation}으로부터 사법화^{adjudicative}된 분쟁해결체제로의 전환"[25] 등 다양한 설명이 있어 왔다. GATT

---

22 회원국의 권리와 의무를 변경시키는 개정은 2/3 수락으로 수락회원국에게만 발효되며, 비 수락회원국은 일정 기간 내에 수락하지 않으면 WTO를 탈퇴하거나 각료회의의 동의를 구해야 한다. 회원국의 권리와 의무를 변경시키지 않는 개정은 회원국 2/3 수락으로 모든 회원국에 대하여 발효한다. 하지만 회원국의 직접적 이해관계가 걸려 있는 조항들, GATT 94의 1조와 2조, GATS의 2조 1항 등은 모든 회원국의 수락이 있어야만 발효한다.

23 이 절은 문돈, "거래비용이론, 신제도주의, 그리고 제도의 변화: GATT에서 WTO로의 분쟁해결제도의 변화,"『한국사회과학』제24권 2호(2002)의 내용을 축약, 수정한 것임.

24 John H. Jackson, *The World Trade Organization: Constitution and Jurisprudence* (London: A Cassell Imprint, 1998).

와 비교할 때 WTO의 DSM이 지니는 가장 중요한 특징은 합의적 consensus 방식에서 강제적 compulsory 방식으로 이행이라 할 것이다. 기존에 분쟁당사 국에게 부여된 비토권을 폐지함으로써, 분쟁절차의 진행과 결정의 채택, 그리고 그 집행에 자동성 automaticity 을 부여한 것이다. "국제법제화 international legalization" 논의에서 법제화의 기본 개념으로 제시했던 구속성, 엄밀성, 위임성의 세 차원 모두에서 고도로 발전된 강한 법제화 hard legalization 의 특징을 보여주는 것이라 하겠다.[26]

GATT의 분쟁해결방식은 몇 차례의 점진적인 변화를 거쳐 왔다. 최초로 GATT체제가 등장했을 때의 분쟁해결제도는 기본적으로 구속성이 없는 주선 providing good office 과 중개 mediation 의 성격을 벗어나지 못했다. 법적 대결을 통해서 보다 정치적 협의를 통해서 분쟁을 해결하는 것이 더욱 선호되었다. 1970년대 들어 무역참가국의 증가, 국제무역의 팽창, 그리고 복잡한 분쟁사안의 제기 등으로 "1979협정(1979년 통보, 협의, 분쟁해결 및 감시에 관한 협정: The 1979 Understanding Regarding Notification, Consultation, Dispute Settlement and Surveillance)"을 채택함으로써 분쟁해결에 상당한 진전을 보이게 된다. 전문가들로 구성된 패널의 설치와 그 운영절차를 명시하고 각 절차에 소요되는 시간의 가이드라인을 제시하는 것 등이 그 주된 내용이다. 이러한 제도 개선에 힘입어, GATT의 일반이사회는 분쟁당사국의 동의하에 패널을 설치할 권한을 갖게 되었고, 패널은 국가 간 분쟁해결의 중심축으로 자리매김하게 되었다. 이 시기 GATT에 제소된 분쟁의 숫자는 이전 시기에 비해 거의 4배 이상 증가했으며(연 평균 13.2회), 패널절차를 통한 분쟁의 해결은 이제 일반적인 현상이 되었다.

이러한 변화에도 불구하고 GATT의 분쟁해결기제는 여전히 중요한 몇 가

25 Edwin Vermulst and Bart Driessen, "An Overview of the WTO Dispute Settlement System and its Relationship with the Uruguay Round Agreement: Nice on Paper but too much stress for the system?" *Journal of World Trade* 29-2(April 1995).

26 *International Organization* 54-3(Summer 2000).

지 취약점을 지니고 있었다. 가장 심각한 문제는 각 분쟁당사국이 패널설치, 패널결정 채택 등 주요 절차를 정지blockage시킬 수 있는 권한, 즉 실질적 비토권을 가지고 있었다는 점이었다. 패널에서 내려진 판정과 권고는, GATT 분쟁해결기구Dispute Settlement Body: DSB로 기능하는 일반이사회에서 합의로 그것을 채택할 때에만 법적 효력을 발휘할 수 있다. 그런데 일반 이사회가 패소국가를 포함한 모든 국가의 대표로 구성되기 때문에, 판정에 불만을 가진 어떠한 국가도 (최소한 이론적으로는) 판정의 채택을 거부할 수 있는 것이다. 판정을 봉쇄하겠다는 위협은 종종 패널절차를 통한 분쟁해결을 지체시키거나 교착상태에 빠지게 하였는데, 막강한 힘을 지닌 미국과 EC 간의 분쟁에서 이런 현상은 특히 두드러지게 나타났다. 또 하나의 문제점으로서, GATT 체제하에 상이한 분쟁해결절차가 중첩되어 존재하고 이들 간의 위계가 불명료하여 어떤 분쟁해결절차를 따를 것인가 그 자체가 분쟁의 대상이 되었다는 점이다. 도쿄라운드에서 도입된 코드시스템Code System은 국가들이 선택적으로 각 코드에 참여할 수 있게 함으로써 코드에서 규정된 권리와 의무가 차별적으로 적용되도록 하였다. 일부의 코드, 혹은 개별협정이 독자적인 분쟁해결절차를 제공하였기 때문에, GATT 전체의 분쟁해결절차와 충돌할 소지를 안고 있었다는 것이다.

WTO의 분쟁해결방식은 비구속적이고 합의에 기반을 둔 GATT 분쟁해결방식의 문제점을 어떻게 극복했는가? 무엇보다도 중요한 변화는, 패널결정 채택과정에서 각 국가가 가졌던 거부권을 없앴다는 점이다. 패널과 항소심Appellate Body에서 내려진 판정은, DSB 참가국들이 그것을 번복하기로 합의하지 않는 한 자동적으로 채택되도록 바뀐 것이다. 즉 과거 GATT체제에서 판정채택adoption을 위해 합의consensus가 요구되었다면, WTO체제에서는 판정의 기각을 위해 합의가 요구되는 것으로 바뀐 것이다.27 분쟁판정에서 유리한 결과를 얻은 국가가 그 판정을 기각하는데 동의할 리가 없음을 감안한다면, 패널과 항소심의 판정은 실질적인 의미에서 그 자체로 최종적인 결정

---

27 이를 역 만장일치 규칙(reversed consensus rule)이라 한다.

국제기구와 경제협력·개발

으로 인정되는 것이다. 거부권의 제거는 패소국가가 지연전술이나 봉쇄전술을 사용하여 분쟁해결기제를 무력화시키는 것을 막아 줌으로써, WTO DSM의 실효성과 신뢰성을 획기적으로 향상시켰다.

두 번째 변화는 각 단계 분쟁절차에 소요되는 시간을 엄격하게 제한하는 규칙을 만든 것이다. WTO의 공식적 분쟁절차는 불만을 가진 국가(혹은 국가들)가 대상국가에 협의Consultation를 요청함으로써 시작되는데, 이로부터 패널설치(60일 이내), 패널판정(패널설치로부터 6개월 이내, 긴급사안의 경우 3개월 이내), 항소심의 설치, 항소심 판정(항소 요청으로부터 90일 이내), DSB에서의 최종 채택(30일 이내), 판정의 이행 (쌍방합의에 의해 합리적 기간을 설정할 수 있으나 일반적으로 15개월 이내), 판정 불이행 시 보복조치의 승인과 실행(이행조치 만료시기로부터 30일 후) 등 분쟁의 시작부터 종결, 사후조치의 전 과정에 대해 엄격한 시간 틀time frame을 규정된 것이다 (〈그림 2〉 참조). 일반적으로 분쟁결과의 최종 채택은 패널이 설치된 날로부터 1년이 넘지 않는 것을 원칙으로 하고 있다. 이러한 시간적 제한의 부과는 분쟁해결절차가 지연되는 것을 막고 신속한 판정 및 집행을 가능케 하는 것이다.

또 하나의 중요한 변화는 항소기구Appellate Body의 설치이다. 항소기구는 WTO DSM의 최종 법정으로서 기능하는 상설기구로서, 항소가 있을 경우에 패널의 판정을 심의하여 유지uphold, 수정modify, 번복reverse할 권한을 갖는다. 항소기구는 공인된 권위와 전문성을 지닌 7명의 재판관으로 구성되며 재판관의 임기는 4년간 보장된다. 각 분쟁은 3인 재판관에 의해 심리되고, 개발도상국이 분쟁의 당사자인 경우 개발도상국 출신의 재판관이 최소한 한 명은 심리에 참여하도록 되어 있다. 항소기구가 가지는 중요성은, 전문성, 위임된 권한, 보장된 임기를 가진 재판관들이 독립적인 지위에서 명실상부한 사법판정을 내리도록 한다는 점이다. 또한 패널판정에서 패소한 국가가 항소심에서 다시 한 번 재판을 받을 수 있는 기회를 제공함으로써, 분쟁해결절차의 공정성과 정당성을 높일 수 있다.

끝으로 지적할 중요한 변화는 WTO체제가 개별국가의 일방주의, 정치

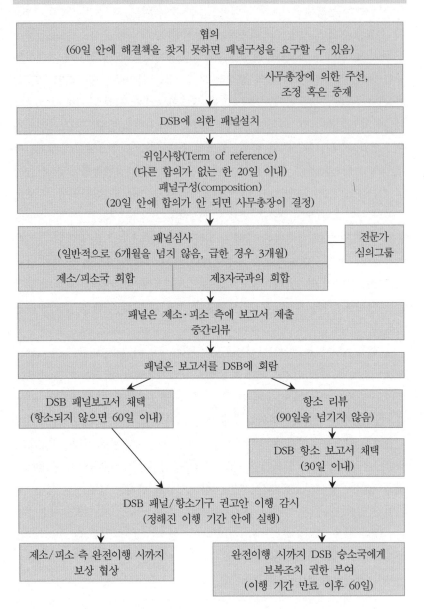

〈그림 2〉 WTO 분쟁해결절차

협의
(60일 안에 해결책을 찾지 못하면 패널구성을 요구할 수 있음)

사무총장에 의한 주선,
조정 혹은 중재

DSB에 의한 패널설치

위임사항(Term of reference)
(다른 합의가 없는 한 20일 이내)
패널구성(composition)
(20일 안에 합의가 안 되면 사무총장이 결정)

패널심사
(일반적으로 6개월을 넘지 않음, 급한 경우 3개월)

전문가
심의그룹

제소/피소국 회합   제3자국과의 회합

패널은 제소·피소 측에 보고서 제출
중간리뷰

패널은 보고서를 DSB에 회람

DSB 패널보고서 채택
(항소되지 않으면 60일 이내)

항소 리뷰
(90일을 넘기지 않음)

DSB 항소 보고서 채택
(30일 이내)

DSB 패널/항소기구 권고안 이행 감시
(정해진 이행 기간 안에 실행)

제소/피소 측 완전이행 시까지
보상 협상

완전이행 시까지 DSB 승소국에게
보복조치 권한 부여
(이행 기간 만료 이후 60일)

국제기구와 경제협력·개발

적·경제적 힘을 이용한 자의적 분쟁해결을 금지하고 있다는 점이다. 각 국가가 분쟁해결과정에 직접 개입하여 힘의 행사를 통해 분쟁결과를 좌우하는 비 법적 분쟁해결방식과 달리, 고도로 법제화된 분쟁해결기제는 분쟁의 당사국이 분쟁해결과정에 직간접적으로 개입할 여지를 줄여준다. 또한 분쟁해결기구에서 내려진 공식적인 결정에 의하지 않은 일방적인 보복을 금지하고 있다. 미국의 일방주의적 분쟁해결방식을 억제하고 다자적 틀을 강화하는 것은 대다수 국가들에게 있어 UR협상의 중요한 목표 가운데 하나였다. 스콧Schott의 주장처럼 법제화된 DSM의 도입은 일종의 거래, 즉 신속하고 효율적인 보복의 권리를 승소국에게 부여하는 대신 이러한 보복은 반드시 WTO 분쟁해결제도의 승인을 받아야만 한다는 의무를 지는 큰 틀에서의 거래라 할 수 있다.[28] 이외에도 패소국가가 판정을 이행하지 않을 경우 승소국가가 부과하는 보복조치의 정도를 결정하는 강제적 중재arbitration 절차를 마련한 것 역시 유의미한 제도개선이라 할 수 있다.

그렇다면 지난 20년간 WTO DSM은 어떻게 활용되어 왔으며, 그 함의는 무엇인가? 〈그림 3〉을 보면 GATT에 비해 WTO DSM하에서 가히 폭발적이라 할 만큼 분쟁의 빈도가 늘었음을 알 수 있다. GATT 전체 기간(1948~1994) 동안 연평균 분쟁횟수가 6.4회인 반면, WTO 20년 동안(1995~2014) 연평균 분쟁횟수는 24.35로 거의 4배 가까이 증가했다. 이렇게 분쟁수가 두드러지게 증가한 까닭은, 분쟁해결제도의 변화로 인해 WTO 회원국들이 그것을 이용할 인센티브가 높아졌기 때문이다. 즉, 분쟁해결제도를 이용하여 통상 분쟁을 적절하고 효과적으로 해결할 수 있을 것이라는 국가들의 믿음이 그만큼 높아진 것이다. 제도 변화의 주요 동기 가운데 하나인 효율성 상승효과efficiency improvement effect라는 측면에서 볼 때, WTO DSM은 상당한 성과를 거두고 있다고 평가할 수 있다.[29] 과거 GATT 시기 무역

---

28 Jeffrey J. Schott(1994).

29 WTO 분쟁해결제도의 효율성 상승효과에 대한 보다 상세한 논의로는 문돈, "WTO 분쟁해결제도의 효율성 상승효과: 10년간 분쟁해결제도에 대한 평가," 『국제정치논총』 제46권 3호(2006)를 참조할 것.

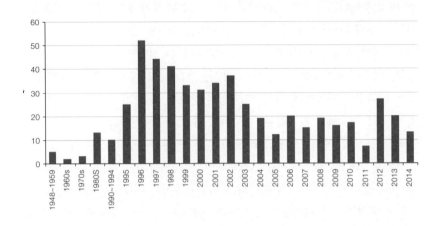

〈그림 3〉 GATT/WTO에 제소된 연간 분쟁 횟수
(1948~1994 GATT 시기는 연평균 횟수, 1995~2014 WTO 시기는 1년간 제소된 횟수)

분쟁의 경험을 살펴보면, 판정의 준거가 되어야 할 각종 법 규정이 불비하거
나 패소국의 판정채택 봉쇄 위협 때문에, 국가들이 GATT DSM을 적극적으
로 이용할 이유가 별로 없었다.[30] 반면, WTO DSM은 분쟁판정 채택에 대
한 비토권 폐지 등 획기적으로 제도를 변화시킴으로써, 다수의 회원국들로
하여금 WTO DSM을 활용하여 분쟁을 해결하고자 하는 충분한 동기를 제
공해주고 있다.

한편, 한국 역시 WTO 출범 이후 분쟁해결제도에 적극 참가해 왔는데,
피소국으로서 분쟁에 대응하기에 급급했던 초기(1995년~98년)의 수세적 태
도에서 벗어나서, 미국, EU, 캐나다 등 주요 교역대상국들을 상대로 다수의
소송을 제기해 왔다. 2015년 5월 4일 현재, 제소 17건, 피소 14건, 제3자
참여 94건을 기록하고 있는데, 분쟁참가율이나 제소율에 있어 상위 7~8위
의 높은 수준이며, 사건 승소율 또한 상대적으로 높은 편이다. 법적 공방을

---

30 Robert E. Hudec, *Enforcing International Trade Law* (Salem NH: Butter worth
    Legal Publishers, 1993).

국제기구와 경제협력·개발

기본으로 하는 WTO DSM에 한국이 신속하게 적응해 왔고 성공적으로 이 제도를 활용해 왔다고 평가할 수 있다.

IV. WTO에 대한 도전과 과제:
제도개선(Institutional Reform)을 중심으로

출범과 동시에 개혁에 대한 논의가 시작되었다고 해도 과언이 아닐 만큼[31] WTO는 지난 20년 동안 수많은 문제제기와 도전을 받아왔다. 높은 구속성으로 인해 개별 회원국의 주권이 침해된다는 비판,[32] WTO의 법규와 운영이 국내적으로나 국제적으로 불평등을 심화시키거나 환경·식품안전을 악화시킨다는 주장,[33] 지적재산권협정 등이 선진국에게만 유리하고 개도국에게 과도한 부담을 지우고 있다는 비판,[34] 조직의 운영과 분쟁판결이 반환경·반노동·반인권적이며 친기업적이라는 주장,[35] 민주적으로 위임받은 권한과 책임성이 없는 국제관료international bureaucrats들이 국내 주요정책들을 좌우한다는 민주주의 결핍democratic deficit에 대한 지적[36]까지, WTO에 대한

---

31 Jeffrey J. Schott, *The World Trading System: Challenges Ahead* (Washington, DC: Institute for International Economics, 1996).

32 Claude E. Barfield, *Free Trade, and Sovereignty Democracy: The Future of the World Trade Organization* (Washington, DC: The AEI Press, 2001).

33 Amrita Narlikar, "Fairness in International Trade Negotiations: Developing Countries in the GATT and WTO," *The World Economy* 29-8(2006), p.1005; Lori Wallach and Patrick Woodall, *Whose Trade Organization: A Comprehensive Guide To the World Trade Organization* (Canada: The New Press, 2004).

34 Susan K. Sell(2003).

35 Fatoumata Jawara and Aileen Kwa, *Behind the Scenes at the WTO: The Real World of International Trade Negotiations* (London: Zed Books, 2003).

36 Robert Howse, "How to Begin to Think about the 'Democratic Deficit,'" in

비판과 공격은 좌우를 가리지 않고 제기되어 왔다. 다양한 스펙트럼의 주장들을 한데 묶어 검토하기는 거의 불가능한데, 자유무역이나 그를 위한 국제협력 자체에 대해 근본적으로 가치판단을 달리하는 경우, WTO에 대한 평가와 대안모색이 완전히 상이할 수밖에 없기 때문이다.[37]

개혁논의의 범위도 미시적인 것부터 거시적인 것에 이르기까지 매우 다양하다. 반덤핑, 세이프가드 등 개별협정의 문제[38]로부터, DDA의 쟁점과 교착상태에 대한 분석,[39] WTO의 입법·행정·사법적 기능과 그 균형의 문제, 다자주의의 대안으로 등장한 지역주의 문제,[40] 2008년 경제위기와 보호주의의 확산 문제,[41] 중국의 WTO 가입에 따른 문제소위 China factor,[42] 장기

Robert Howse (ed.), *The WTO System* (London: Cameron May, 2007); Sarah Joseph, *Blame it on the WTO?: A Human Rights Critique* (New York: Oxford University Press, 2011).

37 예를 들어, WTO를 신자유주의자들이 휘두르는 무소불위의 무기이자 개도국들을 위협하는 악당이라고 생각하는 급진좌파적 입장과, 기업들의 이익을 더 잘 대변하기 위해서 WTO 분쟁해결제도에 기업가들의 자유로운 참여를 허용해야 한다는 우파적 입장은 문제진단과 대안제시에서 정반대의 의견을 보인다. 전자의 입장으로는 Jawara and Kwa(2003); Wallach and Woodall(2004)을 참조할 것. 후자의 입장으로는 Ernst-Ulrich Petersmann, *Constitutional Functions and Constitutional Problems of International Economic Law: International and Domestic Foreign Trade Law and Foreign Trade Policy in the United States, the European Community and Switzerland* (Boulder, Colo: Westview Press, 1991)을 참조할 것.

38 Maurizio Zanardi, "Anti-Dumping: What are the Numbers to Discuss at Doha?" *The World Economy* 27-3(2004); Alan O. Skyes(2003).

39 Harald. Hohman (ed.), *Agreeing and Implementing the Doha Round of the WTO* (Cambridge: Cambridge University Press, 2008); Gary Clyde Hufbauer, Jeffrey J. Schott and Woan Foong Wong, *Figuring Out the Doha Round* (Washington, DC: Peterson Institute, 2010); Kent Jones, *The Doha Blues* (New York: Oxford University Press, 2010).

40 Lorand Bartels and Federico Ortino (eds.), *Regional Trade Agreements and the WTO Legal System* (New York City: Oxford University Press, 2006); James H. Mathis, *Regional Trade Agreements in the GATT/WTO, T.M.C.* (Asser Press, 2002); 문돈, "다자주의는 지역주의를 통제할 수 있는가? WTO의 지역주의 통제," 『국제정치논총』 제48권 3호(2008).

41 Richard Baldwin and Simon Evenett (eds.), *The Collapse of Global Trade, Murky*

적 국제정치경제 세력변이와 이에 조응하는 다자무역체제 전반의 변화에 이르기까지 폭넓게 펼쳐져 있다. 여기서 모든 주제를 다루는 것은 불가능할 뿐 아니라 본인의 역량을 벗어나는 일이다. 따라서 이제까지 WTO의 공식적 틀 내에서 주로 제기되었던 제도개선^{WTO Reform} 논의를 중심으로 다루고자 한다.[43] 체계적인 분석이라기보다는 WTO의 기능과 그 균형, 의사결정방식, 조직재편, 분쟁해결제도 등 주요한 문제들을 열거하는 수준이 될 것이다.

WTO 개혁의 문제가 부각된 계기는 아마도 1999년 Seattle 각료회의의 대실패일 것이다.[44] 협상장 안에서는 선진국 간 이견, 개도국들의 반대와 비협조로 협상의 진전이 불가능했다면, 협상장 밖에서는 환경, 노동, 인권, 평등 등 다양한 가치를 지향하는 비정부단체^{International Non-governmental Organization, 이하 INGO} 연대조직의 조직적인 시위에 의해 회의 자체가 봉쇄되는 내우외환을 겪었기 때문이다. 2003년 사무총장의 요청으로 자문단에서 제출한 보고서인 Sutherland Report(2005)에는, 확산되고 있던 지역주의^{Preferential Trade Agreement}에 대한 대응, NGO 등 시민사회와의 연계강화, 그리고 차등속도방식^{Variable Geometry}을 포함한 의사결정방식 개선 등이 담겨 있다. 2007년 제출된 Warwick Report는 협상방식의 개선^{critical mass approach}, 분쟁

Protectionism, and the Crisis: Recommendations for the G20 (VoxEu.org, 2009).

42 Sylvia. Ostry, "WTO Membership for China: To be and Not to be is That the Answer?" in Devorah Z. Cass, Brett G. Williams and George Barker (eds.), *China and the World Trading System: Entering the New Millennium* (New York: Cambridge University Press, 2003); John H. Jackson, "The impact of China's accession on the WTO," in Devorah Z. Cass, Brett G. Williams and George Barker (eds.), *China and the World Trading System: Entering the New Millennium* (New York: Cambridge University Press, 2003).

43 WTO Reform의 각 주제에 대한 총괄적인 소개로는 Debra P. Steger (ed.), *Redesigning the World Trade Organization for the Twenty-first Century* (Ottawa: Wilfrid Laurier University Press, 2010); Gary P. Sampson (ed.), *The WTO and Global Governance* (Hong Kong: United Nations University, 2008) 등을 참조할 것.

44 Rorden Wilkinson, *The WTO Crisis and the Governance of Global Trade* (London: Routledge, 2006).

해결제도개선(금전보상방식 도입 등), 정보공개와 투명성 강화, 무역과 개발 등 WTO 거버넌스 개혁에 대한 폭넓은 논의를 담고 있다. 하지만 이후 제도 개선이나 조직구조 개편과 같은 논의는 거의 진전을 이루지 못했다. 한편으로는 구조개혁 논의가 합의제하에서 회원국들의 반대로 실현가능성이 높지 않다는 현실적 판단 때문이며, 다른 한편으로는 수차례 고비 끝에 교착상태에 빠진 DDA 협상의 타결 자체가 최우선 과제가 되었기 때문이다. 제도개선 논의가 DDA 타결을 방해할 수 있다는 우려 때문에, 의제설정 자체를 금기시하는institutional reform taboo 일종의 암묵적 합의가 형성된 것이다.

실상 DDA의 난맥상 자체가 WTO의 기능적 불균형 상태를 여실히 보여주는 것이다. 흔히 "입법기능의 상실과 사법기능의 과잉"이라 불리는 WTO의 현재 상황은, 입법과정이나 정치적 의사결정과정을 거쳐서 생산된 내용적 법규와 결정이 적절히 제공되지 않을 때 사법판정이 그 공백을 메우는 경향, 즉 사법적극주의judicial activism의 문제를 잘 보여준다.45 판정의 근거가 되어야 할 일반적·개별적 법규들이 모호하거나 쟁점으로 남아 있는 상황에서, 어떤 법적기구의 판정도 당사국들로부터 동의와 정당성, 권위를 획득할 수 없다.46 현재의 제도적 불균형을 해결하기 위해, 발달된 사법기능의 수준을 후퇴시켜 낮은 입법기능의 수준으로 평준화시키는 것은 퇴행적이다. 취약한 입법기능을 회복시켜 정상적인 의사결정이 가능하도록 만드는 것이 바람직한 해법이다.

앞에서 일괄타결원칙의 장단점에서 대해 언급했듯이, 현재의 합의제와 일괄타결 협상방식은 소수의 국가들이 소수의 이슈에 대해 반대하기만 해도

---

45 WTO의 사법적극주의 경향에 대해서는, Lorand Bartels, "The Separation of Powers in the WTO: How to Avoid Judicial Activism," *International and Comparative Law Quarterly* 53-4(2004); Claus-Dieter Ehlermann, "Tensions between the dispute settlement process and the diplomatic and treaty-making activities of the WTO," *World Trade Review* 1-3(2002), pp.301-308을 참조할 것.

46 필자가 2014년 여름 수행한 WTO 인터뷰에서도, WTO의 제도적·기능적 불균형과 그것이 분쟁해결제도, 특히 항소기구에 미치는 정치적 부담에 대한 지적을 발견할 수 있었다.

도하라운드는 2001년 11월 카타르 도하에서 열린 제4차 WTO 각료회의(Ministerial Conference)에서 공식출범을 선언한 WTO 설립 후 최초의 포괄적 다자통상협상이다. 도하개발아젠다(Doha Development Agenda: DDA)라는 이름으로 불리게 된 까닭은 UR 결과에 대한 개도국들의 불만을 완화시키고 개도국의 경제개발을 위해 WTO가 더 적극적인 역할을 해야 한다는 요구를 협상의제에 담아내기 위한 것이었다. 하지만 실제 협상 진행과정에서 개도국들의 요구는 제대로 수용되지 못했고, 미국과 EU 사이의 이견도 적지 않았으며, 몇몇 이슈들(예를 들어, 싱가포르 이슈)에서 개도국들에게 더 많은 부담을 요구한다는 불만이 터져 나왔다. 그 결과 2004년 말, 2006년 말, 2007년 6월 등 여러 차례 설정된 마감일을 계속 연장하다가, 결국 2008년 협상이 완전 교착상태에 빠지게 되었다.

각 분기점마다 협상을 좌초시켰던 구체적인 이슈들은 조금씩 달랐지만, 최종협상에서 부각되었던 세 가지 이슈는 농업보조금 문제, 비농업시장개방 문제(NAMA), 그리고 서비스/기타 의제였고, 그중 특히 농업보조금 문제가 가장 심각한 쟁점이었다. 다자통상협상 난맥상의 원인으로는, 합의제와 일괄타결을 고수하는 WTO 의사결정방식, 양자주의나 지역주의 확산에 따른 다자주의에 대한 국내적 지원 동력 약화, 그리고 신흥시장국의 부상에 따른 국제정치경제 권력구도의 변화, 즉 Quad(미국, EU, 캐나다, 일본)에서 P-5(미국, EU, 중국, 인도, 브라질)로의 권력 이동 등을 들 수 있을 것이다.

한편, 2013년 12월 합의 선언, 2014년 7월 인도의 번복, 11월 미국과 인도의 타협을 거쳐 우여곡절 끝에 극적으로 타결된 '발리 패키지(Bali Package)'는 DDA의 포괄적 협상의제 중 일부를 조기수확의 방식으로 묶어서 타결한 것이다. 부분적인 성과이긴 하지만, 일괄타결만을 고집하던 것에서 벗어나 WTO 설립 후 최초로 합의를 도출한 다자협상이라는 점에서 그 의미를 찾을 수 있다. 핵심적인 합의 내용은 무역원활화협정(Trade Facilitation Agreement: 통관절차, 세관행정 등의 간소화와 명확화), 농업 문제(식량안보와 연계된 농업보조금지급 문제), 그리고 개도국, 특히 최빈개도국(least developed countries)에 대한 특별대우 등이다. 발리 패키지의 부분적 성공은, 현재의 다자통상체제하에서 무언가 유의미한 협상진전과 합의도출을 위해서는 일괄타결 방식에서 벗어나 조기수확 방식을 적극적으로 활용해야 한다는 것을 잘 보여준다.

전체 협상이 교착상태에 빠진다는 점에서 지나치게 분권화된 의사결정방식이다. 물론 UR을 비롯한 과거 통상협상처럼 미국과 EC가 합의하기만 하면 모든 국가들이 무조건 따라야 하는 협상구조가 바람직한 것은 아니라 하더라도, 중국, 인도, 브라질 등 신흥개도국이 이미 미국, EU와 더불어 다자협상의 중요한 행위자(P-5)로 부상한 상황에서 이들 각각에게 실질적 거부권을 부여하는 현재 의사결정구조는 극도의 비효율을 노정할 수밖에 없다. 합의제consensus와 일괄타결원칙의 고수에서 벗어나, 특정 이슈나 부문에서 핵심적 지위를 차지하는 일부 주요 국가들을 중심으로 복수국간협정plurilateral agreement을 적극적으로 활용하는 방안critical mass approach, 또는 합의가 가능한 이슈들만을 묶어서 먼저 타결을 짓고 점진적으로 타결범위를 확대해 가는 조기수확 방안early harvest 등을 유연하게 검토할 필요가 있다.[47] 또한 핵심적 의제에서는 합의제의 전통을 유지하면서도 기타 의제(해석, 예외인정, 수정 등)에서는 투표를 통한 의사결정을 점진적으로 확대해 나감으로써, 합의제에 대한 집착과 투표제에 대한 거부감을 줄여나갈 필요가 있다.

WTO의 기능적 불균형은 합의제라는 의사결정제도의 문제에서만 기인하는 것은 아니다. WTO를 회원주도조직member-driven organization이라 부르는 것은, 한편으로는 회원국들이 조직의 일상적 운영과 관리에 폭넓게 참가해야 한다는 긍정적 의미도 있지만, 다른 한편으로는 일상적 의사결정과 집행, 관리 기능을 담당할 전문화된 행정조직과 인력이 충분히 갖추어지지 않았다는 부정적 의미이기도 하다. 운영위원회, 집행위원회 혹은 사무국의 기능이

---

[47] Thomas Cottier, "A Two-Tier Approach to WTO Decision-Making," in Debra P. Steger (ed.), *WTO: Redesigning the World Trade Organization for the Twenty-first Century* (Ottawa: Wilfrid Laurier University Press, 2010).

국제기구와 경제협력·개발

미분화되어 있거나 극히 취약한 WTO의 현실, 그 기능이 전체 회원국 모임인 일반이사회에 매우 불안정한 방식으로 맡겨져 있는 현실을 지적하는 것이다.[48] IMF, World Bank는 전체 회원들이 모두 다 참석하는 논의구조인 각료회의 산하에, 대표성을 고려하여 선발된 일부 국가들로 구성된 집행이사회Executive Board를 두고 있다. 또한 집행위원회가 일상적 의사결정과 실행의 기능을 효율적으로 담당할 수 있도록, WTO보다 월등히 많은 수의 직원들이 집행위원회를 실무적으로 지원하고 있다.

유럽연합European Union의 유럽집행위원회European Commission처럼 회원국으로부터 상당한 독립성을 확보한 초국가적trans-national 성격의 집행기구를 구축하는 것은 현재 WTO체제에서는 완전히 꿈같은 소리에 불과하다. 하지만 전문화된 관료기구를 가지고 재원과 전문가들을 통합pooling함으로써 공식화된 국제기구가 누리는 집중화centralization의 혜택을 WTO가 거의 누리지 못하고 있다는 것은 문제가 아닐 수 없다. 160개 전체 회원들이 의사결정에 참가하도록 완전히 열려 있는 일반이사회, 산하이사회(상품, 서비스, 지적재산권), 개별위원회 및 특별위원회 구조로는, 신속한 논의, 전문적인 의견제시와 긴밀한 검토, 효율적인 합의도출, 실무적인 정책집행 그 어느 것도 어려울 수밖에 없다. 투표나 로테이션 방식으로 일부 국가들을 선발하여 집행위원회를 구성하여 이를 일반이사회 산하에 설치하거나, 현재 여건에서 그것이 어렵다면 사무국의 위상과 역할을 강화시켜 행정적 지원기능을 대폭적으로 개선할 필요가 있다.

WTO의 DSM 역시 제도개선 논의에 빠지지 않고 등장하는 단골메뉴이다.[49] 문제점으로 가장 빈번하게 지적되는 것이 WTO DSM에서 개도국의

---

48 이에 대한 논의로는 Carolyn Deere Birkbeck, "Reinvigorating Debate on WTO Reform: The Contours of a Functional and Normative Approach to Analyzing the WTO System," in Debra P. Steger (ed.), *WTO: Redesigning the World Trade Organization for the Twenty-first Century* (Ottawa: Wilfrid Laurier University Press, 2010), pp.18-20.

49 William J. Davey, "The WTO Dispute Settlement System: The First 10 Years," *Journal of International Economic Law* 8-1(2005); Debra P. Steger(2010);

지위 및 그들의 근본적 불리함에 관한 것이다.[50] 선진국과 일부 신흥시장국가를 제외한 대부분 국가들이 극히 제한적으로만 분쟁에 참가하고 있는 현실이 웅변하듯, 법적 분쟁해결제도를 이용하기 위해 매우 많은 노력, 비용, 숙련된 법적 역량이 필요해지면서 실질적 형평성의 문제가 대두되는 것이다. 그러므로 재원과 인적 역량이 취약한 다수의 개도국을 위한 각별한 지원책이 마련되어야 한다. 이런 대책이 없다면, 법 앞에 평등이라는 모토에도 불구하고 WTO DSM의 형평성과 정당성에 대한 심각한 도전이 제기될 가능성이 높다. 한편, 미국 등 선진국이 보여주는 판정결과의 불성실한 이행 문제(예를 들어, 판정불복에 대한 강력한 제재, 금전적 보상방안의 도입, 신속한 재판절차 등) 역시 중요한 이슈이다.[51] 국가 외 행위자, 예를 들어 사적 집단들의 의견제시amicus curiae를 WTO 패널과 항소심에서 허용하는 문제를 포함하여 INGO 등 사적 집단에게 확대된 권한을 부여하는 문제[52] 등

Chantal Thomas and Joel P. Trachtman (eds.), *Developing Countries in the WTO Legal System* (New York: Oxford University Press, 2009).

50 Gregory C. Shaffer and Ricardo Melendez-Ortiz (eds.), *Dispute Settlement at the WTO: The Developing Country Experience* (Cambridge: Cambridge University Press, 2010); Moonhawk Kim, "Costly Procedures: Divergent Effects of Legalization in the GATT/WTO Dispute Settlement Procedures," *International Studies Quarterly* 52-3(2008), pp.657-686; John S. Odell (ed.), *Negotiating Trade: Developing Countries in the WTO and NAFTA* (New York: Cambridge University Press, 2006); Chad P. Bown, *Self-enforcing Trade: Developing Countries and WTO Dispute Settlement* (Washington, DC: Brookings Institution Press, 2009); M. L. Busch, E. Reinhardt and G. Shaffer, "Does Legal Capacity Matter? A Survey of WTO Members," *World Trade Review* 8-4(2009), pp.559-577.

51 Joost Pauwelyn, "Enforcement and Countermeasures in the WTO: Rules are Rules-Toward a More Collective Approach," *American Journal of International Law* 94-2(2000), pp.335-347; Marco Bronckers and Naboth van den Broek, "Financial Compensation in the WTO: Improving the Remedies of WTO Dispute Settlement," *Journal of International Economic Law* 8-1(2005), pp.101-126; William J. Davey, "Compliance Problems in WTO Dispute Settlement," *Cornell International Law Journal* 42-1(2009), pp.119-128.

52 Peter Van den Bossche, "Non-Governmental Organizations and the WTO: Limits to Involvement?" in Debra P. Steger (ed.), *Redesigning the World Trade Organ-*

국제기구와 경제협력·개발

도 회원국 간에 첨예한 의견대립 속에 여전히 남아 있는 쟁점이다.

V. 결론

이제까지 우리는 WTO의 과거, 현재, 미래를 살펴보았다. GATT체제의 형성으로부터 그 한계가 노출되었던 70~80년대의 국제무역체제, 그리고 이를 극복하기 위한 UR의 결과물로 탄생한 WTO체제, 그리고 지난 20년간 작동해 왔던 WTO체제가 직면하고 있는 여러 도전에 이르기까지, 간략하게나마 다자무역체제의 역사적 전화와 다자무역기구의 변화에 대해 살펴보았다.

한편으로, GATT와 WTO는 질적으로 판이하게 다른 두 체제로서 연속성보다 단절성이 더 커 보이기도 한다. WTO체제에서 무역자유화의 내용적 법규가 크게 확대되었고, 공식적 국제기구로서 안정적인 조직구조를 갖추게되었으며, 법적 분쟁해결제도로의 획기적인 변화가 이루어지는 등 내용적·형식적·제도적 측면에서 양자의 차이는 결코 사소한 것이 아니다. 하지만 다른 한편으로, 양 체제의 단절성보다 연속성이 더 중요하게 부각되기도 한다. 다자무역체제의 근본원칙과 규범들이 계승되고 있고, (여러 문제점에도 불구하고) 회원 주도적 조직으로서의 운영원리와 합의제 전통을 고수하고 있으며, 합의를 통한 분쟁해결을 여전히 최고의 덕목으로 간주한다는 점에서, 양 체제를 관통하여 면면히 이어지는 특징들 역시 무시할 수 없다. 아마도 긴 역사를 지닌 모든 국제기구가 그러하듯, 양 측면 모두 일정한 진리를 담고 있을 것이다.

---

ization for the Twenty-first Century (Ottawa: Wilfrid Laurier University Press, 2010).

한국은 통상을 통해 급속한 경제발전을 이룰 수 있었던 몇 안 되는 국가 중 하나이다. 개방적이고 안정적인 다자무역체제를 최대한 활용하여 선진국 시장에 효과적으로 진입할 수 있었으며, 개도국에 관대한 통상환경을 활용하여 다양한 수출촉진정책과 수입제한정책들을 사용할 수 있었다. 하지만 한국이 다자무역체제의 일방적 수혜자나 무임승차자였던 시기는 이미 오래전에 끝났다. 세계 10위권의 통상규모를 가진 국가로서, 다자무역체제의 책임 있는 중견국가 중 하나로 이미 스스로의 지위를 격상시킨 지 오래다. 개방형통상국가를 지향하고 있는 한국의 입장에서, 다자무역체제에 대한 적극적인 관여와 활용은 결코 경시해서는 안 될 우리 통상정책의 한 축이다 (다른 하나의 축은 물론 지역주의의 지속적 추진과 전략적 활용이다). 최근 다자무역체제의 동력이 약화되고 양자무역협정이 폭발적으로 증가하면서, 우리의 관심이 후자로만 쏠리고 전자에 대해 지나치게 소홀하지 않았는지 경계할 일이다. 부침을 거듭하면서도 부문별 다자협상이나 복수국간협상(예를 들어 정보기술협정Information Technology Agreement 연장협상, 환경상품environmental goods 자유화 협상 등)이 진행되고 있고, 분쟁해결제도에는 우리 기업에 막대한 금전적 이익이 걸려 있는 분쟁들이 지금도 진행되고 있다.

또한 우리의 단기적·경제적 이익을 챙기기 위해서만이 아니라 다자무역체제의 안정적이고 효율적 운영을 위해, 선진국과 개도국의 극단적 대립을 중재하고 건설적인 대안을 제시하기 위해, 무역자유화와 경제발전을 연계시켜 개도국에 최적화된 지원방안을 제공하기 위해, 다자무역체제의 주요국가 중 하나인 한국이 할 수 있고 해야 할 일들이 산적해 있다. 실상 "GATT/WTO체제와 한국"은 그 자체로 하나의 장을 써야 할 만큼 중요하고도 방대한 주제이다. 다자통상협상과정에서, 규칙제정과정에서, 이사회와 위원회의 일상적 활동에서, 그리고 분쟁해결제도하에서 한국이 어떻게 GATT/WTO에 관여해 왔고 어떤 역할을 해 왔는지, 그리고 그 한계와 문제점은 무엇인지 살펴봄으로써 여러 가지 유용한 실천적·정책적 함의를 찾을 수 있을 것이다. 다음 기회에 별도의 장에서 이 주제를 다루어 보겠다는 약속을 끝으로, 이 장을 마치도록 하겠다.

더 읽을거리

✦ 김기수. "제1장 관세 및 무역에 관한 일반 협정/세계 무역 기구의 국제정치." 윤영관·황병무 외.『국제기구와 한국 외교』. 서울: 민음사, 1996.

　　좀 오래된 내용이기는 하나, GATT체제의 형성과 WTO체제로의 이행에 대해 잘 정리된 내용을 담고 있다. 다자무역체제의 역사적 변화에 대한 기본적인 지식을 얻기에 좋은 책으로 학부생의 입문적 교재로 추천할 만하다.

✦ 성재호.『국제경제법』. 서울: 박영사, 2006.

　　WTO협정의 총론과 산하 개별협정의 내용을 자세히 이해하는 데 도움이 되는 책이다. 법학 교제이고 국제통상법에 관심이 있는 법학도를 대상으로 쓰여진 책이라 정치외교학 전공자에게는 약간 생소하고 어려울 수도 있겠으나, WTO에 대한 이해를 위해서는 불가피하게 공부할 필요가 있는 책이다.

✦ Hoekman, Bernard M., and Michel M. Kostecki. *The Political Economy of the World Trading System: The WTO and Beyond*, 3nd Edition. New York: Oxford University Press, 2009.

　　대학원생 이상 수준의 독자들을 대상으로 여러 주제들을 어느 정도 깊이 있게 다루고 있는 책이다. 경제학과 정치학의 기본 지식들을 바탕으로, WTO의 구조와 제도, 개별협정의 내용, 협상의 세부적 쟁점, WTO에 대한 도전 등 포괄적인 주제들을 이해하는 데 도움이 되는 책이다.

✦ Jackson, John H. *The World Trade Organization: Constitution and Jurisprudence*. London: A Cassell Imprint, 1998.

　　WTO에 대한 최고의 입문서로 모든 학생들에게 가장 추천하고 싶은

책이다. 간략한 분량에도 불구하고, GATT의 역사, WTO의 기본원리, 법률조항과 조직구조 등을 군더더기 없이 잘 정리해서 알려주고 있다.

✛ Jones, Kent. *The Doha Blues*. New York: Oxford University Press, 2010.

도하라운드(DDA)에 대해 체계적으로 이해하고자 하는 독자들에게 도움이 될 만한 책이다. DDA에 대한 글의 상당수는 과도한 이념편향이나 가치지향성으로 인해 오히려 객관적인 이해를 어렵게 하는 경향이 있다. 이 책도 전혀 편향이 없다고 할 수는 없겠지만, 그래도 DDA의 과거와 현재, 쟁점과 해법에 대해 포괄적인 토론을 하고 있다는 점에서 권할 만하다.

✛ Steger, Debra P., ed. *Redesigning the World Trade Organization for the Twenty-first Century*. Ottawa: Wilfrid Laurier University Press, 2010.

WTO 개혁(reform)을 둘러싼 여러 논의들을 모아서 편집한 책으로, 주제의 포괄성, 필진의 전문성과 다양성, 참고문헌의 방대함 등 여러 면에서 가치가 있는 책이다. 내부관리제도 개선과 의사결정제도 개선, 투명성과 대중참여 강화 등 여러 주제들을 둘러싸고 WTO 내외에서 어떤 논의가 진행되어 왔는지 이해하는 데 도움을 준다.

제 5 장

국제통화기금
(International Monetary Fund)

이왕휘

I. 서론

2015년 세계은행과 함께 브레턴우즈체제^{Bretton Woods system}를 지탱해온 국제통화기금^{IMF}이 설립 70주년을 맞이하였다. 지난 70년 동안 IMF는 환율의 안정적 관리와 금융위기의 예방과 관리라는 설립 목적으로 달성하기 위해 노력해왔다. 1970년대 초까지 IMF는 달러 중심의 고정환율제를 유지·관리하고 국제수지 불균형에 직면한 회원국에 단기 조정자금을 지원하였다. 1973년 변동환율제로 이행하면서 IMF는 기축 통화들 사이의 환율을 안정적으로 조정하고 세계 각지에서 벌어진 외환위기를 수습하는 데 개입해왔다. 또한 1980년대 외환위기의 예방책으로서 IMF는 자본자유화와 함께 워싱턴합의^{Washington Consensus}로 알려진 구조개혁을 회원국들에게 적극적으로 권고해왔다. 21세기에 벌어진 세계금융위기에서도 IMF는 G-20과 함께 국제정책공조에 핵심적인 역할을 수행하였다.

이런 기여에도 불구하고, IMF는 운영방식과 지배구조뿐만 아니라 위기극복정책과 방법에 대해서 여러 가지 비판을 받아 왔다. IMF가 외환위기 예방과 관리에 그다지 성공하지 못했으며, 구제 금융을 받은 회원국들의 경제성장에도 긍정적 영향을 끼치는 데 한계가 있었다.[1] 또한 '월 스트리트-미국 재무부-국제통화기금 복합체^{Wall Street-US Treasury-IMF complex}' 개념은 IMF

가 회원국 전체보다는 미국의 금융자본의 이익을 대변한다는 의혹을 반영한다.[2] 또한 IMF의 위기 극복정책이 개발도상국가들과 사회적 취약계층에게 더 불리하다는 점에서 '인간적 면모'가 없다는 힐난도 받아 왔다.[3]

IMF에 대한 비판은 1997년 동아시아 금융위기 직후 정점에 다다랐다. 당시 IMF 구제 금융과 정책조건에 아시아 국가들의 불만은 IMF의 개편—더 극단적으로는 폐지—에 대한 논란으로 비화되기도 하였다.[4] IMF에 대한 부정적인 여론은 2000년대 구제 금융을 신청한 회원국 수가 급감하였다는 사실에 잘 반영되어 있다. 이러한 문제를 개선하기 위해 IMF는 21세기 들어 독립적인 평가기구를 신설하고 지배구조를 개편하고 자료를 투명하게 공개하는 등 다양한 개혁을 시도해왔다.[5]

여러 가지 변화의 노력에도 불구하고, IMF의 미래는 그다지 밝다고 할 수 없다. 가장 근본적인 문제는 IMF가 21세기 세계통화금융질서의 변화에 적절하게 대응하고 있지 못하고 있다는 것이다. 특히 세계금융위기 이후 IMF는 존재 이유를 다시금 증명해야 하는 정당성 위기에 직면해 있다.[6] 이

---

1 James Raymond Vreeland, *The IMF and Economic Development* (New York: Cambridge University Press, 2003).

2 Jagdish Bhagwati, "The Capital Myth: The Difference between Trade in Widgets and Dollars," *Foreign Affairs* 77-3(1998). 브레턴우즈기구들의 정치적 중립성 문제는 그 이전부터 문제로 인식되고 있었다. Richard Swedberg, "The Doctrine of Economic Neutrality of the IMF and the World Bank," *Journal of Peace Research* 23-4 (1986).

3 Giovanni Andrea Cornia, Richard Jolly, Frances Stewart, *Adjustment with a Human Face: Protecting the Vulnerable and Promoting Growth* (Oxford: Clarendon Press, 1987).

4 Anne O. Krueger, "Wither the World Bank and the IMF?" *Journal of Economic Literature* 36-4(1998).

5 André Broome, "The Important of Being Earnest: The IMF as a Reputational Intermediary," *New Political Economy* 13-2(2008); "The International Monetary Fund, Crisis Management and the Credit Crunch," *Australian Journal of International Affairs* 64-1(2010).

6 Leonard Seabrooke, "Legitimacy Gaps in the World Economy: Explaining the Sources of the IMF's Legitimacy Crisis," *International Politics* 44-2(2007).

문제를 해결하기 위해서 IMF가 해결해야 하는 현안은 크게 두 가지다. 첫째, 금융위기의 규모가 급속히 증가한 반면, IMF의 재원은 충분히 증액되지 않고 있다. 둘째, 21세기에 부상한 신흥경제대국들의 위상과 비중을 정확하고 공정하게 IMF의 지배구조에 반영하고 있지 않다. 현재 이 두 가지 모두 미국 의회의 반대에 직면하여 추진되지 못하고 있다.

IMF가 이 문제들을 성공적으로 극복하지 못한다면, 각 지역별로 통화기금을 만드는 추세가 강화될 수 있다.7 경제통합을 완료한 유럽은 이미 지역통화기금을 운용하고 있으며, 동아시아에서도 1997년 미국의 반대로 설립에 실패한 아시아통화기금AMF의 후신으로 ASEAN+3 통화스왑 네트워크가 등장하였다.8 이와 동시에 개발도상국지역에서 IMF의 대안이 출현할 가능성도 있다. 브릭스BRICS ─ 브라질, 러시아, 인도, 중국, 남아프리카공화국 ─가 현재 추진하고 있는 신개발은행New Development Bank: 新开发银行과 긴급외화준비협정Contingency Reserve Arrangement: 金砖国家应急储备基金은 브레턴우즈체제에 대한 근본적 도전으로 발전할 가능성이 있다.9

이하 이 글의 구성은 다음과 같다. 다음 절에서는 IMF의 기원과 발전을

---

7 Raj M. Desai and James Raymond Vreeland, "Global Governance in a Multipolar World: The Case for Regional Monetary Funds," *International Studies Review* 13-1 (2011); C. Randall Henning, "Coordinating Regional and Multilateral Financial Institutions," *Working Paper* No.11-9(Washington, DC: Institute for International Economics, 2011).

8 C. Randall Henning, "The Future of the Chiang Mai Initiative: An Asian Monetary Fund?" *Policy Brief* 09-5(Washington, DC: Institute for International Economics, 2009); "Asia and Global Financial Governance," *Working Paper* No.11-16 (Washington, DC: Institute for International Economics, 2011); 이왕휘, "글로벌 금융위기 이후 동아시아 통화금융협력: 제도적 전진 또는 정치적 후퇴?" 『세계정치』 Vol.15(2011).

9 Eric Helleiner, "A Bretton Woods Moment? The 2007-2008 Crisis and the Future of Global Finance," *International Affairs* 86-3(2010); Harold James, "International Order After the Financial Crisis," *International Affair* 87-3(2011); "The Multiple Contexts of Bretton Woods," *Oxford Review of Economic Policy* 28-3(2012); Jonathan Kirshner, "Same as it ever was? Continuity and Change in the International Monetary System," *Review of International Political Economy* 21-5(2014).

공식 자료를 통해 정리한다. III절에서는 IMF의 관할업무, 재원조달, 지배구조를 구체적으로 살펴본다. IV절에서는 IMF 설립 후 70년간의 성과와 한계를 금융위기의 예방과 관리, 지배구조 개혁, 정당성 문제, 신흥경제대국의 도전으로 나누어 검토한다. 마지막에는 논의를 요약하고 정책적 함의를 제시한다. IMF와 한국과의 관계는 부록으로 첨부하였다.

II. IMF: 기원과 발전[10]

1. 협력과 재건(1944~71년)

1944년 7월 미국 뉴햄프셔주 브레턴우즈에서 열린 연합국통화금융회의 United Nations Monetary and Financial Conference에 참석한 45개 국가들은 전후 경제협력에 합의하였다.[11] 그리하여 이 회의에서 결의된 국제통화기금 협정문

---

10 시기 구분과 내용은 IMF 홈페이지(http://www.imf.org/external/about/history.htm)에 의거하였다. IMF에서 편찬한 공식적 역사는 현재 20세기까지 나왔다. Margaret Garritsen De Vries and J. Keith Horsefield, *The International Monetary Fund, 1945-1965: Twenty Years of International Monetary Cooperation*, 3-Volume set (Washington, DC: IMF, 1986), Margaret Garritsen De Vries, *The International Monetary Fund, 1966-71: The System Under Stress*, 2-volume set(Washington, DC: IMF, 1987); *The International Monetary Fund, 1972-1978: Cooperation on Trial*, 3-Volume Set(Washington, DC: IMF, 1985); James M. Boughton, *Silent Revolution: The International Monetary Fund, 1979-1989*(Washington, DC: IMF, 2001); *Tearing Down Walls: The International Monetary Fund 1990-1999* (Washington, DC: IMF, 2012). 이 중 주요 사건에 대한 간략한 설명은 James M. Boughton, "The IMF and the Force of History: Ten Events and Ten Ideas That Have Shaped the Institution," *Working Paper* No.04/75(IMF, 2004); Joseph P. Joyce, *The IMF and Global Financial Crises: Phoenix Rising?*(Cambridge: Cambridge University Press, 2012) 참조.

Articles of Agreement of the IMF에 따라 IMF가 설립되었다. IMF의 설립 목적은 환율안정과 외환거래 제한 철폐였다. 이 정책목표는 1930년대 대공황 이후 심화된 근린궁핍화정책beggar-thy-neighbour policy — 경쟁적 환율 인하 및 보호무역주의 — 의 폐해를 막는 데 있었다.[12] 총 지분의 80%를 넘게 가진 29개 국가들이 비준을 완료한 1945년 12월 IMF는 정식으로 출범하게 되었으며, 공식 업무는 1947년 3월 1부터 개시되었다.

설립 후 IMF는 금태환이 가능한 미국 달러화를 기축통화로 하는 고정환율제를 유지하는 데 기여하였다. 이 시기 회원국은 국제수지의 근본적인 불균형을 정정하는 경우를 제외하고 자국 통화의 가치를 달러에 고정을 하였다. 그러나 월남전과 대규모 사회보장정책의 결과로서 미국의 재정적자가 심화되면서, 트리핀의 딜레마Triffin' Dilemma가 심각해지기 시작하였다. 기축통화인 미국 달러화의 가치에 대한 의구심이 확산되자, IMF는 1969년 특별인출권Special Drawing Right: SDR을 도입하였다.[13] 이런 노력에도 불구하고 달

---

11 이 회의에 참가했던 소련이 비준을 거부함으로써, 최종적으로 44개국이 창립회원국이 되었다. Richard N. Gardner, *Sterling-Dollar Diplomacy in Current Perspective: The Origins and the Prospects of Our International Economic Order* (New York: Columbia University Press, 1980); Eric Helleiner, *States and the Reemergence of Global Finance* (Ithaca: Cornell University Press, 1994); Benn Steil, *The Battle of Bretton Woods: John Maynard Keynes, Harry Dexter White, and the Making of a New World Order* (Princeton: Princeton University Press, 2013).

12 Ragnar Nurkse, *International Currency Experience: Lessons from the Inter-War Period* (Geneva: League of Nations, 1944); 대공황의 국제경제적 측면에 대해서는 Charles Kindleberger, *The World Depression, 1929-1939* (Berkeley: University of California Press, 1973) 참조.

13 도입 당시 달러와 동등하게 설정되었던 SDR의 가치는 1974년 16개국의 통화와 연동된 스탠다드 바스켓 방식에 의해 결정되었다. SDR의 가치를 결정하는 방식은 1981년 미국 달러화·독일 마르크화·영국 파운드화·프랑스 프랑화 및 일본 엔화로 구성된 5개국 통화 바스켓 방식, 2001년 미국 달러화·유로화·영국 파운드화 및 일본 엔화로 구성된 4개국 통화 바스켓 방식으로 변화하였다. 변동환율제의 확산으로 SDR의 수요가 줄어들어 현재는 주로 국제금융기구의 회계 단위로 활용되고 있다고 할 수 있다. 2015년 4월 기준으로 IMF가 보유하고 있는 약 2,040억 SDRs(약 3,090억 달러)는 회원국들이 다른 통화로 교환할 수 있다. http://www.imf.org/external/np/exr/facts/sdr.htm(검색일: 2015.4.20).

특별인출권 및 SDR 바스켓 구성통화 확대 논의

- **특별인출권(SDR)의 정의 및 가치**

1969년 IMF에 도입된 특별인출권(SDR)은 회원국 정부의 국제수지가 악화되었을 때 담보 없이도 필요한 만큼의 외화를 인출할 수 있도록 고안된 권리이다. 도입 당시 달러와 동등하게 설정되었던 SDR의 가치는 1974년 16개국의 통화와 연동된 스탠다드 바스켓 방식에 의해 결정되었다. SDR의 가치를 결정하는 방식은 1981년 미국 달러화·독일 마르크화·영국 파운드화·프랑스 프랑화 및 일본 엔화로 구성된 5개국 통화 바스켓 방식, 2001년 미국 달러화·유로화·영국 파운드화 및 일본 엔화로 구성된 4개국 통화 바스켓 방식으로 변화하였다. 변동환율제의 확산으로 SDR의 수요가 줄어들어 현재는 주로 국제금융기구의 회계단위로 활용되고 있다고 할 수 있다. 2015년 4월 기준으로 IMF가 보유하고 있는 약 2,040억 SDRs(약 3,090억 달러)는 회원국들이 다른 통화로 교환할 수 있다. http://www.imf.org/external/np/exr/facts/sdr.htm(검색일: 2015.4.20)

- **SDR 바스켓 구성통화 확대 논의**

SDR 바스켓 구성통화의 현행 기준은 ① 최근 5년간 재화와 용역의 수출액이 많은 국가 또는 통화연합의 통화, ② IMF가 지정하는 자유사용가능통화(freely usable currency)로 되어 있다. 이 조건을 현재 만족하는 통화들은 미국 달러화, 일본 엔화, 영국 파운드화 및 유로화이다. 현재 그 비율은 달러화 44%, 유로화 34%, 엔화 11%, 파운드화 11%이다.

2009년 이후 중국은 위안화를 SDR 바스켓 구성통화에 포함시키기 위해 노력해왔다. 2011년 10월 G20 재무장관·중앙은행총재 회의에서 IMF는 SDR 바스켓 구성통화 기준의 개선안을 제안하였다. 이 방안의 핵심은 '자유사용가능통화 요건'의 평가지표 보완과 함께 '준비자산(Reserve Asset) 요건'을 강화하는 데 있다. 이 개선안에 따라 2015년 5월 IMF는 위안화의 SDR 바스켓 구성통화 편입을 공식적으로 논의하였다. 최종적으로 위안화가 편입된다면, 세계통화금융체제에서 중국의 위상은 더욱 강화될 것이다.

러화의 가치를 더 이상 안정적으로 유지할 수 없게 되자, 1971년 미국 정부는 금태환을 일시적으로 중단하였다. 이로서 전후 약 30년간 유지되던 고정환율제가 붕괴 직전의 위험에 놓이게 되었다.

2. 브레턴우즈체제의 종식 (1972~81년)

금태환 중단 선언 이후 고정환율제로 복귀하려는 시도가 있었다. 이 시도의 실패가 확연해진 1973년 3월 주요 회원국들은 변동환율제를 선택하였다. 고정환율제에서 변동환율제로의 이행은 예상과 달리 큰 문제를 일으키지 않았다. 오히려 변동환율제는 당시 많은 회원국들에게 국제수지 불균형 문제를 가져다주었던 두 차례의 석유위기를 극복하는 데 도움을 주었다. 즉 변동환율제로의 환율 조정은 회원국들이 외부충격에 대응하는 데 유용한 수단으로 활용되었다.

이 당시 IMF의 역할은 크게 다음 세 가지로 구분될 수 있다. 첫째는 변동환율제로의 이행이 경쟁적 평가절하로 이어지지 않도록 주요 회원국들 사이의 정책공조를 돕는 것이다. 둘째는 외환정책으로 국제수지 위기를 극복할 수 없었던 일부 석유수입국들에게 자금을 지원하는 것이다. 마지막으로 1970년대 말 이후 경제적으로 어려움을 겪는 최빈국들에게 양허성 차관을 제공하는 것이다.

고정환율제에서 변동환율제로 이행은 국제금융통화질서를 관장해왔던 브레턴우즈 국제기구들 이외의 조정 메커니즘을 필요로 했다. G-5는 주요 선진국들의 거시 경제정책을 조율하기 위해 1975년부터 시작된 서방 5대 경제대국의 재무장관들의 모임에서 기원하였다. 이후 G-5는 참가국 수가 8대 경제대국으로 확대되고 재무장관과 중앙은행 총재뿐만 아니라 정부 수반이 참여하는 회의로 격상되었다.

3. 부채와 고통스러운 개혁(1982~89년)

1980년대 전반 미국 경제는 유례없는 규모의 쌍둥이 적자 — 무역적자와 재정적자 — 에 시달리고 있었다. 이 문제를 해결하기 위해 미국은 달러화의 평가절하를 추진하였다. 가장 대표적인 사례가 1985년 9월 22일 뉴욕 플라자 호텔에서 체결된 플라자 합의이다. 여기에서 미국, 일본, 서독, 영국, 프랑스는 미국 달러화에 대한 일본 엔화와 서독 마르크화의 환율을 절상시키기로 결정하였다. 이 합의 이후 서독에 대한 미국의 무역적자는 줄어들었지만, 일본에 대한 무역적자는 줄어들지 않았다. 미국 달러화에 대한 투기가 활성화되자 5개국 및 캐나다는 1987년 2월 22일 프랑스 파리에서 더 이상의 평가절상을 막기 위해 속칭 루브르 합의를 체결하였다.14

1980년대 초 선진국들의 고금리정책에 국제금융시장에서 상업은행들로부터 차입을 한 많은 석유수입국들 — 특히 개발도상국가들 — 의 이자 부담이 급증했다. 동시에 개발도상국가들이 주로 수출하는 원자재 가격은 떨어졌다. 이런 상황에서 1982년 멕시코를 필두로 여러 국가들이 부채위기에 직면하게 되었다. IMF는 국가부도 사태를 해결하기 위해 상업은행들과 함께 위기에 처한 국가들에게 대규모 구제 금융을 지원하였다. 동시에 이런 위기를 예방하기 위한 조치로서 IMF는 워싱턴 합의로 알려진 구조개혁을 정책조건으로 요구하였다.15

---

14 Yoichi Funabashi, *Managing the Dollar: From the Plaza to the Louvre* (Washington, DC: Institute for International Economics, 1988); C. Randal Henning, *Currencies and Politics in the United States, Germany, and Japan* (Washington, DC: Institute for International Economics, 1994).

15 John Williamson, "What Washington Means by Policy Reform," in John Williamson (ed.), *Latin American Adjustment: How Much has Happened?* (Washington, DC; Institution for International Economics, 1989).

4. 동유럽의 사회변화와 아시아위기(1990~2004)

1989년 베를린 장벽 붕괴 이후 거의 모든 동유럽 국가들이 사회주의에서 자본주의로 이행하였다. 이 국가들의 가입으로 IMF의 조직과 구조에 큰 변화가 생겼다. 직원 수가 6년 동안 30% 증가했으며 이사회 수도 22석에서 24석으로 확대되었다. IMF는 계획경제에 익숙한 새로운 회원국들이 시장경제를 잘 운용할 수 있도록 정책조언, 기술 지원 및 자금을 제공하였다.[16] 그 결과 이 국가들이 수년 후 유럽연합에 가입할 수 있게 되었다.

1997년 태국에서 발원한 아시아 금융위기는 IMF에게 큰 도전이 되었다. 위기에 처한 국가들에 구제 금융을 제공할 때 IMF가 부과한 정책조건이 논란에 휩싸였기 때문이다.[17] 정책조건의 정당성과 적실성에 대한 열띤 논쟁은 금융위기의 원인과 해결방안에 대해 몇 가지 교훈을 가져다 주었다. 이후 IMF는 금융 부문의 부실이 거시경제 안정성에 미치는 영향에 더 큰 관심을 가지게 되었다. 또한 자본계정 자유화에 내재된 위험을 인식하게 되어, 정책 추진의 속도와 제도적 환경을 신중하게 고려하게 되었다. 그리고 위기 직후 도입된 긴축적인 재정정책이 경기를 위축시켜 위기 극복을 지연시키는 부작용도 인정하였다.[18]

---

16 Randall W. Stone, *Lending Credibility: The International Monetary Fund and the Post-Communist Transition* (Princeton: Princeton University Press, 2002); Ngaire Woods, *The Globalizer: The IMF, the World Bank, and Their Borrowers* (Ithaca: Cornell University Press, 2006).

17 Martin Feldstein, "Refocusing the IMF," *Foreign Affairs* 77-2(1998); Jason Furman and Joseph E. Stiglitz, "Economic Crises: Evidence and Insights from East Asia," *Brookings Papers on Economic Activity* 2(1998); Jeffrey D. Sachs and Steven Radelet, "The East Asian Financial Crisis: Diagnosis, Remedies, Prospects," *Brookings Papers on Economic Activity* 1(1998); 이에 대한 IMF의 반론은 Timothy Lane, Atish R. Ghosh, Javier Hamann, Steven Phillips, Marianne Schulze-Ghattas and Tsidi Tsikata, "IMF-Supported Programs in Indonesia, Korea and Thailand: A Preliminary Assessment," *Occasional Paper* No.178(IMF, 1999) 참조.

18 Barry Eichengreen, *Toward a New International Financial Architecture: A Practical Post-Asia Agenda* (Washington, DC: Institute for International Economics,

5. 지구화와 세계금융위기(2005년~현재)

21세기 들어 금융지구화로 세계금융시장에서 거래되는 자본의 규모가 비약적으로 증가하였다. 또한 자본계정자유화로 신흥국가들과 개발도상국가들이 세계금융시장에 더 밀접하게 통합되었다.[19] 동시에 선진 경제대국들의 대 안정 Great Moderation 은 개발도상국가들의 금융위기 가능성을 완화시켰다. 역설적으로 세계금융시장의 안정과 발전은 회원국들이 브레턴우즈체제 밖에서 자금을 조달할 수 있는 기회를 더 확대하였다. 동아시아 위기 이후 부과해온 가혹한 정책조건에 대한 부정적 인식은 개발도상지역에서 IMF 구제금융의 매력을 더욱 반감시켰다. 그 결과 2010년대 IMF의 역할과 비중은 축소되는 것처럼 보였다. 실제로 2007년 IMF의 대출은 2004년도 650억 SDR에서 100억 SDR로 급감하였다. 이자 수입으로 인한 예산 부족을 해결하기 위해 당시 IMF는 금 보유고의 일부를 판매하기도 하였다.[20]

2007년 미국에서 시작된 세계금융위기는 IMF의 실존적 위기를 한 번에 반전시켰다. 위기 상황은 그동안 지지부진하게 진행되어 왔던 IMF의 재정 확충과 지배구조 개선 작업을 가속화시킬 수 있는 정치적 동력을 제공하였다. 위기 극복을 위한 국제정책공조의 핵심으로 등장한 G-20에서 IMF는 정

1999); Paul Blustein, *The Chastening: Inside The Crisis That Rocked The Global Financial System And Humbled The IMF* (New York: Public Affairs, 2001); Stanley Fischer, *IMF Essays From a Time of Crisis: The International Financial System, Stabilization, and Development* (Cambridge: M.I.T. Press, 2004); Mark Copelovitch, *The International Monetary Fund in the Global Economy: Banks, Bonds, and Bailouts* (Cambridge: University Press, 2010).

19 Joseph E. Stiglitz, *Globalization and its Discontents* (New York: Norton, 2002); Peter Isard, *Globalization and the International Financial System: What's Wrong and What Can be Done* (Cambridge: Cambridge University Press, 2005); Jeffrey M. Chweiroth, *Capital Ideas: The IMF and the Rise of Financial Liberalization* (Princeton: Princeton University Press, 2010).

20 IMF, *The IMF's New Income and Expenditure Framework — Frequently Asked Questions* (2008).

책방향설정과 조율에 중요한 역할을 하였다. 이런 의미에서 IMF에 이 위기는 불행 중 다행이라고 할 수 있다.[21]

III. IMF: 활동과 조직[22]

현재 IMF에게 주어진 기본 임무는 국제통화체제의 안정성을 유지하는 것이다. 이를 위해 IMF는 세계경제의 추세를 파악하고, 국제수지 불균형에 직면한 국가들에 구제 금융을 제공하며, 거시경제의 안정적 관리와 금융위기 예방을 위한 감시·감독과 함께 전문 기술을 지원한다. 이렇게 IMF의 활동과 조직은 이 업무들을 수행하는 데 적합한 형태로 진화해왔다.

1. 관할업무

1944년 브레턴우즈회의에서 IMF에게 전간기와 같은 경제적 혼란을 막기 위해 국제통화금융체제의 안정적 관리를 위한 국제협력의 틀을 건설하라는 임무가 주어졌다. 이를 위해 IMF는 설립 이후 네 가지 임무들을 지속적으로 추진해 왔다.

- 국제통화 문제에 대한 협력을 논의하는 장을 제공
- 국제무역의 증대를 촉진, 그럼으로써 일자리 창출, 경제 성정 및

---

21 Allan H Meltzer, "The IMF Returns," *Review of International Organization* 6-3/4 (2011).

22 이 절의 내용은 IMF 홈페이지(http://www.imf.org/external/about/whatwedo.htm) 와 한국은행, 국제기구(2011)에 주로 의존하였다.

빈곤 축소를 촉진
- 환율의 안정 및 개방적 국제수지체제의 촉진
- 국제수지 문제를 해결하는 것을 돕기 위해 필요한 회원국에게 충분한 보호조치하에 임시로 외환을 대출

1980년대 이후 가속화된 금융지구화가 세계통화금융질서의 불안정성을 증가시키면서, IMF는 설립 초기에 부여되지 않은 새로운 임무를 부여받게 되었다. 현재 IMF는 회원국들이 지구화와 경제발전에 의해 야기되는 기회를 이용하고 도전을 관리하는 것을 돕는다. 이를 위해 IMF는 지구적 경제추세와 실적을 추적하고, 문제를 탐지하여 회원국들에게 알려주며, 정책대화를 위한 논의의 장을 제공하고, 경제적 난관을 극복하는 노하우를 전달한다. 또한 IMF는 경제적 어려움을 겪고 있는 회원국들에 정책조언과 금융을 제공하며 거시경제 안정성의 달성과 빈곤 축소를 위해 개발도상국과 함께 활동한다.

- 경제적 추세와 국가 간 경험의 분석에 의거해 정부와 중앙은행에 정책조언을 제공
- 지구적, 지역적 및 개별경제와 시장의 추적에 근거한 연구, 통계, 전망 및 분석을 제공
- 경제적 난관을 극복하기 위해 국가들에 차관 제공
- 개발도상국의 빈곤 퇴치를 돕기 위해 양허성 차관concessional loans 제공
- 회원국들의 경제 관리를 향상을 돕기 위해 기술 지원 및 훈련 제공

20세기 말 이후 많은 국가들에서 발생한 다양한 외환 및 금융 위기들을 극복하는 데 동참한 경험을 바탕으로 21세기 IMF는 위기 예방 및 관리에 더 많은 관심과 노력을 기울이고 있다.

- 위기 차관 강화: IMF는 2010년 기록적인 2,500억 달러에 달하는 대출 투입을 통해 세계금융위기에 재빨리 대응하였다. 여기에는 세계 최빈국들에 대한 양허성 차관(시장에서 요구하는 것보다 낮은 금리의 보조적 대출)의 급격한 인상이 포함된다.
- 대출 유연성 증대: IMF는 회원국들의 개별적 수요에 더 잘 부응하기 위해 대출의 틀을 정비하였다. 또한 새로운 위기의 예방을 돕기 위해 지역기구들이 더 광범위한 금융안전망을 창설하는 것을 같이 하고 있다.
- 분석과 조언 제공: 지구적 관점과 이전 위기들의 경험에 의거한 IMF의 감독, 전망 및 정책조언은 수요가 많을 뿐 아니라 G-20에서도 활용되고 있다.
- 위기의 교훈: IMF는 세계금융위기가 지구금융체제의 정책, 규제 및 개혁에 주는 교훈을 도출하기 위해 노력하고 있다.
- 지배구조의 역사적 개혁: IMF 회원국들은 정책결정과정에서 저소득 국가들의 목소리를 유지하면서도 역동적인 신흥 및 개발도상국의 목소리를 상당히 증대시키는 데 합의하였다.

2012년에는 환율 및 국제수지의 안정적 관리라는 설립 목적 이외에 지구적 안정성에 영향을 주는 거시경제 및 금융부문에 대한 모든 현안들도 IMF의 임무로 추가되었다. 이를 위해 IMF는 회원국들의 거시경제와 금융부문을 감시하고, 경제적 난관에 빠진 회원국들에게 긴급 자금을 대출하며, 위기 예방을 위한 경제와 금융의 안정적 관리를 위한 기술지원을 제공한다.

2. 재원조달

IMF의 재원은 회원국들이 경제력 비중에 따라 차등적으로 제공한 지분quota을 통해 확보된다. 현재 총 지분은 2,380억 SDRs(약 3,620억 달러)이다. 지분으로 충분하지 않는 상황에 대비하기 위해 IMF는 1962년 선진 10 개국과 일반차입협정general agreement to borrow: GAB, 1997년 25개 회원국과 470억 달러를 차입해 주기로 IMF와 신 차입협정New Arrangements to Borrow: NAB을 체결하였다. 세계금융위기 발생 직후인 2009년 4월 영국 런던에서 열린 G-20 정상회담에서 NAB를 3,700억 SDRs(약 5,600억 달러)까지 확대 하기로 합의되었다. 또한 2012년 37개 회원국들은 양자협정을 통해 IMF 재원을 약 4,610억 달러까지 증대시킬 수 있게 약속하였다.[23] 이 중 현재 2,770억 SDRs(약 4,200억 달러)가 유효하다. 14차 지분 재조정이 완료되게 되면 IMF의 지분은 2배로 늘어난다. 이 시점에 회원국들의 NAB는 축소될 예정이다.

지분은 금융적 차원뿐만 아니라 조직적 차원에서 중요하다. 왜냐하면 지 분은 투표권, 신용공여의 이용 한도 및 SDR 배분 규모를 산출하는 기준이 되기 때문이다. 첫째, 지분은 회원국의 IMF에 대한 출자금capital subscription 이다. 25%까지는 SDR 또는 기축통화(달러, 유로, 엔 및 파운드)로 납입해 야 하며, 그 나머지는 자국 통화로 납입할 수 있다. 둘째, 지분은 국제수지 불균형 조정이 필요한 회원국에 대출되는 신용공여의 가장 기본적인 재원이 다. 기본적으로 회원국은 연간 자국 지분의 200%, 총 600%까지 대출할 수 있다. 국제적인 준비자산인 SDR도 지분에 따라 배분된다. 셋째, 지분은 투 표권을 결정하는데도 활용된다. 투표권은 기본표(모든 회원국에 750표)와 비례표(각 회원국이 납입한 지분 10만 SDR당 1표)로 구성되어 있다. 전체 투표권에서 기본표의 비중은 5.502%에 불과하다. 2014년 말 기준 최대 투 표권은 미국(421,965표; 16.76%), 최소 투표권은 투발루(759표; 0.03%)가 보유하고 있다.

이러한 지분의 중요성 때문에 지분의 산출에는 경제적 계산뿐만 아니라 정치적 고려가 개입된다. 논란을 최소화하기 위해 IMF는 경제력을 반영할

---

23 http://www.imf.org/external/pubs/ft/survey/so/2012/NEW061912A.htm(검색일: 2015.4.20).

지분 계산 방식

지분 계산 방식(quota formula)은 창설 이후 1962/63년, 1983년 및 2008년 세 차례 개정되었다. 브레턴우즈공식(Bretton Woods Formula)이라고 불리는 최초 공식은 회원국의 적정한 투표권 규모, 회원국의 출자능력, 회원국의 자금사용 필요성을 고려하기 위해 국민소득(NI), 지급준비 자산 보유액, 수출·입 및 수출의 변동성을 주요 변수들로 선정하였다. 1962/63년에는 브레턴우즈공식을 수정하고 몇 개의 파생공식(derivative formula)을 추가한 복수공식(multi-formula)으로 전환하였다. 먼저 기본공식에서는 수출·입 변수를 경상수입·지급 변수로 대체하였다. 또한 파생공식에서는 국민소득의 가중치를 낮추고 교역과 수출변동성의 가중치를 높였다.

1983년에는 국민소득을 국내총생산(GDP)으로 변경하였다. 또한 파생공식에 외환보유액을 포함시키고 그 적용기준도 연말 수치에서 12개월 평균치로 변경하였다.

2008년에 개정된 현행 지분 계산 공식은 최근 3년간 연평균 GDP(50%), 개방도(30%), 경제 변동성(15%), 외환보유액(5%)의 가중평균이다. GDP는 시장 환율(60%)과 구매력 평가(PPP), 환율(40%)로 구성되어 있다.

수 있는 주요 변수들로 구성된 지분 공식 Quota Formula 을 도입하였다. 창설 이후 2015년까지 총 5번의 개정이 있었다. 현재 지분 공식은 GDP(명목 기준 30%, 구매력 기준 20%), 개방도(30%), 경제 변동성(15%), 및 외환보유고(5%)의 평균으로 계산된다. 이와 동시에 IMF는 회원국들 사이의 경제력 변화를 반영하기 위해 5년을 초과하지 않는 기간마다 일반 지분 검토 general review of quotas 를 실시해왔다. 또한 개별 회원국이 요청할 경우 특별 증액 ad hoc quota increases outside general review 도 실시하였다.

3. 지배구조[24]

IMF의 지배구조는 총회Board of Governors, 이사회Executive Board, 집행부서, 독립평가실Independent Evaluation Office: IEO, 국제통화금융위원회International Monetary and Financial Committee: IMFC로 구성되어 있다. 2014년 8월 기준으로 IMF 회원국은 총 188개국이다. IMF 가입은 이사회Executive Board 승인 및 총회Board of Governors의 표결을 거쳐야 한다. 총회에서 가입결의안이 통과된 후 할당된 지분을 납입하면 회원국으로 공인된다. 회원국은 주요 의무는 '안정적인 환율제도의 유지'와 '경상거래에 대한 제한 철폐'이다.

최고의결기구는 총회로서 각 회원국을 대표하는 위원Governor과 대리위원Alternate Governor으로 구성된다. 거의 대부분의 경우 위원과 대리위원은 각국의 재무장관과 중앙은행 총재이다. 위원은 자국의 투표권을 행사하는 권한을 가지며, 대리위원은 위원의 부재 시 위원을 대행한다. 총회는 협정문의 개정, 회원국 가입 및 탈퇴 승인, 지분 조정 등의 중요한 문제들을 제외한 대부분의 권한을 이사에 위임하였다.

총회의 의결정족수는 사안에 따라 다르다. 재원조달 및 지배구조와 관련된 중요한 사안들에 대해서는 총 투표권의 85% 이상을 보유한 회원국들의 찬성이 필요하다. 설립 이후 15% 이상의 투표권을 유지해온 미국은 이 사안들에 대한 사실상 거부권을 가지고 있다. 그 이외에 대해서는 투표권의 과반수 찬성으로 결정된다.

이사회는 IMF의 업무운영을 관장한다. 임명직 이사와 선출직 이사로 구성되며 의장은 총재가 담당한다. 설립 당시 20명(임명직 5명 및 선출직15명)이었던 이사의 수는 현재 24명으로 증가하였다. 임명직 이사는 지분 비중이 높은 미국·영국·독일·프랑스·일본이 차지하고 있으며, 선출직 이사는 나머지 회원국들이 매2년마다 투표를 통해 선출한다. 각 이사는 각 국가그룹constituency에서 대표한다. 출자국(미국·일본·독일·영국·프랑스)과 세

---

24 이 절의 내용은 IMF 홈페이지와 한국은행, 국제기구(2011)에 주로 의존하였다.

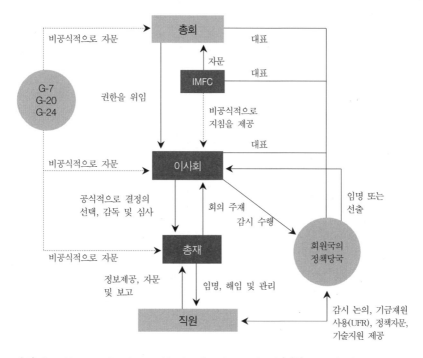

〈그림 1〉 IMF의 지배구조

출처: http://www.imf.org/external/np/exr/facts/govern.htm(검색일: 2015.4.20)

계경제에 중요한 영향을 미치는 러시아·중국·사우디아라비아는 단독으로 국가그룹을 대표하며, 나머지 국가들은 16개 국가그룹들 속에 포함되어 있다. 2010년 「지분 및 지배구조개혁안」에 따르면, 이사회는 임명직 이사를 철폐하여 전원 다 투표로 선출하며, 국가그룹을 재편하여 유럽 선진국 의석을 2개 축소할 예정이다.

국제통화금융위원회는 총회의 자문기구이다. 본래 잠정위원회로 출발했던 IMFC는 1999년 현재 명칭으로 바뀌면서 상설기구로 개편되었다. 국가그룹 당 1명의 회원Member과 다수의 준회원Associate들로 구성되는 IMFC에서 통상적으로 회원은 이사국의 위원Governor이 차지한다. IMFC는 ① 국제통화제도의 관리와 감독, ② 이사회가 제안한 「IMF 협정문」 개정안 심의, ③ 국제통화제도를 위협하는 긴급사태에 대한 대책을 논의하여 그 결과를 총회에 보고한다.

집행부서에는 142개국에서 온 약 2,600명의 직원들이 일하고 있다. 총재 Managing Director는 최고관리책임자로서 업무운영 전반을 지휘·감독한다. 이사회에서 선출되는 총재는 5년 임기에 연임이 가능하다. 그러나 총재는 총회의 위원 또는 이사를 겸직할 수 없다. 역대 총재 모두 유럽 국가 출신이며, 수석부총재는 2008년까지 미국 출신이 독점하였다. 미국 워싱턴 DC에 본부가 있으며, 파리, 브뤼셀, 제네바 유럽 사무소 및 동경에 아시아·태평양사무소가 있다. 또한 신용공여 업무를 협의하기 위해 80여 개 회원국들에 주재사무소를 운용하고 있다.

IMF 활동과 조직에 대한 사후 평가를 담당하는 독립 평가실은 2001년 설립되었다. 이사회가 임명하는 국장의 임기는 6년이며 연임할 수 없다. 이익 상충을 피하기 위해 직원의 과반수는 IMF 외부에서 채용한다.

IV. IMF 70년: 성과와 한계

브레턴우즈체제의 핵심기구로서 IMF는 설립 후 세계통화금융체제의 안정에 중요한 역할을 수행해왔다. 국제기구로서 IMF의 성과와 한계를 분석하기 위해서는 평가 기준들이 필요하다. 〈표 1〉처럼, 이 기준들은 조직과 성격에 따라 네 가지 유형으로 구분될 수 있다.

이 기준들은 정치적 및 조직적 측면에 중점을 두기 때문에, IMF의 운영 및 활동이 어떤 결과를 초래했는가를 파악하는 데는 미흡하다. IMF의 금융위기 예방과 관리정책이 경제성장, 제도개혁, 국내정치(선거) 및 국제정치(전쟁)에 미친 영향을 살펴보기 위해서는 이 기준들을 넘어서야 한다. 이를

〈표 1〉 실적의 근거

	내적	외적
사회적	조직 문화 지도력 결함	경쟁하는 규범들 문제에 대한 합의 부재
물질적	불충분한 직원 및 자원 관료적/경력 자기이익	회원국들 사이의 권력 정치 일관되지 않은 권한 현장에서의 제한

출처: Tamar Gutner and Alexander Thompson, "The Politics of IO Performance: A Framework," *Review of International Organizations* 5-3(2010), p.239

위해서는 IMF의 성과와 한계를 금융위기의 예방과 관리 및 지배구조와 운영방식의 문제로 구분해서 볼 필요가 있다.25

IMF에 대한 평가는 내부와 외부로 구분될 수 있다. 여기에서 가장 애매한 부분은 독립 평가실에서 나온 보고서이다.26 독립 평가실이 IMF에 대해 이념적으로 또 조직적으로 얼마나 독립적인가에 대해서 논란의 여지가 있기 때문이다.27 따라서 독립평가실의 분석에 대해서는 주의가 필요하다.

---

25 Roland Vaubel, "Bureaucracy at the IMF and the World Bank," *World Economy* 19-2(1996); Sarah Babb, "The IMF in Sociological Perspective: A Tale of Organizational Slippage," *Studies in Comparative International Development* 38-2 (2003); B. Momani, "IMF Staff: Missing Link in Fund Reform Proposals," *Review of International Organizations* 2-1(2007); Leonard Seabrooke and Emelie Rebecca Nilsson, "Professional Skills in International Financial Surveillance: Assessing Change in IMF Policy Teams," *Governance* 28-2(2015).

26 Independent Evaluation Office, *IMF Performance in the Run-Up to the Financial and Economic Crisis: IMF Surveillance in 2004-07*(IMF, 2011); Independent Evaluation Office, *IMF Response to the Financial and Economic Crisis*(Washington DC: IMF, 2014).

27 Catherine Weaver, "The Politics of Performance Evaluation: Independent Evaluation at the International Monetary Fund," *Review of International Organizations* 5-3(2010).

1. 성과: 금융위기의 예방과 관리

IMF의 가장 중요한 업무는 금융위기의 예방과 관리라고 할 수 있다.[28] 〈표 2〉에서 알 수 있듯이 고정환율제인 금본위제 시기보다 IMF가 설립된 브레턴우즈 시기에 금융위기의 빈도수가 높은 추세를 보여주고 있다. 특히 미국이 금태환을 중단하고 변동환율제로 행한 1973년 이후에는 금융위기, 통화위기, 대외채무 불이행 모두 두 배 이상 급증하였다.

금융위기의 예방이라는 측면에서 IMF의 역할과 기능에 대한 평가는 긍정적이지 않다. 부정적 평가는 두 가지 문제점들에서 기인한다. 첫째, 탈브레턴우즈체제에서 금융제도가 불완전한 개발도상국은 물론 금융시장이 발전된 선진국에서도 금융위기 발생하였다. 이 사실은 금융위기의 원인이 개별 국가의 금융체제뿐만 아니라 세계통화금융질서에 있다는 점을 시사한다. "고속도로에서 사고가 한 번 발생하였을 때는 운전사의 부주의를 의심해볼 수 있지만, 고속도로의 같은 장소에서 수십 번의 사고가 발생했다면 도로 설계를 재점검해 볼 필요가 있다."[29] 그럼에도 불구하고, IMF는 세계통화금융질서의 개혁에 적극적이지 않았다. 물론 이 문제의 책임을 IMF에게 다 전가할 수는 없다. 왜냐하면, 사실상 거부권을 가지고 있는 미국이 개혁에 소극적인 태도를 견지해왔기 때문이다.

금융위기의 관리 차원에서도 IMF는 좋은 평가를 받지 못하고 있다. 단기적으로 IMF의 개입은 거시경제의 안정화와 해외로부터 투자 유치에 유리한 영향을 준다. 물론 이 효과는 모든 회원국에서 발견되지 않는다. 주로 민주주의 국가의 사례들에서 IMF 개입이 해외투자자들에게 긍정적 신호로 간주

---

28 금융위기의 분석에 대해서는 Carmen M. Reinhart and Kenneth S. Rogoff, *This Time Is Different: Eight Centuries of Financial Folly* (Princeton: Princeton University Press, 2009); IMF의 대응에 대해서는 Stijn, M. Claessens, Ayhan Kose, Luc Laeven, Fabian Valencia, *Financial Crises: Causes, Consequences, and Policy Responses* (IMF, 2014) 참조.

29 Joseph E. Stiglitz, "Capital Market, Liberalization, Economic Growth, and Instability," *World Development* 26-6(2000), p.1075.

〈표 2〉 위기의 빈도(연간)

시기	은행위기	통화위기	대외채무 불이행
금본위제(1870~1913)	1.3	0.6	0.9
전간기(1925~1939)	2.1	1.7	1.5
브레턴우즈체제(1948~1972)	0.1	1.7	0.7
a) 1948~1958	0.0	1.4	0.3
b) 1959~1972	0.1	1.9	1.1
탈브레턴우즈체제(1973~2010)	2.6	3.7	1.3
a) 1973~1989	2.2	5.4	1.8
b) 1990~2010	3.0	2.4	0.8

출처: Oliver Bush, Katie Farrant and Michelle Wright, "Reform of the International Monetary and Financial System," *Financial Stability Paper* No.13(Bank of England, 2011), p.7

된다.[30] 장기적으로 IMF로부터 구제 금융을 지원받은 국가들에서는 경제성 장률이 떨어지고 소득불평등이 심화되는 경향이 있다.[31] 이런 부작용은 IMF가 선호하는 구조개혁 및 긴축정책이 노동 소득을 저하시키고 보건 및 교육 예산을 축소시키는 데서 기인한 것으로 보인다.[32] 규범적 차원에서

---

[30] M. E. Bauer, C. Cruz and A. T. Graham, "Democracies Only: When do IMF Agreements Serve as a Seal of Approval?" *Review of International Organizations* 7-1(2012).

[31] Adam Przeworski and James Raymond Vreeland, "The Effects of IMF Programs on Economic Growth," *Journal of Development Economics* 62-2(2000); Robert J. Barro and Jong-Wha Lee, "IMF-Programs: Who Is Chosen and What Are the Effects?" *Journal of Monetary Economics* 52-7(2005); Axel Dreher, "IMF and Economic Growth: The Effects of Programs, Loans, and Compliance," *World Development* 34-5(2006); Muhammet A. Bas and Randall W. Stone, "Adverse Selection and Growth under IMF Programs," *Review of International Organizations* 9-1(2014); Silvia Marchesi and Emanuela Sirtori, "Is Two Better Than One? The Effects of IMF and World Bank Interaction on Growth," *Review of International Organizations* 6-3/4(2011).

[32] James Raymond Vreeland, "The Effect of IMF Programs on Labor," *World*

IMF프로그램에 대한 평가도 아주 긍정적이지는 않다. IMF의 구제 금융을 지원받은 국가들에서 인권 및 노동조건이 개선되기는 커녕 악화되는 경향이 발견되었다.[33] 또한 IMF가 개입한 회원국은 사회정치적 불안정에 직면할 가능성이 더 높다는 연구 결과도 있다.[34] 이런 맥락에서 IMF의 관여가 내전을 촉발시키는 원인이 될 수 있다는 주장까지 제기되었다.[35]

IMF프로그램의 실패 원인은 크게 세 가지로 구분될 수 있다.[36] 첫 번째는 구제 금융을 지원받는 국가들을 선정하는 데 문제가 있다. IMF가 구제 금융 대상국을 선정할 때 경제적 기준 이외에 정치적 고려를 하는 경향이 있다. 이 경향은 국제연합에서 주요 회원국들 — 특히 미국 — 과 유사한 투표 성향을 보이는 국가들이 IMF로부터 구제 금융을 지원받을 가능성이 높다는 경험적 연구 결과에 반영되어 있다. 이런 점에서 IMF의 금융지원은 사실상 미국의 대외원조와 유사한 역할을 한다고 할 수 있다.[37] 또한 인기

Development 30-1(2002); Irfan Nooruddin and Joel W. Simmons, "The Politics of Hard Choices: IMF Programs and Government Spending," *International Organization* 60-4(2006).

33 M. Rodwan Abouharb and David L, Cingranelli, "IMF Programs and Human Rights, 1981-2003," *Review of International Organizations* 4-1(2009).

34 Axel Dreher and Martin Gassebner, "Do IMF and World Bank Programs Induce Government Crises? An Empirical Analysis," *International Organization* 66-2 (2012).

35 Caroline A. Hartzell and Matthew Hoddie, with Molly Bauer, "Economic Liberalization via IMF Structural Adjustment: Sowing the Seeds of Civil War?" *International Organization* 64-2(2010); 이에 대한 반론으로는 Trude Mariane Midtgård, Krishna Chaitanya Vadlamannati and Indra de Soysa, "Does the IMF Cause Civil War? A Comment," *Review of International Organizations* 9-1(2014) 참조.

36 Martin C. Steinwand and Randall W. Stone, "The International Monetary Fund: A Review of the Recent Evidence," *Review of International Organizations* 3-2 (2008); IMF의 자체 평가에 대해서는 Ashoka Mody and Alessandro Rebucci (eds.), *IMF Supported Programs: Recent Staff Research* (Washington, DC: IMF, 2006) 참조.

37 Strom C. Thacker, "The High Politics of IMF Lending," *World Politics* 52-1 (1999); Jane Harrigan, Chengang Wang and Hamed El-Said, "The Economic and Political Determinants of IMF and World Bank Lending in the Middle East and

가 없는 개혁정책의 도입에 대한 국내정치적 저항을 극복하기 위해 IMF에 금융지원을 요구하는 경우도 있다.[38] 반대로 한 번 이상 지원을 받은 국가들은 그렇지 않은 국가들보다 IMF의 도움을 더 자주 요청하는 경향이 있다.[39]

두 번째는 프로그램 설계의 문제이다. IMF가 금융지원에 대한 대가로 요구하는 정책조건conditionality의 적합성과 정합성에 문제가 있다는 것이다.

North Africa," *World Development* 34-2(2006); Axel Dreher, Jan-Egbert Sturm and James Raymond Vreeland, "Development Aid and International Politics: Does Membership on the UN Security Council Influence World Bank Decisions?" *Journal of Development Economics* 88-1(2009); Julien Reynaud and Julien Vauday, "Geopolitics and International Organizations: An Empirical Study on IMF Facilities," *Journal of Development Economics* 89-1(2009); Christoph Moser and Jan-Egbert Sturm, "Explaining IMF Lending Decisions after the Cold War," *Review of International Organization* 6-3/4(2011); Liam Clegg, "Global Governance behind Closed Doors: The IMF Boardroom, the Enhanced Structural Adjustment Facility, and the Intersection of Material Power and Norm Stabilisation in Global Politics," *Review of International Organizations* 7-3(2012); Axel Dreher and Jan-Egbert Sturm, "Do the IMF and the World Bank Influence Voting in the UN General Assembly?" *Public Choice* 151-1(2012); Andrea F. Presbitero, and Alberto Zazzaro, "IMF Lending in Times of Crisis: Political Influences and Crisis Prevention," *World Development* 40-10(2012); Axel Dreher, Jan-Egbert Sturm and James Raymond Vreeland, "Politics and IMF Conditionality," *Journal of Conflict Resolution* 59-1(2015); 정치적 변수보다 경제적 변수가 더 중요하다는 분석으로는 Malcolm Knight and Julio A. Santaella, "Economic Determinants of IMF Financial Arrangements," *Journal of Development Economics* 54-2(1997); Jan-Egbert Sturm, Helge Berger, Jakob de Haan, "Which Variables Explain Decisions on IMF Credit? An Extreme Bounds Analysis," *Economics and Politics* 17-2(2005) 참조.

38 André Broome and Leonard Seabrooke, "Seeing like the IMF: Institutional Change in Small Open Economies," *Review of International Political Economy* 14-4(2007); Grigore Pop-Eleches, *From Economic Crisis to Reform: IMF Programs in Latin America and Eastern Europe* (Princeton: Princeton University Press, 2009).

39 Patrick Conwa, "IMF Lending Programs: Participation and Impact," *Journal of Development Economics* 45-2(1994); "The Revolving Door: Duration and Recidivism in IMF Programs," *Review of Economics and Statistics* 89-2(2007).

정책조건은 구제 금융을 신청할 때 회원국이 IMF에 제출하는 의향서letter of intent에 담겨져 있다. 1900년대 말 동아시아 금융위기 이후 IMF는 각 회원국들이 당면한 상황들이 현저하게 다른데도 불구하고 동일한 해결책—주로 IMF가 선호하는 정책들—을 적용한다는 비판을 받았다. 그 이후 IMF는 회원국의 실정을 적극적으로 반영하기 위해 정책소유권을 강화하였다.[40] 그 외에 해외투자자들, 주요 회원국들 및 IMF 직원들 사이의 이해관계가 서로 다른 점들도 이런 경향에 영향을 준 것으로 해석될 수 있다.[41]

세 번째는 프로그램 이행의 문제이다. 이 문제는 회원국의 국내정치적 한계뿐만 아니라 IMF정책조건의 부적합성에도 기인한다. 특히 주요 회원국들—특히 미국, 영국, 프랑스—에게 국제정치적으로 중요했던 국가들이 IMF프로그램을 엄격하게 실천하지 않았다.[42] 이 문제는 IMF의 예측에 내재된 편향성에 반영되어 있다. 주요 회원국들과 구제 금융을 받은 국가들의 경제 성장과 인플레이션 예측이 대체로 더 낙관적인 경향을 보여주고 있다.[43]

IMF프로그램에 대한 전반적인 비판은 1990년대 초반 러시아 위기와

---

40 Mohsin S. Khan and Sunil Sharma, "IMF Conditionality and Country Ownership of Adjustment Programs," *World Bank Research Observer* 18-2(2003); Independent Evaluation Office, *IMF Interactions with Member Countries* (Washington, DC: IEO, 2009).

41 Randall W. Stone, "The Scope of IMF Conditionality," *International Organization* 62-4(2008); Axel Dreher, "IMF Conditionality: Theory and Evidence," *Public Choice* 141-1/2(2009); Jacqueline Best, "Ambiguity and Uncertainty in International Organizations: A History of Debating IMF Conditionality," *International Studies Quarterly* 56-4(2012).

42 Anna Ivanova, Wolfgang Mayer, Alex Mourmouras and George Anayiotos, "What Determines the Implementation of IMF-supported Programs?" *Working Papers* 03/8(IMF, 2003); Randall W. Stone, "The Political Economy of IMF Lending in Africa," *American Political Science Review* 98-4(2004).

43 Axel Dreher, Silvia Marchesi and James Raymond Vreeland, "The Politics of IMF Forecasts," *Public Choice* 137-1/2(2008); Ruben Atoyan and Patrick Conway, "Projecting Macroeconomic Outcomes: Evidence from the IMF," *Review of International Organizations* 6-3/4(2011).

1990년대 후반 동아시아 위기에 극명하게 드러났다. 사회주의에서 자본주의로 이행했던 러시아에서 IMF가 권고했던 정책들은 경제성장에 직접적인 도움을 주지 못했을 뿐더러 정치사회적인 혼란을 악화시키는 데 기여했다는 평가를 받았다.[44] 경제적 기적으로 간주되었던 동아시아 국가들의 금융위기에 대한 IMF의 처방도 지나치게 가혹하는 비판을 불러일으켰다. 당시 IMF는 거시경제정책은 물론 금융, 기업, 노사 및 복지 부문에 대한 총체적인 구조개혁을 요구하였다. 이러한 IMF프로그램의 이론적 및 정치적 정당성에 대한 비판이 제기되었지만, 한국을 비롯한 동남아시아 국가들은 구제금융에 부과된 정책조건을 거부할 수 없었다. 2010년 유럽 금융위기에 대한 IMF의 우호적 대응은 이 비판의 타당성을 재확인시켜 주고 있다.[45] IMF에 대한 동아시아 국가들의 불신은 동아시아에서 지역주의를 정당화하는 근거로 작용하고 있다.[46]

---

44 Nigel Gould-Davies and Ngaire Woods, "Russia and the IMF," *International Affairs* 75-1(1999); Jorge Martinez-Vazquez, Felix Rioja, Samuel Skogstad and Neven Valev, "IMF Conditionality and Objections: The Russian Case," *American Journal of Economics and Sociology* 60-2(2001).

45 Shinji Takagi, "Applying the Lessons of Asia: The IMF's Crisis Management Strategy in 2008," *Working Paper* No.206(Asian Development Bank Institute, 2010); Anusha Chari and Peter Blair Henry, "Two Tales of Adjustment: East Asian Lessons for European Growth," *Working Paper* No.19840(NBER, 2014); Simon Johnson and James Kwak, "Policy Advice and Actions during the Asian and Global Financial Crisis," in Changyong Rhee and Adam S. Posen (eds.), *Responding to Financial Crisis: Lessons from Asia Then, the United States and Europe Now* (Washington, DC: Peter G. Peterson Institute for International Economics, 2014).

46 Takatoshi Ito, "Asian Currency Crisis and the International Monetary Fund, 10 Years Later: Overview," *Asian Economic Policy Review* 2-1(2007); "Can Asia Overcome the IMF Stigma?" *American Economic Review* 102-3(2012).

2. 국제정책공조

금본위제가 붕괴된 이후 전간기에 발생했던 통화전쟁의 예방을 위해 IMF
는 설립 이후 회원국들 사이의 통화정책과 외환정책의 조정을 위한 국제정
책공조에 심혈을 기울여왔다.[47] 1973년 미국의 금태환 이후 주요 회원국들
이 고정환율제에서 변동환율제로 이행하면서, 환율 조정을 위한 G-5체제가
등장하였다. 1980년대 이후 세계적 차원의 자본이동 자유화는 거시경제정
책들을 조정할 필요성을 침식시켜, 2000년대에는 국제정책공조에 대한 논
의가 거의 사라졌다. 그러나 세계금융위기 이후 통화전쟁의 우려가 등장하
면서, 국제정책공조의 필요성이 다시 제기되었다.[48] 신흥경제대국들의 부
상으로 이번에는 G-20이 국제정책공조에서 핵심적인 역할을 수행하게
되었다.[49]

국제정책공조의 방식과 효과에 대한 평가는 양면적이다. 한편에서는 전
간기와 같은 통화전쟁이 발생하지 않았다는 점에서 IMF 중심의 국제정책공
조가 성공적이었다는 긍정적 평가가 있다. 다른 한편에서는 국제정책공조가
패권국이 비 패권국에게 조정의 비용을 강압적인 방식으로 전가했다고 비판
을 한다.[50] 1980년대 초 일본과 서독에 대한 미국의 평가절상 압력인 플라
자-루브르 합의가 대표적 예이다.

---

47 Barry Eichengreen, "International Policy Coordination: The Long View," in
Robert Feenstra and Alan Taylor (eds.), *Globalization in an Age of Crisis*
(Chicago: University of Chicago Press, 2014).

48 William R. Cline and John Williamson, "Currency Wars?" *Policy Brief* 10-26
(Washington, DC: Institute for International Economics, 2010); Daniel W.
Drezner, *The System Worked: How the World Stopped Another Great
Depression* (Oxford: Oxford University Press, 2014).

49 Christopher Adam, Paola Subacchi and David Vines, "International Macroeco-
nomic Policy Coordination: An Overview," *Oxford Review of Economic Policy*
28-3(2012).

50 Jonathan Kirshner, *Currency and Coercion* (Princeton: Princeton University
Press, 1995).

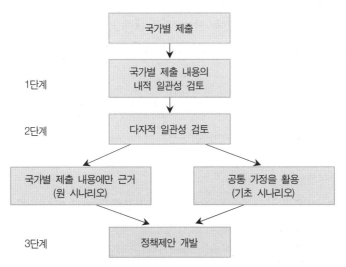

출처: IMF, *The G-20 Mutual Assessment Process and the Role of the Fund* (IMF, 2009), p.5

세계금융위기 이후 IMF는 G-20과 함께 국제정책공조의 자발적 이행을 유도하기 위한 조치로서 상호 확인 절차Mutual Assessment Process: MAP를 고안하였다. MAP은 패권국의 압력이 아니라 동료 압력을 통해 국제정책공조의 실효성을 높이려는 목적을 가지고 있다. 이에 따라 IMF는 2009년 피츠버그 정상회담에서 결정된 '강하고, 지속가능하며 균형 잡힌 성장을 위한 틀 Framework for Strong, Sustainable and Balanced Growth'의 이행 상황을 주기적으로 검토하고 있다.[51]

MAP은 국가별로 상이한 상황들을 정확하게 반영하지 않기 때문에, 국제 정책공조의 범위와 정도를 정확하게 측정하는 데 한계가 있다. 〈표 2〉에서 알 수 있는 것처럼, MAP은 거시 수준의 정책모델에 가깝기 때문에 미시

---

[51] Hamid Faruqee and Krishna Srinivasan, "The G-20 Mutual Assessment Process: A Perspective from IMF Staff," *Oxford Review of Economic Policy* 28-3(2012).

수준의 성능 기준을 파악하기 어려운 것이다.[52] 또한 특정한 모델에서 도출한 예상 지표를 기준으로 정책평가를 하는 MAP에는 과정보다는 결과를 중시하는 편향이 내재되어 있다. 즉 MAP은 예측 모델에서 고려하지 않은 문제들이 나타나 목표한 지표에 도달하는 과정이 단선적이지 않을 가능성을 배제하게 만들 수 있다.

3. 한계: 지배구조와 운영방식의 문제

1) 지배구조 개편 지연

IMF는 세계경제의 변화를 지배구조에 반영하기 위해 5년 주기로 지분 재조정을 실시해왔다. 주기적인 개정에도 불구하고 IMF의 지배구조가 미국과 서유럽 선진국들에게 여전히 유리하다는 비판이 끊이질 않았다. 특히 1990년대 이후 비약적인 경제성장으로 세계경제에서 비중이 커진 신흥경제 대국들은 지분의 확대를 지속적으로 요구해왔다.[53]

2010년 12월 제14차 지분 재조정은 이런 비판에 대한 가장 강력한 개혁안을 포함하였다. 당시 결정된 주요 사항은 크게 네 가지로 구분될 수 있다. 첫째, IMF의 지분을 두 배로 증액한다. 이는 IMF 역사상 가장 큰 규모의

---

52 André Broome, "Back to Basics: The Great Recession and the Narrowing of IMF Policy Advice," *Governance* 28-2(2015), p.5.

53 Abbas Mirakhor and Iqbal Zaidi, "Rethinking the Governance of the International Monetary Fund," *Working Paper* No.06/273(IMF, 2006); IMF, *Reform of Quota and Voice in the International Monetary Fund—Report of the Executive Board to the Board of Governors*(IMF, 2008); IMF, *Governance of the International Monetary Fund: An Evaluation*(Washington, DC: IMF, 2009); Ruben Lamdany and Leonardo Martinez-diaz (eds.), *Studies of IMF Governance: A Compendium* (Washington, DC: IMF, 2009); 박종운·김민정, "IMF 지배구조 개선논의의 주요 내용과 시사점,"『외환국제금융리뷰』(2005.6); 정지영, "최근 브레튼 우즈 기구개혁 논의 내용과 시사점,"『외환국제금융리뷰』(2006); 장민, "IMF 지배구조 개혁논의 현황과 시사점,"『금융동향』(2009).

증액이다. 둘째, IMF의 지분의 약 6%를 신흥경제대국들에 더 부여한다. 그 결과 중국은 세 번째 대주주가 되며 인도와 브라질도 러시아와 함께 10대 대주주로 올라서게 된다. 〈표 3〉에서처럼 미국의 지분은 17.69%에서 17.40% 로 조금 떨어지지만, 사실상 거부권을 행사하는 데는 전혀 문제가 없는 수준 이다. 셋째, 5대 대주주에게 집행이사를 배정하는 특혜를 폐지하고, 집행이 사 전원을 선출하도록 한다. 마지막으로 현재 10명인 선진 유럽 국가들의 집행이사 수를 2명으로 축소하고 신흥경제대국 및 개발도상국들의 집행이 사 수를 늘린다.[54]

지분 재조정의 집행에는 총 70%의 지분을 가진 회원국들의 동의가 필요 한데, 2015년 4월 7일 기준 총 80.34%를 가진 164개국이 지지를 하였다. 그러나 이 방안은 집행이사 개혁안의 집행이 선행되어야 한다. 집행이사에 대한 개혁안은 188개 회원국 중 85%의 지분을 가진 3/5(113 회원국)의 지 지가 요구되는데, 2015년 4월 7일 기준 147개국이 지지했지만 총 지분은 77.24%에 불과하다. 따라서 2010년 IMF 개혁안은 현재까지 실행되지 않고 있다.[55]

이 개혁방안에 동의하지 않은 가장 중요한 국가는 미국이다. 미국 의회는 현재까지 행정부가 제출한 개혁안 실행에 필요한 법안에 대한 비준을 하지 않고 있다.[56] 지배구조 개혁의 지연은 미국뿐만 아니라 서유럽 국가들의 책 임도 있다. 창립 회원국으로서 기득권을 가진 서유럽 국가들이 급격한 지분 감축에 반발하고 있기 때문이다.[57] 이 국가들의 영향력은 IMF 총재직의 독 점을 통해 유지되어 왔다. 2000년 미쉘 캉드쉬 Michel Camdessus 총재 후임 선 출과정에서 독일이 처음 추천했던 코흐-베저 Caio Koch-Weser 가 거부당했을

---

54 Arvind Virmani, "Global Economic Governance: IMF Quota Reform," *Working Paper* No.11/208(IMF, 2011).

55 http://www.imf.org/external/np/sec/misc/consents.htm(검색일: 2015.4.20).

56 http://www.imf.org/external/np/exr/facts/quotas.htm(검색일: 2015.4.20).

57 Lorenzo Bini Smaghi, "A Single EU Seat in the IMF?" *Journal of Common Market Studies* 42-2(2004).

	개정 전 20대 지분국		개정 후 20대 지분국		20대 경제대국(GDP: 2014년)		
	국가	지분	국가	지분	국가	비중	
						명목	구매력
1	미국	17.69	미국	17.40	미국	22.53	16.27
2	일본	6.56	일본	6.46	중국	13.43	16.47
3	독일	6.12	중국	6.39	일본	5.97	4.47
4	프랑스	4.51	독일	5.58	독일	4.99	3.38
5	영국	4.51	프랑스	4.23	프랑스	3.68	2.41
6	중국	4.00	영국	4.23	브라질	3.04	2.87
7	이탈리아	3.31	이탈리아	3.16	영국	3.81	2.27
8	사우디아라비아	2.93	인도	2.75	이탈리아	2.78	1.93
9	캐나다	2.67	러시아	2.71	러시아	2.40	3.32
10	러시아	2.50	브라질	2.32	인도	2.65	6.80
11	인도	2.44	캐나다	2.31	캐나다	2.31	1.47
12	네덜란드	2.17	사우디아라비아	2.10	호주	1.87	1.02
13	벨기에	1.93	스페인	2.00	스페인	1.82	1.43
14	브라질	1.79	멕시코	1.87	멕시코	1.66	2.00
15	스페인	1.69	네덜란드	1.83	한국	1.83	1.67
16	멕시코	1.52	한국	1.80	인도네시아	1.15	2.38
17	스위스	1.45	호주	1.38	네덜란드	1.12	0.74
18	한국	1.41	벨기에	1.34	터키	1.04	1.41
19	호주	1.36	스위스	1.21	스위스	0.92	0.41
20	베네수엘라	1.12	터키	0.98	사우디아라비아	0.97	1.54

출처: IMF, *World Economic Outlook Database* (April 2015), http://www.imf.org/external/pubs/ft/weo/2015/01/weodata/index.aspx

때, 서유럽 국가들은 독일 출신인 호르스트 쾰러Horst Kohler를 적극적으로 지지하였다.[58] 2011년 도미니크 스트로스 칸Dominique Strauss-Kahn IMF 총재가 불미스런 스캔들로 퇴임했을 때도 서유럽 국가들은 프랑스 재무장관 출신 크리스틴 라가르드가 후임이 되도록 만들었다.

이러한 지배구조 개혁의 지연은 신흥경제대국들의 불만을 가중시키고 있다. 〈표 3〉에서 알 수 있듯이, 신흥시장국가들의 지분quota은 아직도 서유럽 국가들보다 훨씬 적다.[59] 또한 세계금융위기 이후 G-7을 제치고 최고 논의기구premier forum로 격상된 G-20에서 신흥경제대국들은 위기 극복에 중요한 기여를 해왔다. 이 때문에 신흥경제대국들은 IMF에서 더 높은 위상과 지분 요구해왔다. 특히 세계금융위기 이후 제2위의 경제대국으로 부상한 중국은 높아진 위상과 비중을 세계통화금융질서에 투영하기 위한 시도를 하고 있다.[60] 그러나 2011년 주민(朱民) 중국은행 전 부행장이 IMF 부총재로 승진한 것 이외에 특별한 성과를 거두고 있지 못하다.

---

58 Miles Kahler, *Leadership Selection in the Major Multilaterals* (Washington, DC: Institute for International Economics, 2001).

59 Edwin M. Truman (ed.), *Reforming the IMF for the 21st Century* (Washington, DC: Institute for International Economics, 2006); Ngaire Woods and Domenico Lombardi, "Uneven Patterns of Governance: How Developing Countries Are Represented in the IMF," *Review of International Political Economy* 13-3(2006); David P. Rapkin and Jonathan R. Strand, "Reforming the IMF's Weighted Voting System," *World Economy* 29-3(2006); Martin Skala, Christian Thimann and Regine Wölfinger, "The Search for Columbus' Egg-Finding a New Formula to Determine Quotas at the IMF," *Occasional Paper* No.70(ECB, 2007); Richard N. Cooper and Edwin M. Truman, "The IMF Quota Formula: Linchpin of Fund Reform," *Policy Brief* No.07-1(Washington, DC: Institute for International Economics, 2007); Agnès Bénassy-Quéré and Sophie Béreau, "Rebalancing IMF Quotas," *World Economy* 34-2(2011).

60 Ming Zhang, "China's New International Financial Strategy amid the Global Financial Crisis," *China & World Economy* 17-5(2009).

2) 미국의 영향력 약화

미국은 IMF의 중요한 의사결정시 필요한 85%의 지분을 무력화할 수 있을 만큼의 지분을 항상 유지하고 있으면서, IMF의 의사결정과정에서 막대한 영향력을 끼치고 있다.[61] '월 스트리트-미국 재무부-국제통화기금 복합체' 개념이 시사하듯이, IMF를 미국 금융계의 고무도장으로 보는 견해가 널리 퍼져 있다.

실제로 미국이 1944년 브레턴우즈회의에서부터 IMF를 미국외교 정책의 측면에서 접근하였다.[62] 당시 미국 대표인 해리 덱스터 화이트와 영국 대표인 존 메이나드 케인즈 사이의 논쟁은 이론적 차이뿐만 아니라 전후 국제금융 패권을 둘러싼 권력투쟁을 반영한 것이다. 미국은 IMF에 자국의 국가이익을 투영하기 위해 여러 가지 제도들을 설계하였다. 그 중에서 가장 중요한 사항은 IMF의 협정문 및 미국 지분 변경에 미국 의회의 비준을 법률(일명 브레턴우즈 협정법)로 규정한 것이다. 또한 15% 이상의 지분을 유지함으로써 85% 이상의 압도적 다수결을 필요로 하는 지배구조와 관련한 중요한 사항에 대해서 미국은 사실상의 거부권을 행사할 수 있게 하였다.[63]

1945년부터 1966년 사이에 미국은 의회가 설립한 국제통화금융문제자문위원회National Advisory Council on International Monetary and Financial Problems를 통해 IMF정책을 결정했으나, 그 이후엔 재무부가 전담하도록 하였다. 의회는 재무부를 통해 의견과 의결권 ─ 정책, 의결권 행사 및 보고 ─ 을 전달해왔

---

61 Kenneth W. Dam, *The Rules of the Global Game: A New Look at US International Economic Policymaking* (Chicago: Chicago University Press, 2001); Randall W. Stone, *Controlling Institutions: International Organizations and the Global Economy* (Cambridge: Cambridge University Press, 2011).

62 C. Randall Henning, "US Interests and the International Monetary Fund," *Policy Brief* No.09-12(Washington, DC: Institute for International Economics, 2009); 외교정책의 수단으로서 국제금융에 대한 일반적 논의는 Leslie Elliott Armijo and Saori N. Katada, "Theorizing the Financial Statecraft of Emerging Powers," *New Political Economy* 20-1(2015) 참조.

63 Martin A. Weiss, *International Monetary Fund: Background and Issues for Congress* (Congressional Research Service, 2014), pp.1-2.

다. 정책의 측면에서 의회는 IMF에 대해 노동자 권리 향상, 여성 참여 확대, 및 환경보호를 강조해왔다. 의결권의 측면에서 의회는 종교의 자유 탄압, 국제적 테러리즘 지원 및 핵확산을 추구하는 국가들에 대한 자금지원에 반대 또는 기권을 요구해왔다. 마지막으로 의회는 중요 사안에 대한 보고서를 재무부에게 요청해왔다.[64]

IMF에 대한 미국의 영향력은 제도적 차원뿐만 아니라 이념적 차원에서도 강력하게 유지되어 왔다. 1980년대 말에서 21세기 초반까지 이후 영국과 미국의 최고 대학 경제학과 출신의 경제학자들이 이념적 통제에 중요한 역할을 하는 국제통화기금의 세계은행 최고 경제학자Chief Economist를 독점하였다. 이 중에서 신자유주의에 비판적이었던 학자는 스티글리츠가 거의 유일하였다.[65]

워싱턴 합의 개념은 워싱턴에 모여 있는 미국 재무부, IMF 및 세계은행 사이에 이념적 친화성이 있다는 사실을 잘 보여준다. 1980년대 미국과 영국에서 실시되었던 레이거노믹스와 대처주의에 기반을 두고 있는 이 합의의 주요 정책은 낮은 인플레이션과 재정적자, 무역 및 자본 자유를 통한 대외적 개방, 탈규제와 사유화를 통한 시장 메커니즘 강화로 요약될 수 있다.[66] 1980년대 말 이후 IMF와 세계은행은 이 합의를 개발도상국들에게 전파

Martin A. Weiss, *International Monetary Fund: Background and Issues for Congress* (Congressional Research Service, 2014), p.15.

[65] Robert H. Wade, "US Hegemony and the World Bank: The Fight over People and Ideas," *Review of International Political Economy* 9-2(2002); Bessma Momani, "American Politicization of the International Monetary Fund," *Review of International Political Economy* 11-5(2004); "Recruiting and Diversifying IMF Technocrats," *Global Society* 19-2(2005).

[66] John Williamson, "What Washington Means by Policy Reform," in John Williamson (ed.), *Latin American Adjustment: How Much has Happened?*(Washington, DC; Institution for International Economics, 1989); Thomas J. Bierstecker, "The "Triumph" of Neoclassical Economics in the Developing World: Policy Convergence and Bases of Governance in the International Economic Order," in James Rosenau and Ernst-Otto Czempiel (eds.), *Governance Without Government* (Cambridge: Cambridge University Press, 1992).

하는데 결정적 역할을 하였다. 가장 중요한 전파 수단은 구제금융의 대가로 부여된 정책조건이다. 개발도상국의 정책결정자들은 IMF 권고안이 자국의 실정에 맞지 않을 수 있다는 것을 인식할 때도 국제기구의 권고를 수용하곤 한다. 그 이유는 두 가지이다. 하나는 실패의 책임을 국제기구에 돌릴 수 있다. 다음은 국제기구의 권고를 듣지 않은 경우 서방 국가의 주요 언론에서 그 국가를 비난하고 신용평가 기관이 신용 등급을 낮추고 따라서 해외 자본이 이탈하는 악순환이 발생할 수 있기 때문이다.[67]

미국의 강력한 영향력 때문에 IMF의 역사에는 미국외교 정책으로 부터 독립적이라고 보기 어려운 사건들이 많이 있다.[68] 또한 IMF의 구제금융이 미국의 대외원조를 대신하는 역할을 수행했다는 근거도 있다.[69] 더 나아가 IMF의 개입이 미국 다국적 기업들의 해외진출의 교두보라는 의혹도 계속 제기되고 있다.[70]

---

67 Ilene Grabel, "The Political Economy of 'Policy Credibility': The New-Classical Macroeconomics and the Remaking of Emerging Economies," *Cambridge Journal of Economics* 24-1(2000); Juan Martinez and Javier Santiso, "Financial Markets and Politics: The Confidence Game in Latin American Emerging Economies," *International Political Science Review* 24-3(2003).

68 IMF의 자매기관이 세계은행도 이 비판에서 자유롭지 않다. Robert K. Fleck and Christopher Kilby, "World Bank Independence: A Model and Statistical Analysis of US Influence," *Review of Development Economics* 10-2(2006); Timothy J. McKeown, "How US Decision-Makers Assessed Their Control of Multilateral Organizations, 1957-1982," *Review of International Organizations* 4-3(2009).

69 Thomas Oatley and Jason Yackee, "American Interests and IMF Lending," *International Politics* 41-3(2004); Thomas Barnebeck Andersen, Thomas Harr and Finn Tarp, "On US Politics and IMF Lending," *European Economic Review* 50-7(2006); Axel Dreher and Nathan M. Jensen, "Independent Actor or Agent?: An Empirical Analysis of the Impact of US interests on IMF Conditions," *Journal of Law and Economics* 50-1(2007).

70 Glen Biglaiser and Karl DeRouen Jr, "The Effects of IMF Programs on U.S. Foreign Direct Investment in the Developing World," *Review of International Organizations* 5-1(2010); Nathan M. Jensen, "Crisis, Conditions, and Capital: The Effect of International Monetary Fund Agreements on Foreign Direct Investment Inflows," *Journal of Conflict Resolution* 48-2(2004).

그럼에도 불구하고, 미국은 IMF에 대해 항상 무조건적으로 지지했던 것은 아니다. 미국의 IMF 정책결정과정에서 최종 권한을 가지고 있는 의회에서 IMF 관련 법안 표결은 국내정치적 고려에 영향을 받는다.[71] IMF의 역할과 기능에 대한 부정적 시각은 크게 세 가지로 구분될 수 있다. 첫째, IMF는 미국의 국가이익보다는 금융 산업(즉 월스트리트)의 이익을 반영한다. 둘째, IMF는 미국이 추구하는 가치와 기준에 완전히 부합하지 않는다. 셋째, IMF에서 미국의 지분 확대는 미국의 재정 부담을 증가시켜 재정적자 문제를 악화시킬 수 있다.[72]

제14차 지분 재조정에 대한 미국 의회의 비준 거부는 바로 이런 이유들로 정당화되고 있다. 그러나 미국의 비준 거부는 궁극적으로 IMF에 대한 미국의 영향력 약화로 이어지고 있다. 실제로 미국의 정책연구기관들에서는 IMF의 지배구조 개혁을 위해 미국 의회의 비준을 피하거나 제15차 지분 재조정을 바로 실시해야 한다는 논의까지 나오고 있다.[73]

3) 정당성 위기: 워싱턴 합의의 쇠퇴

1980년대 이후 워싱턴 합의는 동아시아 위기 직후를 제외하곤 IMF정책 조건에 절대적 영향력을 발휘해왔다. 미국과 영국에서 발원한 세계금융위기 이후 이 합의의 이론적 정합성과 정치적 정당성에 대한 논의가 본격화되었다.[74] IMF가 2011년 3월 7~8일 개최한 '위기 이후 거시와 성장 정책' 학술

---

71 J. Lawrence Broz, "The United States Congress and IMF Financing, 1944-2009," *Review of International Organizations* 6-3(2011); Lawrence Broz and Michael Brewster Hawes, "Congressional Politics of Financing the International Monetary Fund," *International Organization* 60-2(2006).

72 Rebecca M. Nelson and Martin A. Weiss, *IMF Reforms: Issues for Congress* (Congressional Research Service, 2014).

73 Edwin M. Truman, "IMF Reform Is Waiting on the United States," *Policy Brief* No.14-9(Washington, DC: Institute for International Economics, 2014); Edwin M. Truman, "What Next for the IMF?" *Policy Brief* No.15-1(Washington, DC: Institute for International Economics, 2015).

74 Narcis Serra and Joseph E. Stiglitz (eds.), *The Washington Consensus Reconsi-*

회의는 이 합의의 퇴조를 알리는 신호탄이라고 할 수 있다. 이 회의 결과 IMF는 이 합의에 부합하지 않는 이단적 정책수단들을 활용하는 것에 반대하지 않는 것은 물론 재정 부양책, 금융 규제, 자본통제와 같이 금기시된 비전통적 정책들을 일부 회원국들에 권고하기도 하였다.[75]

위기 후 IMF의 정책전환 중 가장 극적인 것은 자본통제정책의 재평가라고 할 수 있다. 그동안 IMF가 금기시했던 자본통제정책이 재평가되고 있다. IMF는 동아시아 위기 기간 중에도 자본계정 자유화정책을 적극적으로 추진하면서, 당시 자본통제를 도입한 말레이시아를 격렬히 비판하였다. 그러나 이번 위기 이후 IMF는 자본통제가 금융 및 외환시장을 안정시키는 데 긍정적 효과가 있다는 점을 공식적으로 인정하였다.[76] 따라서 한국, 브라질, 태

---

dered: Toward a New Global Governance (Oxford: Oxford University Press, 2008); Daniela Gabor, "The International Monetary Fund and its New Economics," Development and Change 41-5(2010); Ali B. Guven, "The IMF, the World Bank, and the Global Economic Crisis: Exploring Paradigm Continuity," Development and Change 43-4(2012); Sarah Babb, "The Washington Consensus as Policy Paradigm: Its Origins, Trajectory, and Likely Replacement," Review of International Political Economy 20-2(2013); Mark Blyth and Cornel Ban, "The BRICs and the Washington Consensus: An Introduction," Review of International Political Economy 20-2(2013).

75 Olivier Blanchard, David Romer, Michael Spence and Joseph E. Stiglitz (eds.), In the Wake of the Crisis: Leading Economists Reassess Economic Policy (Cambridge: MIT Press, 2012); André Broome, "Back to Basics: The Great Recession and the Narrowing of IMF Policy Advice," Governance 28-2(2015); Cornel Ban and Kevin Gallagher, "Recalibrating Policy Orthodoxy: The IMF since the Great Recession," Governance 28-2(2015); 이왕휘, "세계금융위기 이후 경제학 이론 및 방법론 논쟁: 교훈과 정책적 함의," 『한국경제의 분석』 20권 2호 (2014).

76 Karl Habermeier, Annamaria Kokenyne and Chikako Baba, "The Effectiveness of Capital Controls and Prudential Policies in Managing Large Inflows," Staff Position Note (IMF, 2011); IMF, Recent Experiences in Managing Capital Inflows: Cross-Cutting Themes and Possible Policy Framework (IMF, 2011); Jonathan D. Ostry, Atish R. Ghosh, Karl Habermeier, Luc Laeven, Marcos Chamon, Mahvash S. Qureshi and Annamaria Kokenyne, "Managing Capital Inflows: What Tools to Use?" Staff Position Note (IMF, 2011).

국제기구와 경제협력·개발

국, 인도네시아, 베트남 등은 IMF의 반대 없이 자본통제정책을 도입할 수 있었다.[77]

또한 IMF는 긴축정책에 대해서도 반대 입장을 번복하였다. 위기 전까지 IMF는 'It's Mostly Fiscal'의 약칭으로 불릴 정도로 긴축 재정의 필요성을 강조해왔다. 이러한 IMF의 입장은 방만한 재정정책이 통화위기의 주요 원인들 중 하나라는 인식에 기반을 두고 있다. 따라서 구제 금융을 지원받은 국가들의 재정 상태와 관계없이 IMF정책조건에 재정 건실화정책이 포함되어 왔다.[78] 이런 분위기는 동아시아 위기 당시 구제 금융을 지원받지 않은 말레이시아조차 긴축정책을 도입하도록 만들었다. 그러나 이번 위기 이후 IMF의 재정정책 권고안은 상당히 유연한 입장을 보여주었다. 긴축정책은 경기가 확실하게 회복된 이후 점진적으로 실시해도 되며 공공투자 확대를 통한 유효 수요 창출이 가지는 긍정적 효과에 주목하였다. 이런 맥락에서 2009년 주요 경제대국들이 도입한 GDP 대비 평균 2% 상당의 유례없는 경기부양책은 적절한 정책대응으로 평가될 수 있다.[79]

1997년 동아시아 금융위기와 2007년 세계금융위기에 대한 IMF정책 권고안의 비교는 워싱턴 합의의 정치적 영향력 차이를 쉽게 보여준다. 물론 재정부양책, 금융규제, 자본통제를 제외한 워싱턴 합의의 나머지 정책들은 계

---

77 Jeffrey M. Chwieroth, "Controlling Capital: The International Monetary Fund and Transformative Incremental Change from Within International Organisations," *New Political Economy* 19-3(2014); Kevin P. Gallagher, "Countervailing Monetary Power: Reregulating Capital Flows in Brazil and South Korea," *Review of International Political Economy* 22-1(2015); "Contesting the Governance of Capital Flows at the IMF," *Governance* 28-2(2015); Silla Sigurgeirsdottir and Robert H. Wade, "From Control by Capital to Control of Capital: Iceland's Boom and Bust, and the IMF's Unorthodox Rescue Package," *Review of International Political Economy* 22-1(2015).

78 Irfan Nooruddin and Joel W. Simmons, "The Politics of Hard Choices: IMF Programs and Government Spending," *International Organization* 60-4(2006).

79 이왕휘, "세계금융위기 이후 국제통화기금(IMF)의 재정정책 전환: 미국, 영국, 일본 및 그리스 사례," 『국제지역연구』 24권 1호(2015).

속 유지되고 있다는 점에서, 최근 IMF의 정책변환을 근본적이라기보다는 부분적 수정으로 평가될 수도 있다.[80] 그러나 워싱턴 합의의 대안으로 베이징 합의Beijing Consensus가 논의되고 있는 상황을 볼 때 워싱턴 합의의 퇴조는 불가피한 것으로 보인다. 베이징 합의의 개념과 내용에 대해서는 아직 제대로 정리되지 않았지만, 중국은 브릭스 국가들과 함께 브레턴우즈체제를 변화시키려는 노력을 강화해나가고 있다는 점은 분명하다.[81]

4) 신흥경제대국의 도전

IMF의 지배구조 개선 지연, 미국의 영향력 약화, 워싱턴 합의의 퇴조는 세계통화금융체제에서 신흥경제대국의 부상을 더욱 돋보이게 만들고 있다. 그중에서도 가장 강력한 도전은 중국을 포함한 브릭스 국가들로부터 나온다고 할 수 있다. 미국 중심의 브레턴우즈체제에 대한 불만을 공개적으로 표출한 첫 번째 인사는 중국 인민은행 저우 샤오촨(周小川) 총재라고 할 수 있다. 2009월 3월 G-20 런던 정상회담 직전 홈페이지에 게시된 글에서 저우 총재는 IMF의 SDR을 미국 달러화의 대안으로 제시하였다.[82] 중국의 적극적인 위안화 국제화정책이 결실을 거둔다면, 달러화 중심의 세계통화금융질서가 다극화될 가능성이 다분하다.[83]

---

80 Stanley Fischer, "The Washington Consensus," in C. Fred Bergsten and C. Randall Henning (eds.), *Global Economics in Extraordinary Times: Essays in Honor of John Williamson* (Washington, DC: Peter G. Peterson Institute for International Economics, 2014).

81 Justin Fuyi Lin, *New Structural Economics: A Framework for Rethinking Development and Policy* (Washington, DC: World Bank, 2012).

82 Xiaochuan Zhou, On Savings Ratio, http://www.pbc.gov.cn/english//detail.asp?col=6500&ID=179(검색일: 2015.4.20), 이 연설의 배경과 함의에 대해서는 Gregory T. Chin and Wang Yong, "Debating the International Currency System," *China Security* 6-1(2010) 참조.

83 Marcel Fratzscher and Arnaud Mehl, "China's Dominance Hypothesis and the Emergence of a Tri-polar Global Currency System," *Economic Journal* 124-581 (2014).

〈표 4〉 신개발은행과 위기대응기금: 자본금 및 지분

(단위: US $)

	NDB		CRA		
	자본금	의결권 비중	자본금	최대 대출가능 금액	즉시 대출가능 금액 (IMF 비연계)
중국	100억	20	410억	410×0.5	62억
인도	100억	20	180억	180×1	54억
러시아	100억	20	180억	180×1	54억
브라질	100억	20	180억	180×1	54억
남아프리카공화국	100억	20	50억	50×2	30억

브릭스는 2012년 인도 뉴델리에서 열린 제4차 브릭스 정상회담에서 브라질이 제안한 개발은행 설립 방안을 2013년 3월 27일 남아프리카공화국 더번에서 열린 제5차 브릭스 정상회담에서 합의하였다. 2014년 7월 15일 브라질 포르탈레자Fortaleza에서 개최된 제6차 브릭스 정상회담에서 회원국들은 신개발은행New Development Bank 설립을 위한 구체적 방안을 발표하였다.

NDB의 설립 목적은 브릭스 회원국들을 포함하는 신흥경제국들의 사회간접자본 투자에 필요한 자금을 제공하는 것이다. 설립 자본금은 500억 달러이고 1,000억 달러까지 증액할 예정이다. 중국이 더 많은 지분을 가지길 원했지만 인도와 브라질이 반대하여 각 회원국이 100억 달러씩 균일하게 제공하였다. 설립 후 비회원국들로부터 자본을 유치하더라도 브릭스의 주도권 약화로 이어지지 않도록 하기 위해서, 브릭스 국가들은 그 비중이 55% 이상을 유지할 수 있게 자본금을 자동 증액한다는 단서 조항을 추가하였다.[84]

지배구조는 한 국가가 독주하지 못하도록 설계되었다. 5년 임기의 총재는

---

[84] Agreement on the New Development Bank(Fortaleza, July 15, 2014), http://brics6.itamaraty.gov.br/media2/press-releases/219-agreement-on-the-new-development-bank-fortaleza-july-15(검색일: 2015.4.20).

회원국들이 돌아가며 맡는다. 초대 총재를 인도에서 추천하기로 하였기 때문에 운영위원회board of governors 의장국은 러시아, 이사회board of directors 의장국은 브라질이 맡기로 하였다. 본부는 중국 상하이에 두며, 남아공에는 지역 센터regional center를 설치하기로 하였다.[85]

동시에 브릭스 국가들은 위기대응기금의 설치에도 합의하였다. 미니 IMF mini-IMF로 불리는 CRA는 회원국들의 중앙은행 사이의 통화스왑계약을 통해 외환·금융위기를 막는 것을 목적으로 한다. 설립 기금 1,000억 달러는 중국 410억 달러, 인도·브라질·러시아 각각 180억 달러씩, 남아공 50억 달러로 조성될 예정이다. 이 중 회원국이 대출할 수 있는 최대 금액은 국가별로 다르게 계산된다. 중국은 205억, 인도, 러시아, 브라질은 180억, 남아프리카공화국은 100억이다. 이 중 30%는 IMF와 협의 없이 즉각 대출할 수 있지만, 나머지 70%는 IMF와 협상을 한 후 대출할 수 있다.[86]

2013년 10월 APEC 정상회의에서 시진핑 주석은 아시아 국가들의 사회간접자본 투자에 필요한 재원을 제공하는 아시아인프라투자은행AIIB의 설립을 제안하였다. 중국을 비롯한 총 21개국이 2014년 10월 24일 베이징에서 창립 준비를 위한 양해각서에 서명하였다. 그 후 2015년 3월 말까지 36개국이 더 참가 신청을 하여, AIIB에는 총 57개국(역내 37, 역외 20)이 참여하게 되었다.[87]

중국의 활발한 대외활동에 대해서는 두 가지 상반되는 평가가 존재한다. 한편에서는 이러한 활동이 세계 제2위의 경제대국으로 부상한 중국의 위상을 반영하는 데 긍정적이다. 중국의 막대한 외환보유고가 자본이 부족한 개

---

85 Gregory T. Chin, "The BRICS-led Development Bank: Purpose and Politics beyond the G20," *Global Policy* 5-3(2014).

86 Treaty for the Establishment of a BRICS Contingent Reserve Arrangement (Fortaleza, July 15, 2014), http://brics6.itamaraty.gov.br/media2/press-releases/220-treaty-for-the-establishment-of-a-brics-contingent-reserve-arrangement-fortaleza-july-15(검색일: 2015.4.20).

87 史耀斌副部长就亚投行筹建有关问题答记者问, http://www.mof.gov.cn/zhengwuxinxi/caizhengxinwen/201504/t20150415_1217358.html(검색일: 2015.4.20).

국제기구와 경제협력·개발

	NDB	세계은행	CRA	IMF	AIIB	ADB
최대 지분 보유국	중국(20)	미국(16.05) 일본(8.94) 중국(5.76)	중국(미정)	미국(17.69) 일본(6.56) 중국(4.00)	중국(미정)	미국(15.6) 일본(15.7) 중국(6.47)
총재	순환	미국	순환	유럽	순환	일본
회원국	5	188	5	188	57	67
자본금	500억 $	2,232억 $	1,000억 $	3,620억 $	1,000억 $	1,628억 $
설립 목적	사회간접자본 지속가능한 성장 수요 충족	전쟁 복구 개발 지원	외환위기 대비	외환위기 대비	사회간접 자본 투자	빈곤퇴치

출처: 각 기관 홈페이지 및 언론보도 종합

발도상국가들에 투자되는 것은 남남협력의 모범으로 간주될 수 있다.[88] 다른 한편에서는 지배구조와 운영방식의 측면에서 중국이 설립한 국제경제기구들이 미국 중심의 브레턴우즈기구들─세계은행, 국제통화기금, 아시아개발은행[ADB] 등─과 상당히 다르다는 점에서 중국의 지도력에 대한 부정적 인식도 존재한다.

아직까지 NDB는 물론이고 AIIB도 브레턴우즈체제를 대체할 수 있는 조직과 재원을 확보하고 있지 않다. 〈표 5〉에서 알 수 있듯이, 자본금 규모, 운영 능력, 회원국 수 모두에서 NDB와 CRA는 아직까지 세계은행과 IMF를 대체할 만한 수준이 아니라는 사실에는 이견이 없다. 또한 어느 회원국도 기축통화를 보유하지 못해 자본금과 대출금 모두 달러화를 기준으로 사용하고 있다. 따라서 이 은행들은 적어도 당분간 세계은행과 ADB의 '잠재적'

---

88 Hongying Wang, "From "Taoguang Yanghui" to "Yousuo Zuowei": China's Engagement in Financial Minilateralism," *Paper* No.52(Centre for International Governance Innovation, 2014).

경쟁자 이상으로 발전하기 어려울 것이다.[89]

중국의 공식적 입장은 새로운 국제경제기구들이 미국 중심의 브레턴우즈 체제와 상충되지 않을 것이라고 주장한다.[90] 같은 맥락에서 미국과 일본은 물론 세계은행, IMF, ADB 모두 중국 중심의 국제경제기구들의 등장을 공식적으로 환영하고 있다.

그러나 비공식적 차원에서는 이 기구들을 견제하기 위한 여러 가지 징후들이 나타나고 있다. 예를 들어, 한국과 호주는 미국과 일본의 반대 의견에 따라 AIIB 참여를 번복하였다. 미국이 AIIB를 견제하는 이유는 지금까지 동아시아에 지역에서 누려왔던 압도적인 영향력의 훼손을 조금도 허용하지 않겠다는 정치적 고려라고 할 수 있다. 미국의 요구대로 브레턴우즈체제의 기준에 따라 NDB와 CRA가 구성되고 운용된다고 하더라도, 그 존재 자체만으로도 브레턴우즈체제에 내재된 미국의 기득권을 대폭 축소시킬 것은 자명하기 때문이다. 이런 맥락에서 NDB, CRA, AIIB가 세계은행, IMF, ADB의 경쟁자 또는 대항마로는 보는 시각이 완전히 틀렸다고 보기는 어렵다.[91]

---

89 Injoo Sohn, "Between Confrontation and Assimilation: China and the Fragmentation of Global Financial Governance," *Journal of Contemporary China* 22-82 (2013); Hongying Wang, and Erik French, "China in Global Economic Governance," *Asian Economic Policy Review* 9-2(2014).

90 Lionel Barber, David Pilling and Jamil Anderlini, *Big Read: Li Keqiang, Financial Times* (April 16, 2015).

91 Robert Wihtol, "Whither Multilateral Development Finance?" *Working Paper* No.491(Asian Development Bank Institute, 2014).

V. 결론

현재 세계통화금융질서는 거대한 변환의 과정에 있다. 1980년대 이후 세계 각지에서 빈번하게 발생해온 금융위기들은 제2차 세계대전 이후 유지되어온 브레턴우즈체제의 한계를 여실히 보여주었다. 또한 브릭스로 대표되는 신흥시장국가들의 금융자산이 급증하면서, 서방 선진국들의 비중과 위상이 점점 축소되고 있다. 이러한 변환이 브레턴우즈체제의 근본적 변화로 귀결될 것인지 아니면 부분적 수정에서 멈출 것인가에 대해서는 이제 본격적인 검토가 이루어지기 시작하였다.

중국을 대표로 하는 브릭스의 도전이 부분적 수정으로 귀결되더라도, 미국이 냉전시대와 같은 수준의 금융 패권을 독점할 수 없다는 사실은 분명해지고 있다. 2007년 세계금융위기 이후 미국은 세계금융시장에 유동성을 공급하면서 기축통화인 달러화의 가치를 안정적으로 유지하는 역할을 제대로 수행하고 있지 못하고 있다. 반면, 세계최대 외환보유국으로서 중국은 통화스왑, 국부펀드, 원조 등을 통해 세계적 차원에서 그 영향력을 빠르게 확대하고 있다.

그럼에도 불구하고 세계통화금융체제가 중국이 미국과 대등한 역할을 하는 양극체제로 재편되는 데는 상당한 시간이 걸릴 것으로 보인다. '중국의 부상'이 세계통화금융질서에 미치는 영향을 평가하기 위해서는 중국이 미국과 함께 —장기적으로는 미국을 대신해서— 조정, 유동성, 신뢰성 문제를 해결할 수 있는 경제적 능력과 정치적 지도력을 필요로 한다. 중국이 세계최대 외환보유고를 가지고 있지만, 위안화가 아직 국제화되어 있지 않기 때문에 세계외환시장에서 자유롭게 거래되고 있지 않다. 또한 중국은 완전한 변동환율제를 채택하고 있지 않기 때문에 위안화 가치의 조정이 시장이 아닌 국가에 의해 통제되고 있다. 중국 국채의 신용도 역시 아직 최고 등급을 획득하고 있지 못하다. 정치적 측면에서도 중국이 미국을 대체하기 어려운 점들이 존재한다.

중국은 브레턴우즈체제를 대체할 수 있는 '책임 있는 이해당사자responsible stakeholder'로서 중국의 정당성을 확산시킬 수 있는 명분을 아직까지 제시하지 못하고 있다. 이런 점들을 고려할 때 중국이 경제력을 세계통화금융질서에 투영하는 데는 오랜 시간이 걸릴 것으로 예상된다.[92]

---

92 Peter Ferdinand and Jue Wang, "China and the IMF: From Mimicry towards Pragmatic International Institutional Pluralism," *International Affairs* 89-4(2013).

더 읽을거리

✤ 이희수. 『IMF 바로 알고 활용하기』. 서울: 지디자인, 2013.
한국 대표로서 IMF 상임이사를 지낸 저자가 IMF와 한국 사이의 관계를 차분하게 정리하였다. 이 책은 IMF가 한국에 미친 영향을 회고하는 동시에 IMF를 활용하기 위한 방안도 제시하고 있다. 또한 저자는 IMF가 당면하고 있는 개혁과정도 자세하게 소개하고 있다.

✤ Blustein, Paul. *The Chastening: Inside the Crisis that Rocked the Global Financial System and Humbled the IMF*. New York: Public Affairs, 2001.
『워싱턴 포스트』 기자인 저자가 동아시아 금융위기 당시 IMF의 활동을 추적한 기록이다. 이 책에는 당시 IMF와 동아시아 국가들 사이의 협상과정이 자세하게 정리되어 있다. 특히 구제 금융을 둘러싼 협상과정에서 미국이 행사한 영향력에 대한 상세한 설명은 IMF의 정치적 역할에 대한 논란을 불러 일으켰다.

✤ Gardner, Richard N. *Sterling-Dollar Diplomacy in Current Perspective: The Origins and the Prospects of Our International Economic Order*. New York: Columbia University Press, 1980.
이 책은 IMF를 포함한 브레턴우즈기구들의 설립 과정을 치밀하게 분석한 역사적 기록으로 지금도 자주 인용되고 있다. IMF의 구조와 기능을 어떻게 설계할 것인가를 둘러싼 미국과 영국의 대립이 이 책에 잘 분석되어 있다. 따라서 이 책은 IMF의 국제정치적 함의를 이해하는 데 큰 도움을 준다.

✤ Williamson, John. "What Washington Means by Policy Reform." In John Williamson, ed. *Latin American Adjustment: How Much has Happened?* Washington, DC; Institution for International Economics, 1989.

이 논문에서 1980년대 이후 IMF와 세계은행이 추진한 구조개혁정책
이 워싱턴 합의라는 개념으로 처음 제시되었다. 이후 이 논문은 구조
개혁정책을 지지하는 학자들과 정책결정자들의 필독서가 되었다. 동
시에 구조개혁의 반대자들도 신자유주의를 비판할 때 이 논문을 반드
시 인용하였다.

✛ Woods, Ngaire. *The Globalizer: The IMF, the World Bank, and Their Borrowers*. Ithaca: Cornell University Press, 2006.

이 책은 IMF와 세계은행을 국제정치경제적 관점에서 체계적으로 분석
하였다. 1980년대 이후 이 두 기관들이 추진한 세계화정책이 라틴 아
메리카(멕시코), 동구권(러시아) 및 아프리카에서 어떤 결과를 초래했
는가를 경험적으로 검토하였다. 이 분석을 기반으로 저자는 그동안 간
과되어 왔던 발전도상국과 비정부기구(NGO)가 참여하는 브레턴우즈
체제의 개혁 방안을 제시하였다.

참·고·문·헌

〈국문 자료〉

김기수. "제1장 관세 및 무역에 관한 일반 협정/세계 무역 기구의 국제정치." 윤영관·
　　　황병무 외. 『국제기구와 한국 외교』. 민음사, 1996.
문　돈. "WTO 분쟁해결제도의 효율성 상승효과: 10년간 분쟁해결제도에 대한 평가."
　　　『국제정치논총』 제46권 제3호. 2006.
_____. "거래비용이론, 신제도주의, 그리고 제도의 변화: GATT에서 WTO로의 분쟁
　　　해결제도의 변화." 『한국사회과학』 제24권 제2호. 2002.
_____. "국제무역체제의 탄력장치: GATT체제에서 WTO체제로의 이행과 이후 변화
　　　에 대한 연구." 『국가전략』 제11권 제2호. 2005.
_____. "다자주의는 지역주의를 통제할 수 있는가? WTO의 지역주의 통제." 『국제
　　　정치논총』 제48권 제3호. 2008.
박종운·김민정. "IMF 지배구조 개선논의의 주요 내용과 시사점." 『외환국제금융리
　　　뷰』. 2005.6.
성재호. 『국제경제법』. 박영사, 2006.
윤영관·황병무 외. 『국제기구와 한국 외교』. 민음사, 1996.

이왕휘. "글로벌 금융위기 이후 동아시아 통화금융협력: 제도적 전진 또는 정치적 후퇴?"『세계정치』Vol.15. 2011.

_____. "세계금융위기 이후 경제학 이론 및 방법론 논쟁: 교훈과 정책적 함의."『한국경제의 분석』20권 2호. 2014.

_____. "세계금융위기 이후 국제통화기금(IMF)의 재정정책 전환: 미국, 영국, 일본 및 그리스 사례."『국제지역연구』24권 1호. 2015.

장 민. "IMF 지배구조 개혁논의 현황과 시사점."『금융동향』. 2009.

정지영. "최근 브레튼 우즈 기구개혁 논의 내용과 시사점."『외환국제금융리뷰』. 2006.

한국은행.『국제금융기구』. 서울: 한국은행, 2011.

〈외국어 자료〉

Abbott, Kenneth, and Duncan Snidal. "Why States Act through Formal International Organizations." *Journal of Conflict Resolution* 42-1. 1998.

_____. "Hard and Soft Law in International Governance." *International Organization* 54. 2000.

Abouharb, M. Rodwan, and David L. Cingranelli. "IMF Programs and Human Rights, 1981-2003." *Review of International Organizations* 4-1. 2009.

ActionAid International. "What Progress? A Shadow Review of World Bank Conditionality 2006." *ActionAid International* (September 2006).

Adam, Christopher, Paola Subacchi, and David Vines. "International Macroeconomic Policy Coordination: An Overview." *Oxford Review of Economic Policy* 28-3. 2012.

Andersen, Leonall C., and Keith M. Carlson. "A Monetarist Model for Economic Stabilization." *Federal Reserve Bank of St. Louis Review* 52-4. 1970.

Andersen, Thomas Barnebeck, Thomas Harr, and Finn Tarp. "On US politics and IMF Lending." *European Economic Review* 50-7. 2006.

Armijo, Leslie Elliott, and Saori N. Katada. "Theorizing the Financial Statecraft of Emerging Powers." *New Political Economy* 20-1. 2015.

Atoyan, Ruben, and Patrick Conway. "Projecting macroeconomic Outcomes: Evidence from the IMF." *Review of International Organizations* 6-3/4. 2011.

Aubrey, Henry G. *Atlantic Economic Cooperation: The Case of the OECD.* New York: Praeger, 1967.

Axelrod, Robert. *The Evolution of Cooperation.* New York: Basic Books, 1984.

Babb, Sarah. "The IMF in Sociological Perspective: A Tale of Organizational Slippage." *Studies in Comparative International Development* 38-2. 2003.

_____. "The Washington Consensus as Policy Paradigm: Its Origins, Trajectory, and Likely Replacement." *Review of International Political Economy* 20-2. 2013.

Baldwin, Richard, and Simon Evenett, eds. *The Collapse of Global Trade, Murky Protectionism, and the Crisis: Recommendations for the G20.* VoxEu.org, 2009.

Ban, Cornel, and Kevin Gallagher. "Recalibrating Policy Orthodoxy: The IMF since the Great Recession." *Governance* 28-2. 2015.

Barfield, Claude E. *Free Trade, Sovereignty, and Democracy: The Future of the World Trade Organization.* Washington, DC: The AEI Press, 2001.

Barro, Robert J., and Jong-Wha Lee. "IMF-Programs: Who Is Chosen and What Are the Effects?" *Journal of Monetary Economics* 52-7. 2005.

Bartels, Lorand. "The Separation of Powers in the WTO: How to Avoid Judicial Activism." *International and Comparative Law Quarterly* 53-4. 2004.

Bartels, Lorand, and Federico Ortino, eds. *Regional Trade Agreements and the WTO Legal System.* New York City: Oxford University Press, 2006.

Bas, Muhammet A., and Randall W. Stone. "Adverse Selection and Growth under IMF Programs." *Review of International Organizations* 9-1. 2014.

Bauer, M. E., C. Cruz, A. T. Graham, "Democracies Only: When do IMF Agreements Serve as a Seal of Approval?" *Review of International Organizations* 7-1. 2012.

Bayliss, Kate, Ben Fine, and Elias Van Waeyenberger. "The World Bank,

Neo-Liberalism and Development Research." In Elias Van Waeyenberger, Ben Fine and Kate Bayliss, eds. *The Political Economy of Development: The World Bank, Neoliberalism and Development Research*. London: Pluto, 2011.

Bénassy-Quéré, Agnès, and Sophie Béreau. "Rebalancing IMF Quotas." *World Economy* 34-2. 2011.

Best, Jacqueline. "Ambiguity and Uncertainty in International Organizations: A History of Debating IMF Conditionality." *International Studies Quarterly* 56-4. 2012.

Beyeler, Michelle. "Introduction: A Comparative Study of the OECD and European Welfare States." Klaus Armingeon and Michelle Beyeler (eds.). *The OECD and European Welfare States*. Cheltenham: Edward Elgar, 2004.

Bhagwati, Jagdish. "The Capital Myth: The Difference between Trade in Widgets and Dollars." *Foreign Affairs* 77-3. 1998.

Biglaiser, Glen, and Karl DeRouen Jr. "The Effects of IMF Programs on U.S. Foreign Direct Investment in the Developing World." *Review of International Organizations* 5-1. 2010.

Birkbeck, Carolyn Deere. "Reinvigorating Debate on WTO Reform: The Contours of a Functional and Normative Approach to Analyzing the WTO System." In Debra P. Steger, ed. *WTO: Redesigning the World Trade Organization for the Twenty-first Century*. Ottawa: Wilfrid Laurier University Press, 2010.

Blanchard, Olivier, David Romer, Michael Spence, and Joseph E. Stiglitz, eds. *In the Wake of the Crisis: Leading Economists Reassess Economic Policy*. Cambridge: MIT Press, 2012.

Blustein, Paul. *The Chastening: Inside The Crisis That Rocked The Global Financial System And Humbled The IMF*. New York: Public Affairs, 2001.

Blyth, Mark, and Cornel Ban. "The BRICs and the Washington Consensus: An Introduction." *Review of International Political Economy* 20-2. 2013.

Boughton, James. "The IMF and the Force of History: Ten Events and Ten Ideas That Have Shaped the Institution." *Working Paper* No.04/75. IMF, 2004.

Boutros-Ghali, Boutros. *An Agenda for Democratization*. New York: United Nations, 1996.

Bown, Chad P. *Self-enforcing Trade: Developing Countries and WTO Dispute Settlement*. Washington, DC: Brookings Institution Press, 2009.

Bronckers, Marco, and Naboth van den Broek. "Financial Compensation in the WTO: Improving the Remedies of WTO Dispute Settlement." *Journal of International Economic Law* 8-1. 2005.

Broome, André. "The Important of Being Earnest: The IMF as a Reputational Intermediary." *New Political Economy* 13-2. 2008.

_____. "The International Monetary Fund, Crisis Management and the Credit Crunch." *Australian Journal of International Affairs* 64-1. 2010.

_____. "Back to Basics: The Great Recession and the Narrowing of IMF Policy Advice." *Governance* 28-2. 2015.

Broome, André, and Leonard Seabrooke. "Seeing like the IMF: Institutional Change in Small Open Economies." *Review of International Political Economy* 14-4. 2007.

Broz, J. Lawrence. "The United States Congress and IMF Financing, 1944-2009." *Review of International Organizations* 6-3. 2011.

Broz, Lawrence, and Michael Brewster Hawes. "Congressional Politics of Financing the International Monetary Fund." *International Organization* 60-2. 2006.

Busch, M. L., E. Reinhardt, and G. Shaffer. "Does Legal Capacity Matter? A Survey of WTO Members." *World Trade Review* 8-4. 2009.

Bush, Oliver, Katie Farrant, and Michelle Wright. "Reform of the International Monetary and Financial System." *Financial Stability Paper* No.13. Bank of England, 2011.

Carroll, Peter, and Aynsley Kellow. *The OECD: A Study of Organisational Adaptation*. Edward Elgar Publishing, 2011.

Chari, Anusha, and Peter Blair Henry. "Two Tales of Adjustment: East Asian Lessons for European Growth." *Working Paper* No.19840. NBER, 2014.

Chin, Gregory, and Eric Helleiner. "China as a Creditor: A Rising Financial Power?" *Journal of International Affairs* 62-1. 2008.

Chweiroth, Jeffrey M. *Capital Ideas: The IMF and the Rise of Financial*

Liberalization. Princeton: Princeton University Press, 2010.

_____. "Controlling Capital: The International Monetary Fund and Transformative Incremental Change from Within International Organisations." *New Political Economy* 19-3. 2014.

Claessens, Stijn, M. Ayhan Kose, Luc Laeven, Fabian Valencia. *Financial Crises: Causes, Consequences, and Policy Responses.* IMF, 2014.

Clegg, Liam. "Our Dream is a world full of poverty indicators: the US, the World Bank, and the power of numbers." *New Political Economy* 15-4. 2010.

_____. "Global Governance behind Closed Doors: The IMF Boardroom, the Enhanced Structural Adjustment Facility, and the Intersection of Material Power and Norm Stabilisation in Global Politics." *Review of International Organizations* 7-3. 2012.

Cline, William R., and John Williamson. "Currency Wars?" *Policy Brief* 10-26. Washington, DC: Institute for International Economics, 2010.

Conway, Patrick. "IMF Lending Programs: Participation and Impact." *Journal of Development Economics* 45-2. 1994.

_____. "The Revolving Door: Duration and Recidivism in IMF Programs." *Review of Economics and Statistics* 89-2. 2007.

Cooper, Richard N., and Edwin M. Truman. "The IMF Quota Formula: Linchpin of Fund Reform." *Policy Brief* No.07-1. Washington, DC: Institute for International Economics, 2007.

Copelovitch, Mark. *The International Monetary Fund in the Global Economy: Banks, Bonds, and Bailouts.* Cambridge: University Press, 2010.

Cornia, Giovanni Andrea, Richard Jolly, Frances Stewart. *Adjustment with a Human Face: Protecting the Vulnerable and Promoting Growth.* Oxford: Clarendon Press, 1987.

Corporate Secretariat. "IBRD·IFC·IDA Executive Directors and Alternatives" (2015.2.20). http://www.worldbank.org/en/about/leadership/directors (검색일: 2015.4.30).

Cottier, Thomas. "A Two-Tier Approach to WTO Decision-Making." In Debra P. Steger, ed. *WTO: Redesigning the World Trade Organization for the Twenty-first Century.* Ottawa: Wilfrid Laurier University Press, 2010.

Crockett, Andrew. "The Role of International Institutions in Surveillance and Policy Coordination." Ralph C. Bryant et al.(eds.). *Macroeconomic Policies in an Independent World.* Washington, DC: IMF, 1989.

Dam, Kenneth W. *The Rules of the Global Game: A New Look at US International Economic Policymaking.* Chicago: Chicago University Press, 2001.

Davey, William J. "The WTO Dispute Settlement System: The First 10 Years." *Journal of International Economic Law* 8-1. 2005.

_____. "Compliance Problems in WTO Dispute Settlement." *Cornell International Law Journal* 42-1. 2009.

Davis, Richard G. "How Much Does Money Matter?" *Federal Reserve Bank of New York Monthly Review* 51-4(1969).

De Long, J. Bradford. "The Triumph of Monetarism?" *Journal of Economic Perspectives* 14-1(2000).

Desai, Raj M., and James Raymond Vreeland. "Global Governance in a Multipolar World: The Case for Regional Monetary Funds." *International Studies Review* 13-1. 2011.

Development Committee. "World Bank Group Voice Reform: Enhancing Voice and Participation of Developing and Transition Countries in 2010 and Beyond"(DC2010-0006/1, 4/19/10). http://siteresources.worldbank.org/DEVCOMMINT/Documentation/22553921/DC2010-006(E)Voice.pdf(검색일: 2015.1.20).

Downs, George W., and David M. Rocke. *Optimal Imperfection?: Domestic Uncertainty and Institutions in International Relations.* New Jersey: Princeton Academic Press, 1995.

Dreher, Axel, and Jan-Egbert Sturm. "Do the IMF and the World Bank influence voting in the UN General Assembly?" *Public Choice* 151-1. 2012.

Dreher, Axel, and Martin Gassebner. "Do IMF and World Bank Programs Induce Government Crises? An Empirical Analysis." *International Organization* 66-2. 2012.

Dreher, Axel, and Nathan M. Jensen. "Independent Actor or Agent?: An Empirical Analysis of the Impact of US interests on IMF Conditions." *Journal of Law and Economics* 50-1. 2007.

Dreher, Axel, Jan-Egbert Sturm, and James Raymond Vreeland. "Development Aid and International Politics: Does Membership on the UN Security Council Influence World Bank Decisions?" *Journal of Development Economics* 88-1. 2009.

_____. "Politics and IMF Conditionality." *Journal of Conflict Resolution* 59-1. 2015.

Dreher, Axel, Silvia Marchesi, and James Raymond Vreeland. "The Politics of IMF Forecasts." *Public Choice* 137-1/2. 2008.

Dreher, Axel. "IMF and Economic Growth: The Effects of Programs, Loans, and Compliance." *World Development* 34-5. 2006.

_____. "IMF Conditionality: Theory and Evidence." *Public Choice* 141-1/2. 2009.

Drezner, Daniel W. "Bad Debts: Assessing China's Financial Influence in Great Power Politics." *International Security* 34-2. 2009.

_____. *The System Worked: How the World Stopped Another Great Depression.* Oxford: Oxford University Press, 2014.

Eccleston, Richard. "The OECD and Global Economic Governance." *Australian Journal of International Affairs* 65-2. 2011.

_____. *The Dynamics of Global Economic Governance: The Financial Crisis, the OECD, and the Politics of International Tax Cooperation.* Edward Elgar Publishing, 2013.

Eccleston, Richard, and Richard Woodward. "Pathologies in International Policy Transfer: The Case of the OECD Tax Transparency Initiative." *Journal of Comparative Policy Analysis* 16-2. 2014.

Ehlermann, Claus-Dieter. "Tensions between the Dispute Settlement Process and the Diplomatic and Treaty-Making Activities of the WTO." *World Trade Review* 1-3. 2002.

Eichengreen, Barry. *Toward a New International Financial Architecture: A Practical Post-Asia Agenda.* Washington, DC: Institute for International Economics, 1999.

_____. "International Policy Coordination: The Long View." In Robert Feenstra and Alan Taylor, eds. *Globalization in an Age of Crisis.* Chicago: University of Chicago Press, 2014.

Farnsworth, Kevin. "International Class Conflict and Social Policy." *Social Policy and Society* 4-2. 2005.

Faruqee, Hamid, and Krishna Srinivasan. "The G-20 Mutual Assessment Process: A Perspective from IMF staff." *Oxford Review of Economic Policy* 28-3. 2012.

Feldstein, Martin. "Refocusing the IMF." *Foreign Affairs* 77-2. 1998.

Felgenhauer, Grant. "IMF Off-Market Gold Sales: Questions of Law and Moral Hazard." *Columbia Journal of International Law* 39-1. 2000.

Ferdinand, Peter, and Jue Wang. "China and the IMF: From Mimicry towards Pragmatic International Institutional Pluralism." *International Affairs* 89-4. 2013.

Fischer, Stanley. *IMF Essays From a Time of Crisis: The International Financial System, Stabilization, and Development.* Cambridge: M.I.T. Press, 2004.

_____. "The Washington Consensus." In C. Fred Bergsten and C. Randall Henning, eds. *Global Economics in Extraordinary Times: Essays in Honor of John Williamson.* Washington, DC: Peter G. Peterson Institute for International Economics, 2014.

Fleck, Robert K., and Christopher Kilby. "World Bank Independence: A Model and Statistical Analysis of US Influence." *Review of Development Economics* 10-2. 2006.

Fomerand, Jacques, and Dennis Dijkzeul. "Coordinating Economic and Social Affairs." Thomas G. Weiss and Sam Daws, eds. *The Oxford Handbook on the United Nations.* Oxford: Oxford University Press, 2007.

Francesco, Fabrizio De. *Transnational Policy Innovation: The OECD and the Diffusion of Regulatory Impact Analysis.* ECPR Press, 2013.

Fratzscher, Marcel, and Arnaud Mehl. "China's Dominance Hypothesis and the Emergence of a Tri-polar Global Currency System." *Economic Journal* 124-581. 2014.

Friedman, Milton, and David Meiselman. "The Relative Stability of Monetary Velocity and the Investment Multiplier in the United States, 1897-1958." In Commission on Money and Credit, eds. *Stabilization Policies.* New York, NY: Prentice-Hall, 1963.

Funabashi, Yoichi. *Managing the Dollar: From the Plaza to the Louvre.*

Washington, DC: Institute for International Economics, 1988.

Furman, Jason, and Joseph E. Stiglitz. "Economic Crises: Evidence and Insights from East Asia." *Brookings Papers on Economic Activity* 2. 1998.

Gabor, Daniela. "The International Monetary Fund and its New Economics." *Development and Change* 41-5. 2010.

Gallagher, Kevin P. "Countervailing Monetary Power: Reregulating Capital Flows in Brazil and South Korea." *Review of International Political Economy* 22-1. 2015a.

_____. "Contesting the Governance of Capital Flows at the IMF." *Governance* 28-2. 2015b.

Gardner, Richard N. *Sterling-Dollar Diplomacy: The Origins and the Prospects of Our International Economic Order.* New York, NY: McGraw-Hill, 1969.

_____. *Sterling-Dollar Diplomacy in Current Perspective: The Origins and the Prospects of Our International Economic Order.* New York: Columbia University Press, 1980.

Gould-Davies, Nigel, and Ngaire Woods. "Russia and the IMF." *International Affairs* 75-1. 1999.

Graetz, Michael J. "Taxing International Income: Inadequate Principles, Outdated Concepts, and Unsatisfactory Policies." *Tax Law Review* 54. 2001.

Gutner, Tamar, and Alexander Thompson. "The Politics of IO Performance: A Framework." *Review of International Organizations* 5-3. 2010.

Guven, Ali B. "The IMF, the World Bank, and the Global Economic Crisis: Exploring Paradigm Continuity." *Development and Change* 43-4. 2012.

Habermeier, Karl, Annamaria Kokenyne, and Chikako Baba. "The Effectiveness of Capital Controls and Prudential Policies in Managing Large Inflows." *Staff Position Note.* IMF, 2011.

Haffer, R. W., and David C. Wheelock. "The Rise and Fall of a Policy Rule: Monetarism at the St. Louis Fed, 1968-1986." *Federal Reserve Bank of St. Louis Review* 83-1, 2001.

Harrigan, Jane, Chengang Wang, and Hamed El-Said. "The Economic and Political Determinants of IMF and World Bank Lending in the Middle East and North Africa." *World Development*, 34-2. 2006.

국제기구와 경제협력·개발

Harrison, Mark. *The Economics of World War: Six Great Powers in International Comparison*. Cambridge, UK: Cambridge University Press, 1998.

Hartzell, Caroline A., and Matthew Hoddie, with Molly Bauer. "Economic Liberalization via IMF Structural Adjustment: Sowing the Seeds of Civil War?" *International Organization* 64-2. 2010.

Helleiner, Eric. *States and the Reemergence of Global Finance*. Ithaca: Cornell University Press, 1994.

_____. "A Bretton Woods Moment? The 2007-2008 Crisis and the Future of Global Finance." *International Affairs* 86-3. 2010.

Henning, C. Randall. *Currencies and Politics in the United States, Germany, and Japan*. Washington, DC: Institute for International Economics, 1994.

_____. "The Future of the Chiang Mai Initiative: An Asian Monetary Fund?" *Policy Brief* 09-5. Washington, DC: Institute for International Economics, 2009.

_____. "US Interests and the International Monetary Fund." *Policy Brief* No.09-12. Washington, DC: Institute for International Economics, 2009.

_____. "Asia and Global Financial Governance." *Working Paper* No.11-16. Washington, DC: Institute for International Economics, 2011.

_____. "Coordinating Regional and Multilateral Financial Institutions." *Working Paper* No.11-9. Washington, DC: Institute for International Economics, 2011.

Hoekman, Bernard M., and Michel M. Kostecki. *The Political Economy of the World Trading System: The WTO and Beyond*, 3nd Edition. New York: Oxford University Press, 2009.

Hohman, Harald, ed. *Agreeing and Implementing the Doha Round of the WTO*. Cambridge: Cambridge University Press, 2008.

Houde, Marie-France. "Building Investment Policy Capacity: The OECD Peer Review Process." *OECD, International Investment Perspectives*. Paris: OECD, 2006.

Howse, Robert. "How to Begin to Think about the 'Democratic Deficit'." In Robert Howse, ed. *The WTO System*. London: Cameron May, 2007.

Hudec, Robert E. *Enforcing International Trade Law*. Salem, NH: Butter worth

Legal Publishers, 1993.

Hufbauer, Gary Clyde, Jeffrey J. Schott, and Woan Foong Wong. *Figuring Out the Doha Round.* Washington, DC: Peterson Institute, 2010.

IMF. *Reform of Quota and Voice in the International Monetary Fund — Report of the Executive Board to the Board of Governors.* IMF, 2008.

_____. *Governance of the International Monetary Fund: An Evaluation.* Washington, DC: International Monetary Fund, 2009.

_____. *Recent Experiences in Managing Capital Inflows: Cross-Cutting Themes and Possible Policy Framework.* IMF, 2011.

Independent Evaluation Office. *IMF Interactions with Member Countries.* Washington, DC: IEO, 2009.

_____. *IMF Performance in the Run-Up to the Financial and Economic Crisis: IMF Surveillance in 2004-07.* IMF, 2011.

_____. *IMF Response to the Financial and Economic Crisis.* Washington, DC: IMF, 2014.

International Bank for Reconstruction and Development. *Second Annual Report to the Board of Governors for the year Ended June 30, 1947.* Washington, DC: IBRD, 1947.

International Organization 54-3. Summer 2000.

International Organization 55-4. Autumn. 2001.

Isard, Peter. *Globalization and the International Financial System: What's Wrong and What Can be Done.* Cambridge: Cambridge University Press, 2005.

Ito, Takatoshi. "Asian Currency Crisis and the International Monetary Fund, 10 Years Later: Overview." *Asian Economic Policy Review* 2-1. 2007.

_____. "Can Asia Overcome the IMF Stigma?" *American Economic Review* 102-3. 2012.

Ivanova, Anna, Wolfgang Mayer, Alex Mourmouras, and George Anayiotos. "What Determines the Implementation of IMF-supported Programs?" *Working Papers* 03/8. IMF, 2003.

Jackson, John H. *The World Trade Organization: Constitution and Jurisprudence.* London: A Cassell Imprint, 1998.

_____. "The Impact of China's Accession on the WTO." In Devorah Z. Cass, Brett G. Williams and George Barker, eds. *China and the World*

Trading System: Entering the New Millennium. New York: Cambridge University Press, 2003.

Jackson, Robert. *A Study of the Capacity of the United Nations Development System*. New York: United Nations, 1969.

James, Harold. "International Order After the Financial Crisis." *International Affair* 87-3. 2011.

_____. "The Multiple Contexts of Bretton Woods." *Oxford Review of Economic Policy* 28-3. 2012.

Jawara, Fatoumata, and Aileen Kwa. *Behind the Scenes at the WTO: The Real World of International Trade Negotiations*. London: Zed Books, 2003.

Jenny, Frederic. "International Cooperation on Competition: Myth, Reality, and Perspective." *Antitrust Bulletin* 48. 2003.

Jensen, Nathan M. "Crisis, Conditions, and Capital: The Effect of International Monetary Fund Agreements on Foreign Direct Investment Inflows." *Journal of Conflict Resolution* 48-2. 2004.

Johnson, Simon, and James Kwak. "Policy Advice and Actions during the Asian and Global Financial Crisis." In Changyong Rhee and Adam S. Posen, eds. *Responding to Financial Crisis: Lessons from Asia Then, the United States and Europe Now*. Washington, DC: Peter G. Peterson Institute for International Economics, 2014.

Jolly, Richard. "Human Development." Thomas G. Weiss and Sam Daws, eds. *The Oxford Handbook on the United Nations*. Oxford: Oxford University Press, 2007.

Jones, Kent. *The Doha Blues*. New York: Oxford University Press, 2010.

Joseph, Sarah. *Blame it on the WTO?: A Human Rights Critique*. New York: Oxford University Press, 2011.

Joyce, Joseph P. *The IMF and Global Financial Crises: Phoenix Rising?* Cambridge: Cambridge University Press, 2012.

Kahler, Miles. *Leadership Selection in the Major Multilaterals*. Washington, DC: Institute for International Economics, 2001.

Kaja, Ashwin, and Eric Werker. "Corporate Governance at the World Bank and the Dilemma of Global Governance." *World Bank Economic Review* 24-2. 2010.

Kapur, Devesh, John P. Lewis, and Richard Webb. *The World Bank: Its First Half Century*. Washington, DC: Brookings Institution Press, 1997.

Kennedy, Paul. *The Parliament of Man: The Past, Present, and Future of the United Nations*. New York: Vintage Books, 2006.

Keohane, Robert O. *After Hegemony*. Princeton, NJ: Princeton University Press, 1984.

Kesternich, Iris, Bettina Siflinger, James P. Smith, and Joachim K. Winter. "The Effects of World War II on Economic and Health Outcomes across Europe." Rand Working Paper WR-917, 2012.

Khan, Mohsin S., and Sunil Sharma. "IMF Conditionality and Country Ownership of Adjustment Programs." *World Bank Research Observer* 18-2. 2003.

Kilby, Christopher. "Donor Influence in MDBs: the Case of the Asian Development Bank." *Review of International Organizations* 1-2. 2006.

_____. "The Political Economy of Conditionality: An Empirical Analysis of World Bank Loan Disbursements." *Journal of Development Economics* 89-1. 2009.

Kim, Moonhawk. "Costly Procedures: Divergent Effects of Legalization in the GATT/WTO Dispute Settlement Procedures." *International Studies Quarterly* 52-3. 2008.

Kindleberger, Charles. *The World Depression, 1929-1939*. Berkeley: University of California Press, 1973.

Kirshner, Jonathan. *Currency and Coercion*. Princeton: Princeton University Press, 1995.

_____. "Same as it ever was? Continuity and Change in the International Monetary System." *Review of International Political Economy* 21-5. 2014.

Knight, Malcolm, and Julio A. Santaella. "Economic Determinants of IMF Financial Arrangements." *Journal of Development Economics* 54-2. 1997.

Komisar, Lucy. "Interview with Joseph Stiglitz." *The Progressive* (June 2011).

Kosters, Bart. "The United Nations Model Tax Convention and Its Recent Developments." *Asia Pacific Tax Bulletin* 5. 2004.

Krueger, Anne O. "Wither the World Bank and the IMF?" *Journal of Economic Literature* 36-4. 1998.

Krugman, Paul. *Has the Adjustment Process Worked?* Washington, DC: Institute for International Economics, 1991.

Kudrle, Rober T. "Governing Economic Globalization: The Pioneering Experience of the OECD." *Journal of World Trade* 46-3. 2012.

Lamdany, Ruben, and Leonardo Martinez-diaz, eds. *Studies of IMF Governance: A Compendium.* Washington, DC: IMF, 2009.

Lane, Timothy, Atish R. Ghosh, Javier Hamann, Steven Phillips, Marianne Schulze-Ghattas, and Tsidi Tsikata. "IMF-Supported Programs in Indonesia, Korea and Thailand: A Preliminary Assessment." *Occasional Paper* No.178. IMF, 1999.

Lin, Justin Fuyi. *New Structural Economics: A Framework for Rethinking Development and Policy.* Washington, DC: World Bank, 2012.

Maddison, Angus. *The World Economy*, Vol.1. Paris, France: OECD Publication, 2006.

Mahon, Rianne. "Standardizing and Disseminating Knowledge: The Role of the OECD in Global Governance." *European Political Science Review* 1-1. 2009.

Mahon, Rianne, and Stephen McBride, eds. *The OECD and Transnational Governance.* Vancouver: UBC Press, 2009.

Marchesi, Silvia, and Emanuela Sirtori. "Is Two Better Than One? The Effects of IMF and World Bank Interaction on Growth." *Review of International Organizations* 6-3/4. 2011.

Marcussen, Martin. "OECD Governance through Soft Law." Ulrika Morth, ed. *Soft Law in Governance and Regulation: An Interdisciplinary Analysis.* Cheltenham: Edward Elgar, 2004.

Marshall, Katherine. *The World Bank.* New York, NY: Routledge, 2008.

Martens, Kerstin. "How to Become an Influential Actor: The 'Comparative Turn' in OECD Education Policy." Kerstin Martens, Alessandra Rusconi and Kathrin Leuze, eds. *New Arenas of Education Governance: The Impact of International Organizations and Markets on Education Policy Making.* Basingstoke: Palgrave, 2007.

Martens, Kerstin, and Anja P. Jakobi, eds. *Mechanisms of OECD Governance: International Incentives for National Policy-Making?* New York: Oxford University Press, 2010.

Martinez-Vazquez, Jorge, Felix Rioja, Samuel Skogstad, and Neven Valev. "IMF Conditionality and Objections: The Russian Case." *American Journal of Economics and Sociology* 60-2. 2001.

Mathis, James H. *Regional Trade Agreements in the GATT/WTO.* T.M.C. Asser Press, 2002.

McKeown, Timothy J. "How US Decision-Makers Assessed Their Control of Multilateral Organizations, 1957-1982." *Review of International Organizations* 4-3. 2009.

Meltzer, Allan H. "The IMF Returns." *Review of International Organization* 6-3/4. 2011.

Midtgård, Trude Mariane, Krishna Chaitanya Vadlamannati, and Indra de Soysa. "Does the IMF Cause Civil War? A Comment." *Review of International Organizations* 9-1. 2014.

Mirakhor, Abbas, and Iqbal Zaidi. "Rethinking the Governance of the International Monetary Fund." *Working Paper* No.06/273. IMF, 2006.

Mody, Ashoka, and Alessandro Rebucci, eds. *IMF Supported Programs: Recent Staff Research.* Washington, DC: IMF, 2006.

Momani, Bessma. "American Politicization of the International Monetary Fund." *Review of International Political Economy* 11-5. 2004.

_____. "Recruiting and Diversifying IMF Technocrats." *Global Society* 19-2. 2005.

_____. "IMF Staff: Missing Link in Fund Reform Proposals." *Review of International Organizations* 2-1. 2007.

Moser, Christoph, and Jan-Egbert Sturm. "Explaining IMF Lending Decisions after the Cold War." *Review of International Organization* 6-3/4. 2011.

Multilateral Investment Guarantee Agency. *Annual Report 2011.* Washington, DC: MIGA, 2011.

_____. *Annual Report 2014.* Washington, DC: MIGA, 2014.

Murphy, Craig N. *The United Nations Development Programme: A Better Way?* Cambridge: Cambridge University Press, 2006.

Narlikar, Amrita. "Fairness in International Trade Negotiations: Developing Countries in the GATT and WTO." *The World Economy* 29-8. 2006.

Nelson, Rebecca M. *Egypt and the IMF: Overview and Issues for Congress.* Congressional Research Service, 2013.

_____. *Multilateral Development Banks: U.S. Contributions FY2000-FY2015.* Congressional Research Service, 2015.

Nelson, Rebecca M., and Martin A. Weiss. *IMF Reforms: Issues for Congress.* Congressional Research Service, 2014.

_____. *Multilateral Development Banks: How the United States Makes and Implements Policy.* Congressional Research Service, 2014.

Neven, Damien. "Competition Economics and Antitrust in Europe." *Economic Policy* 21. 2006.

Niemann, Dennis. "Soft, Softer, Super-Soft? The Influence of International Organizations on National Policy Making." Paper presented at the IPSA's 22nd World Congress of Political Science, Madrid, Spain, July 8-12, 2012.

Nooruddin, Irfan, and Joel W. Simmons. "The Politics of Hard Choices: IMF Programs and Government Spending." *International Organization* 60-4. 2006.

Nurkse, Ragnar. *International Currency Experience: Lessons from the Inter-War Period.* Geneva: League of Nations, 1944.

Oatley, Thomas, and Jason Yackee. "American Interests and IMF Lending." *International Politics* 41-3. 2004.

Odell, John S. *US International Monetary Policy: Markets, Power and Ideas as Sources of Change.* Princeton: Princeton University Press, 1982.

Odell, John S., ed. *Negotiating Trade: Developing Countries in the WTO and NAFTA.* New York: Cambridge University Press, 2006.

OECD. *Decision of the Council on Relations with International Non-Governmental Organizations.* Paris: OECD, 1962.

_____. *Revised Recommendation of the Council Concerning Cooperation Between Member Countries on Anticompetitive Practices Affecting International Trade.* Paris: OECD, 1995.

_____. *Towards a New Global Age: Challenges and Opportunities.* Paris: OECD,

1997.

_____. *Hard Core Cartels.* Paris: OECD, 2000.

_____. *Citizens as Partners: Information, Consultation, and Public Participation in Policy Making.* Paris: OECD, 2002a.

_____. *Policy Brief: Civil Society and the OECD — November 2002 Update.* Paris: OECD, 2002b.

_____. *The OECD Guidelines for Multilateral Enterprises.* Paris: OECD, 2003.

_____. *Manual on the Implementation of Exchange of Information Provisions for Tax Purposes.* Paris: OECD, 2006.

_____. *Policy Framework for Investment.* Paris: OECD, 2006.

_____. *Work on Taxation: Tax in a Borderless World.* Paris: OECD, 2006.

_____. *OECD Council Resolution on Enlargement and Enhanced Engagement.* Paris: OECD, 2007.

_____. *Measuring Globalisation: OECD Economic Globalisation Indicators.* Paris: OECD, 2005, 2010.

_____. *Better Policies for Better Lives: The OECD at 50 and Beyond.* Paris: OECD, 2011.

Oliver, Robert W. "Early Plans for a World Bank." *Princeton Studies in International Finance* 29, 1971.

Ostry, Jonathan D., Atish R. Ghosh, Karl Habermeier, Luc Laeven, Marcos Chamon, Mahvash S. Qureshi, and Annamaria Kokenyne. "Managing Capital Inflows: What Tools to Use?" *Staff Position Note.* IMF, 2011.

Ostry, Sylvia. "WTO Membership for China: To be and Not to be is That the Answer?" In Devorah Z. Cass, Brett G. Williams and George Barker, eds. *China and the World Trading System: Entering the New Millennium.* New York: Cambridge University Press, 2003.

Ougaard, Morten. "The OECD's Global Role: Agenda-setting and Policy Diffusion." Kerstin Martens and Anja P. Jakobi, eds. *Mechanisms of OECD Governance: International Incentives for National Policy-Making?* New York: Oxford University Press, 2010.

Pagani, Fabrizio. "Peer Review: A Tool for Co-operation and Change. An Analysis of an OECD Working Method." OECD Doc. SG/LEG. 2002.

Pauwelyn, Joost. "Enforcement and Countermeasures in the WTO: Rules are

Rules-Toward a More Collective Approach." *American Journal of International Law* 94-2. 2000.

Petersmann, Ernst-Ulrich. *Constitutional Functions and Constitutional Problems of International Economic Law: International and Domestic Foreign Trade Law and Foreign Trade Policy in the United States, the European Community and Switzerland.* Boulder, Colo: Westview Press, 1991.

Pop-Eleches, Grigore. *From Economic Crisis to Reform: IMF Programs in Latin America and Eastern Europe.* Princeton: Princeton University Press, 2009.

Presbitero, Andrea F., and Alberto Zazzaro. "IMF Lending in Times of Crisis: Political Influences and Crisis Prevention." *World Development* 40-10. 2012.

Przeworski, Adam, and James Raymond Vreeland. "The Effects of IMF Programs on Economic Growth." *Journal of Development Economics* 62-2. 2000.

Rajan, Raghuram G. *Fault Lines: How Hidden Fractures Still Threaten the World Economy.* Princeton: Princeton University Press, 2010.

Rapkin, David P., and Jonathan R. Strand. "Reforming the IMF's Weighted Voting System." *World Economy* 29-3. 2006.

Reinhart, Carmen M., and Kenneth S. Rogoff. *This Time Is Different: Eight Centuries of Financial Folly.* Princeton: Princeton University Press, 2009.

Reynaud, Julien, and Julien Vauday. "Geopolitics and International Organizations: An Empirical Study on IMF Facilities." *Journal of Development Economics* 89-1. 2009.

Ruben Lamdany, and Leonardo Martinez Diaz. *Studies of IMF Governance: A Compendium.* IMF, 2009.

Ruggie, J. G. "International Regimes, Transactions, and Change: Embedded Liberalism in the Postwar Economic Order." *International Organization* 36-2. 1982.

Sachs, Jeffrey D., and Steven Radelet. "The East Asian Financial Crisis: Diagnosis, Remedies, Prospects." *Brookings Papers on Economic Activity* 1. 1998.

Sampson, Gary P., ed. *The WTO and Global Governance.* Hong Kong: United Nations University, 2008.

Sanford, Jonathan E. *International Financial Institutions: Funding U.S. Participation.* Congressional Research Service, 2005.

Schafer, Armin. "A New Form of Governance? Comparing the Open Method of Coordination to Multilateral Surveillance by the IMF and the OECD." *Journal of European Public Policy* 13-1. 2006.

Schott, Jeffrey J. *The Uruguay Round: An Assessment.* Washington, DC: Institute for International Economics, 1994.

_____. *The World Trading System: Challenges Ahead.* Washington, DC: Institute for International Economics, 1996.

Schuller, Tom. "Constructing International Policy Research: The Role of CERI/OECD." *European Educational Research Journal* 4-3. 2005.

Seabrooke, Leonard. "Legitimacy Gaps in the World Economy: Explaining the Sources of the IMF's Legitimacy Crisis." *International Politics* 44-2. 2007.

Seabrooke, Leonard, and Emelie Rebecca Nilsson. "Professional Skills in International Financial Surveillance: Assessing Change in IMF Policy Teams." *Governance* 28-2. 2015.

Sell, Susan K. *Power and Ideas: North-South Politics of Intellectual Property and Antitrust.* New York: State University of New York Press, 1998.

_____. *Private Power, Public Law: The Globalization of Intellectual Property Rights.* New York: Cambridge University Press, 2003.

Serra, Narcis, and Joseph E. Stiglitz, eds. *The Washington Consensus Reconsidered: Toward a New Global Governance.* Oxford: Oxford University Press, 2008.

Shaffer, Gregory C., and Ricardo Melendez-Ortiz, eds. *Dispute Settlement at the WTO: The Developing Country Experience.* Cambridge: Cambridge University Press, 2010.

Shlaes, Amity. *The Forgotten Man, New York.* NY: HarperCollins, 2007.

Sigurgeirsdottir, Silla, and Robert H. Wade. "From Control by Capital to Control of Capital: Iceland's Boom and Bust, and the IMF's Unorthodox Rescue Package." *Review of International Political Economy* 22-1. 2015.

Simmons, Beth A., Frank Dobbin, and Geoffrey Garrett. "Introduction: The International Diffusion of Liberalization." *International Organization* 60.

2006.

Skala, Martin, Christian Thimann, and Regine Wölfinger. "The Search for Columbus' Egg-Finding a New Formula to Determine Quotas at the IMF." *Occasional Paper* No.70. ECB, 2007.

Smaghi, Lorenzo Bini. "A Single EU Seat in the IMF?" *Journal of Common Market Studies* 42-2. 2004.

Sohn, Injoo. "Between Confrontation and Assimilation: China and the Fragmentation of Global Financial Governance." *Journal of Contemporary China* 22-82. 2013.

Steger, Debra P., ed. *Redesigning the World Trade Organization for the Twenty-first Century.* Ottawa: Wilfrid Laurier University Press, 2010.

Steil, Benn. *The Battle of Bretton Woods: John Maynard Keynes, Harry Dexter White, and the Making of a New World Order.* Princeton: Princeton University Press, 2013.

Stein, Arthur. *Why Nations Cooperate: Circumstances and Choices in International Relations.* Ithaca, London: Cornell University Press, 1990.

Steinwand, Martin C., and Randall W. Stone. "The International Monetary Fund: A Review of the Recent Evidence." *Review of International Organizations* 3-2. 2008.

Stiglitz, Joseph E. "Capital Market, Liberalization, Economic Growth, and Instability." *World Development* 26-6. 2000.

_____. *Globalization and its Discontents.* New York: Norton, 2002.

Stone, Deborah A. "Causal Stories and Formation of Policy Agendas." *Political Science Quarterly* 104-2. 1989.

Stone, Randall W. *Lending Credibility: The International Monetary Fund and the Post-Communist Transition.* Princeton: Princeton University Press, 2002.

_____. "The Political Economy of IMF Lending in Africa." *American Political Science Review* 98-4. 2004.

_____. "The Scope of IMF Conditionality." *International Organization* 62-4. 2008.

_____. *Controlling Institutions: International Organizations and the Global Economy.* Cambridge: Cambridge University Press, 2011.

Sturm, Jan-Egbert, Helge Berger, Jakob de Haan. "Which Variables Explain Decisions on IMF Credit? An Extreme Bounds Analysis." *Economics and Politics* 17-2. 2005.

Swann, Christopher. "Wolfowitz Clashes With World Bank Staff." Bloomberg News(2006.12.12).

Swedberg, Richard. "The Doctrine of Economic Neutrality of the IMF and the World Bank." *Journal of Peace Research* 23-4. 1986.

Sykes, Alan O. "The Safeguard Mess: a Critique of WTO Jurisprudence." *World Trade Review* 2-3. 2003.

Takagi, Shinji. "Applying the Lessons of Asia: The IMF's Crisis Management Strategy in 2008." *Working Paper* No.206. Asian Development Bank Institute, 2010.

Tarp, Finn, Thomas Barnebeck Andersen, and Thomas Herr. "On US Politics and IMF Lending." *European Economic Review* 50-7. 2006.

Thacker, Strom C. "The High Politics of IMF Lending." *World Politics* 52-1. 1999.

The World Bank. "IBRD Loans and IDA Credits." http://data.worldbank.org/ (검색일: 2015.1.20).

_____. "World Bank Projects & Operations." http://data.worldbank.org/(검색일: 2015.1.20).

Thomas, Chantal, and Joel P. Trachtman, eds. *Developing Countries in the WTO Legal System.* New York: Oxford University Press, 2009.

Truman, Edwin M. "IMF Reform Is Waiting on the United States." *Policy Brief* No.14-9. Washington, DC: Institute for International Economics, 2014.

_____. "What Next for the IMF?" *Policy Brief* No.15-1. Washington, DC: Institute for International Economics, 2015.

Truman, Edwin M., ed. *Reforming the IMF for the 21st Century.* Washington, DC: Institute for International Economics, 2006.

U.S. Department of State. *Proceedings and Documents of the United Nations Monetary and Financial Conference* (Bretton Woods, N.H., July 1-22, 1944), Vol.1. Washington, DC: Government Printing Office, 1948.

UNDP. *Human Development Report.* 1990~2014.

_____. *2013/2014 Annual Report.*

_____. *UNDP Strategic Plan, 2014-2017.*

_____. *United Nations Development Programme Home Page* (최종 검색일: 2015.4.18).

United Nations. *Rules of Procedure of the Executive Board of the United Nations Development Programme, of the United Nations Population Fund and of the United Nations Office for Project Services.* 2011.

_____. *UN Home Page.* http://www.un.org/en/globalissues/women/(검색일: 2015.3.22).

United States Agency for International Development. "U.S. Overseas Loans and Grants." https://eads.usaid.gov/gbk/(검색일: 2015.1.20).

Van den Bossche, Peter. "Non-Governmental Organizations and the WTO: Limits to Involvement?" In Debra P. Steger, ed. *Redesigning the World Trade Organization for the Twenty-first Century.* Ottawa: Wilfrid Laurier University Press, 2010.

Vaubel, Roland. "Bureaucracy at the IMF and the World Bank." *World Economy* 19-2. 1996.

Vermulst, Edwin, and Bart Driessen. "An Overview of the WTO Dispute Settlement System and its Relationship with the Uruguay Round Agreement: Nice on Paper but too much Stress for the System?" *Journal of World Trade* 29-2. 1995.

Virmani, Arvind. "Global Economic Governance: IMF Quota Reform." *Working Paper* No.11/208. IMF, 2011.

Viscusi, W. Kip, Joseph E. Harrington Jr., and John M. Vernon, eds. *Economics of Regulation and Antitrust.* New York: MIT Press, 1995.

Vreeland, James Raymond. "The Effect of IMF Programs on Labor." *World Development* 30-1. 2002.

_____. *The IMF and Economic Development.* New York: Cambridge University Press, 2003.

Wachira, Patrick. "Saitoti Slams World Bank Policies." *East African Standard* (2002.9.6.).

Wade, Robert Hunter. "US Hegemony and the World Bank: the Fight over People and Ideas." *Review of International Political Economy* 9-2, 2002.

Wallach, Lori, and Patrick Woodall. *Whose Trade Organization: A Comprehensive guide To the World Trade Organization.* Canada: The New Press, 2004.

Wang, Hongying. "From "Taoguang Yanghui" to "Yousuo Zuowei": China's Engagement in Financial Minilateralism." *Paper* No.52. Centre for International Governance Innovation, 2014.

Wang, Hongying, and Erik French. "China in Global Economic Governance." *Asian Economic Policy Review* 9-2. 2014.

Weaver, Catherine. "The Politics of Performance Evaluation: Independent Evaluation at the International Monetary Fund." *Review of International Organizations* 5-3. 2010.

Webb, Michael C. "International Economic Structures, Government Interests, and International Coordination of Macroeconomic Adjustment Policies." *International Organization* 45-3. 1991.

_____. *The Political Economy of Policy Coordination: International Adjustment since 1945.* Ithaca: Cornell University Press, 1995.

_____. "Defining the Boundaries of Legitimate State Practice: Norms, Transnational Actors and the OECD's Project on Harmful Tax Competition." *Review of International Political Economy* 11. 2004.

Weiss, Martin A. *International Monetary Fund: Background and Issues for Congress.* Washington, DC: Congressional Research Service, 2013.

_____. *International Monetary Fund: Background and Issues for Congress.* Congressional Research Service, 2014.

Weiss, Thomas. *What's Wrong with the United Nations and How to Fix It.* Cambridge: Polity, 2009.

West, John. "Multistakeholder Diplomacy at the OECD," In Jovan Kurbalija and Valentin Katrandjiev, eds. *Multistakeholder Diplomacy: Challenges and Opportunities.* Geneva: DiploFoundation, 2006.

Whalley, John, and Colleen Hamilton. *The Trading System after the Uruguay Round.* Washington, DC: Institute for International Economics, 1996.

Wihtol, Robert. "Whither Multilateral Development Finance?" *Working Paper* No.491. Asian Development Bank Institute, 2014.

Wilkinson, Rorden. *The WTO Crisis and the Governance of Global Trade.*

국제기구와 경제협력·개발

London: Routledge, 2006.

Williams, Russell Alan. "The OECD and Foreign Investment Rules: The Global Promotion of Liberalization." Rianne Mahon and Stephen McBride, eds. *The OECD and Transnational Governance*. Vancouver: UBC Press, 2008.

Winham, Gilbert R. "The Evolution of the Global Trade Regime." In John Ravenhill, ed. *Global Political Economy*, 3rd Edition. New York: Oxford, 2011.

Wolfe, Robert. "From Reconstructing Europe to Constructing Globalization: The OECD in Historical Perspective." Rianne Mahon and Stephen McBride, eds. *The OECD and Transnational Governance*. Vancouver: UBC Press, 2008.

Woods, Ngaire. *The Globalizer: The IMF, the World Bank, and Their Borrowers*. Ithaca: Cornell University Press, 2006.

Woods, Ngaire, and Domenico Lombardi. "Uneven Patterns of Governance: How Developing Countries Are. Represented in the IMF." *Review of International Political Economy* 13-3. 2006.

Woodward, Richard. "Towards 'Complex Multilateralism?' Civil Society and the Organization for Economic Cooperation and Development." Rianne Mahon and Stephen McBride, eds. *The OECD and Transnational Governance*. Vancouver: UBC Press, 2008.

_____. *The Organization for Economic Cooperation and Development (OECD)*. New York: Routledge, 2009.

World Trade Organization(WTO). *Sutherland Report*. 2005.

_____. *Warwick Report*. 2007.

Zanardi, Maurizio. "Anti-Dumping: What are the Numbers to Discuss at Doha?" *The World Economy* 27-3. 2004.

Zhang, Ming. "China's New International Financial Strategy amid the Global Financial Crisis." *China & World Economy* 17-5. 2009.

〈인터넷 및 언론 자료〉

브레턴우즈회의 자료집(fraser.stlouisfed.org/title/?id=430#!7570).

Bretton Woods Committee(www.brettonwoods.org/).

IMF(www.imf.org).

World Bank. "IBRD Subscriptions and Voting Power of Member Countries."
    http://siteresources.worldbank.org/BODINT/Resources/278027-1215524
    804501/IBRDCountryVotingTable.pdf(검색일: 2015.7.12).

World Bank Group. "About." http://www.worldbank.org/en/about(검색일: 2015.
    2.3).

World-War-2.info. "World War 2 Casualties." http://www.world-war-2.info/ca
    sualties/(검색일: 2015.1.20).

_____. "World War 2 Statistics." http://www.world-war-2.info/statistics/(검색
    일: 2015.1.20).

Zoellick, Robert B. "The Middle East and North Africa: A New Social Contract
    for Development." The World Bank Group News(2011.4.6). http://
    www.worldbank.org/en/news(검색일: 2015.2.3).

부·록

【부록 1】 유엔개발계획(UNDP) 역대 사무총장

이름	국적	임기
헬렌 클라크(Helen Clark)	뉴질랜드	2009년 4월~현재
케말 데르비쉬(Kemal Derviş)	터키	2005년~2009년
마크 M. 브라운(Mark Malloch. Brown)	영국	1999년~2005년
제임스 G. 스페스(James Gustave Speth)	미국	1993년~1999년
빌 드레이퍼(William Henry Draper III)	미국	1986년~1993년
브래드 모스(Brad Morse)	미국	1976년~1986년
루돌프 피터슨(Rudolf Peterson)	미국	1972년~1976년
폴 G. 호프먼(Paul G. Hoffman)	미국	1966년~1972년

[출처] http://www.undp.org/content/undp/en/home.html

【부록 2】 IMF와 한국*

1997년 동아시아 위기 당시 구제금융을 제공한 이후 IMF는 우리나라에서 가장 잘 알려진 국제기구들 중 하나가 되었다. 당시 위기를 극복하는 데 구제금융이 결정적 도움을 주었음에도 불구하고, 'IMF 위기'라는 표현에는 IMF에 대한 피해의식이나 반감이 내재되어 있다.** 즉, IMF에 대해 우리는 애증의 관계에 있다고 할 수 있다.

■ IMF 가입과 지분의 변화

우리나라는 1955년 IMF의 58번째 회원국이 되었다. 이 당시 IMF에 가입하게 된 이유는 국제수지 불균형의 극복을 위한 구제금융의 요청이 아니라 경제개발에 필요한 차관을 제공하는 세계은행에 가입하는 데 있었다. 세계은행에 가입하기 위해서는 먼저 IMF의 회원국이 되어야 했기 때문이다. 가입 당시 우리나라는 동남아 국가그룹으로 분류되었는데, 1978년 사우디아라비아가 단독 이사국이 되면서 호주그룹으로 재분류되었다. 가입 당시 0.14%에 불과하였던 지분은 꾸준히 증대되어 2014년 말 기준 1.41%(전체 가맹국 중 18위)이다. 2010년 「지분 및 지배구조개혁안」이 발효되면 1.80%까지 확대될 예정이다.

■ IMF 대출

우리나라가 IMF에 최초로 대출을 신청한 시점은 1965년이다. 이 당시 정부는 환율의 안정유지 및 국제수지적자 보전을 위해 스탠드바이협약을 체결하였다. 1987년까지 16차례 융자를 받았던 우리나라는 3저 호황으로 국제수지 흑자

---

* 부록 내용은 http://bok.or.kr/broadcast.action?menuNaviId=2081 및 http://www.imf.org/external/ns/search.aspx?NewQuery=korea&submit.x=0&submit.y=0에 주로 의거하였다.

** 이희수, 『IMF 바로 알고 활용하기』(서울: 지디자인, 2013), p.21.

가 발생하기 시작했던 1988년에 융자금 전액을 상환하였다. 1997년 동아시아 금융위기가 발생한 1997년 우리나라는 다시 IMF에 당시까지 역대 최대의 구제금융을 신청하였다. 3년 뒤인 2001년 전액을 갚음으로써 우리나라는 속칭 IMF 위기를 성공적으로 극복하였다.

[참고] IMF 위기

- 1997.11.21 금융위기 발생에 따라 IMF에 자금 지원 요청
- 1997.12. 3 IMF와 긴급자금 지원 조건에 합의하고 의향서를 IMF에 제출
     (2000년 7월 7일까지 총 10차례 제출)
- 1997.12. 4 IMF 이사회가 스탠드바이협약 및 보충 준비 금융 승인
- 1997.12. 5 자금을 최초로 인출(1999년 5월 20일까지 총 19차례 인출)
- 2000. 6.   정책협의 종료
- 2000.12. 3 스탠드바이협약 프로그램 종료
- 2001. 8.23 SBA 신용인출 조기 상환 완료

■ IMF 내 지위

우리나라는 1955년 IMF 가입 이후 상당기간 대내외 경제여건 취약으로 경상거래상의 대외지급 제한을 잠정적으로 유지할 수 있는 IMF 협정문 제14조의 적용을 받는 '제14조국'의 지위를 유지하여 왔다. 그러나 1980년대 중반 들어 국제수지 여건이 호전됨에 따라 대외거래 관련 외환규제를 완화하고, 1988년 11월 1일부터는 차별적 또는 다자간 통화협약이나 경상거래상의 외환규제를 금지하는 IMF 협정문 제8조가 적용되는 '제8조국'으로 이행하였다. 또한 1980년대 후반 들어 국제수지 흑자기조가 계속되면서 국제수지 및 대외지급준비사정이 건실한 국가로 인정받으면서 1987년 3월 IMF의 자금거래 대상국으로 지정되었다. 그 후 우리나라는 국제수지 상황 등에 따라 지정·제외를 반복하다 2002년 3월 이후 IMF의 자금거래 대상국의 지위를 굳건히 유지하여 왔다.

■ IMF로부터의 융자 및 기술지원 수혜

우리나라는 1965년 환율의 안정 유지 및 국제수지 적자 보전을 위하여 9.3백

만 SDR 규모의 제1차 스탠드바이협약(정책준수사항 및 관련 프로그램 이행을 조건으로 IMF로부터 융자를 수혜)을 체결한 이래 1987년까지 16차례에 걸쳐 모두 16.8억 SDR의 융자를 수혜하였으나 1987년 이후 국제수지가 호전됨에 따라 1988년에 동 융자액을 전액 상환하였다. 그러나 1997년 후반 외환위기 직후 또다시 IMF와 총 155억 SDR 규모의 스탠드바이협약을 체결하여, 총 144.1억 SDR을 인출하였으며, 동 인출액은 2001년 8월 상환이 완료되었다. 또한 우리나라는 IMF 가입 이후 수차례에 걸쳐 다양한 기술지원을 받아 왔으며 근래에도 통화정책과 외환정책의 조화적 운용방안(1999), 파생금융상품의 통계적 측정 및 계상방법(2000), 금융선물거래 도입이 외환시장에 미치는 영향 및 대응방안(2000), 외환보유액의 위험관리(2003), 적정환율수준 측정(2003), 단기자금시장 발전(2007) 등에 관하여 기술지원을 받은 바 있다.

■ IMF에의 재원 공여

우리나라는 IMF에 각종 재원을 공여하고 있다. 2014년 6월 말 현재, 국제금융위기 발생 시 긴급자금지원 등 IMF의 대응능력을 제고하기 위한 총 3,700억 SDR 규모의 신차입협정^{NAB}에 여타 38개 가맹국과 함께 참여하고 있으며, 2012년 6월 멕시코 루스까보스에서 개최된 G-20정상회의에서 결정된 IMF와 각 가맹국 간 양자차입에도 150억 달러 규모로 참여하였다. 또한, IMF가 빈곤국의 경제성장과 빈곤퇴치를 목적으로 도입한 빈곤감축성장지원기금^{PRGT}에도 5억 SDR 한도로 참여하고 있다.

■ IMF와 정책 관련 협의

우리나라는 IMF 협정문 제4조에 의거 IMF와 정례협의를 하고 있다. 한국은행은 IMF와의 정례협의에 참여하여 협의단과 우리나라의 거시경제와 금융시장 동향 및 전망, 통화정책 수행 등에 대해 논의하고 있다. 또한, IMF는 세계은행과 공동으로 가맹국 금융기관 및 금융시장의 건전도, 취약성, 리스크를 파악하고 건전한 금융시스템 구축을 도모하고자 금융부문평가프로그램$^{Financial\ Sector}$ $_{Assessment\ Program:\ FSAP}$을 운영하고 있는데 우리나라도 2003년 및 2013년 두 차례에 걸쳐 동 프로그램에 참여하였다. 한국은행은 통화금융정책, 거시건전성

정책, 외환정책, 금융시장인프라 등에 대하여 IMF와 협의를 하였으며, IMF는 이들 업무의 투명성 및 안정성 등에 대하여 전반적으로 높이 평가하였다. 또한 IMF에 우리나라 관료들과 경제학자들이 진출하고 있으나, 아직도 우리나라가 가진 지분만큼의 직원 수를 확보하지 못하고 있다. 정책결정에 영향력을 행사할 수 있는 고위직$^{B\ level}$으로는 2013년 취임한 이창용 아시아담당 국장이 있다.

색·인

국제기구와 경제협력·개발

필·자·소·개

(원고 게재순)

✢ 김준석
현 | 가톨릭대학교 국제학부 교수
미국 시카고대학교 정치학박사
연구분야: 국제관계, 유럽정치

✢ 김치욱
현 | 울산대학교 국제관계학과 교수
미국 텍사스오스틴대 정치학 박사
연구분야: 국제정치(IPE)

✢ 조동준
현 | 서울대학교 정치외교학부 외교학전공 교수
미국 Pennsylvania State University 정치학 박사
연구분야: 국제기구, 핵무기 확산

✛ 문 돈

현 | 경희대학교 국제대학 국제학과 교수

미국 University of Chicago 정치학 박사

연구분야: 국제정치경제, 국제기구, 국제법과 국제정치

✛ 이왕휘

현 | 아주대학교 정치외교학과 교수

영국 London School of Economics 국제정치학 박사

연구분야: 국제정치경제, 기업·국가 관계

국제기구와 경제협력·개발